KURMANJI
KURDISH

English-Kurmanji
Kurmanji-English
Dictionary
& Phrasebook

Nicholas Awde

HIPPOCRENE BOOKS INC.
New York

Thanks to all those who offered their
Kurmanji expertise, including
Hebûn Stembar in the final stages, and to
Priti Gress at Hippocrene Books
for her patience and support throughout the
evolution of this dictionary-phrasebook.

Typeset and designed by Desert♥Hearts

ISBN 978-0-7818-1455-3

For information, address:

HIPPOCRENE BOOKS, INC
171 Madison Avenue
New York, NY 10016
www.hippocrenebooks.com

Printed in the United States of America.

contents

- A Kurdish person is a **Kurd**
- The adjective for Kurdish things is **Kurdî**
- Kurds call themselves **Kurd**, 'the Kurds' or 'Kurdish people'
- The Kurdish homeland is **Kurdistan**
- The Kurdish language is **Kurdî**
- The Kurmanji Kurdish language is **Kurmancî (Kurmanji)**

Abbreviations used in this book:

m	masculine
f	feminine
sing	singular
pl	plural
fam	familiar
pol	polite/formal
sing/fam	'you': 3rd person singular/familiar
pl/pol	'you': 3rd person plural/polite

In the pages of this book are examples of the rich traditional culture of the Kurds: motifs from **deq**, the vanishing art of Kurdish tattoos, and details of the ancient symbols that give Kurdish rugs, carpets and kilims their unique identity.

the Kurdish family

Often called the largest people without a nation of their own, the Kurds have their homeland in the mountainous region of Kurdistan, which presently lies across the borders that mark the countries of Turkey, Iran, Iraq, Syria, and the Caucasian republics of Armenia, Georgia and Azerbaijan. There is also a large diaspora of Kurds, which is especially prominent in Europe. In all there are estimated to be up to 45 million Kurds worldwide.

Their language is Kurdish, called **Kurdi**, which represents a close family of separate languages:

Northern Kurdish, called **Kurmanji** (or Kirmanji), which is spoken in Turkey (where the majority of speakers live, concentrated in eastern Turkey and Istanbul), Iran (in the west/northwest and Khorasan), Syria and northern Iraq, as well as Armenia, Azerbaijan, Georgia and Turkmenistan. There are more than 20 million speakers worldwide. Kurmanji spoken in Iraq is called Behdini (also Badini or Bandinani) by Sorani speakers.

Central Kurdish, called **Sorani** (or Kurdi), which is spoken in Iraq and Iran – more than eight million speakers worldwide. Speakers in Iraq are spread across the Suleymani, Kirkuk, Arbil and Ruwanduz regions, while in Iran they are found in the area between Lake Rezaiye and Kermanshah.

Southern Kurdish, called **Pehlewani** or **Xwarîn** which is spoken in the Kermanshah province of western Iran and adjacent regions of eastern Iraq, with more than three million speakers.

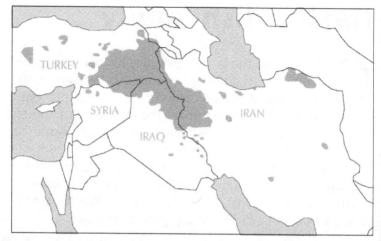

Kurds in the Middle East today

There are four other languages that are part of the Kurdish family but seen as distinct from the ones above:

Zaza or **Zazaki** is spoken by the Zazas in Turkey with three million speakers (also called Dimili, Dumbilî, Kirmanckî or Kirdkî).

Gorani (also called **Hewrami**) is spoken in Iran and Iraq with 50,000 speakers.

Shabaki is spoken in Iraq with 250,00 speakers.

Laki is spoken in Iran and has around 700,000 speakers. It is considered to be closely related to Sorani.

Although geographically separated, Zaza, Gorani and Shabaki are called the Zaza-Gorani languages because they are closely related to each other. Additionally, Kurmanji, Sorani and Pehlewani are often called dialects of a single language because of their geographical proximity and common features, but in reality they are distinct languages. The single term 'Kurdish' however may

Heartland areas where the main Kurdish languages are spoken

be used for all the languages since they share so much linguistically and culturally, a unity that Kurdish people recognise. Note that there exist other names and classifications for these languages.

There are many more people who identify themselves as Kurds even though they do not speak Kurdish. The majority of Kurds are Sunni Muslims while there are also large numbers of Shiite Muslims who live in Iran and central Iraq. In Turkey there is also a significant population of Kurdish Alevis, who follow the mystical Islamic teachings of Haji Bektash Veli.

Another significant group is the Yezidis (Êzîdîs), who have traditionally lived in Iraq and the Caucasus, and who number around half a million. They have their own alphabet, and their religion Yezidism has its roots in the pre-Zoroastrian beliefs of the ancient Iranian peoples.

There are also approximately 160,000 Kurdish Jews and a number of Kurdish Eastern Christians.

quick grammar

The Kurdish language Kurmanji belongs to the Indo-Iranian branch of the Indo-European family of languages. Its closest relatives are the other Kurdish languages such as Sorani (see page 5 for more details).

Other members of the Indo-European family include Persian (Farsi), Pashto and, more distantly, Greek, Albanian, English, German, French, Italian and Spanish. Note that, like English, Kurdish has a wide range of vocabulary and pronunciation that varies from region to region and is not always reflected in the written language.

The language in this book follows the written standard forms and will help you to be understood clearly wherever you may be. To learn more about the structure, read *Kurmanji Kurdish: A Reference Grammar with Selected Readings* by W. M. Thackston, and for spoken language, watch Mamoste Gulê's *Kurdish Kurmanji Lessons (@kurdishkurmanjilessons)* on YouTube.

Alphabet

The first modern Latin-based alphabet for Kurdish was launched in 1932 by the Turkey-born poet and writer Celadet Alî Bedirxan (Jeladet Ali Bedir-Khan). The alphabet is called Hawar, after it appeared in Bedirxan's magazine of the same name. Kurdish up to this time was mainly written in modified Perso-Arabic script.

At the same time, Kurmanji speakers (mainly Yezidis/Êzîdîs) in the USSR were using Cyrillic and Armenian scripts, which are still used by speakers in the countries of the Caucasus. While Sorani uses its own Kurdo-Arabic

a : f<u>a</u>ther   *e* : p<u>a</u>t   *ê* : h<u>ey</u>   *i* : h<u>i</u>t   *î* : h<u>ea</u>t   *u* : p<u>u</u>t

script, it can be written in Hawar – just as Kurmanji can be written in Sorani script.

Word order
In Kurdish word order, the verb is usually put at the end of the sentence, e.g.

> **ev kebab pir xweş e**
> [this kebab very tasty is]
> 'this kebab is very tasty'

Adjectives come after the noun:

> **erebeya nû**
> [car new]
> 'new car'

Nouns and gender
Kurmanji is a language that has grammatical gender. Similar to Spanish, Arabic or Hindi, this means nouns, pronouns and words like 'this/that' are masculine or feminine, and they take different endings according to how they are used in relation to other words.

Gender is predictable for some classes of words, e.g. people and animals are logically assigned their corresponding gender – **mirov** 'man' is masculine and **jin** 'woman' is feminine, the names of towns and countries are usually feminine, as are infinitive used as nouns.

In general, however, gender is not predictable and must be learned with each word. It is also fluid because regional variations mean that what is feminine for one speaker may be masculine for another, and vice versa.

The meanings of 'the' and 'a/an' are understood from the context, e.g. **mirov** can mean 'the man,' 'a man' or simply 'man'. To specifically express 'a/an', you can add **-ek/-yek** (= 'one'), e.g. **mirovek** 'a man'.

Nominative case

There are three main cases in Kurmanji, the simplest form being the nominative case, which is the basic form of the noun or adjective with no endings:

masculine	**mirov** man	**bajêr** town
feminine	**jin** woman	**erebe** car

This is also the nominative plural form, so the above also mean 'men', 'women', 'towns', 'cars'. It is usually clear from the context and other connected words whether a word is singular or plural.

Oblique case

The second case is the oblique case. It has no change in the masculine singular (**mirov**), and to the feminine singular it adds **-ê** (or **-yê** for nominative words ending in a vowel). In the plural, **-an** is added to both genders.

	NOMINATIVE singular/plural		OBLIQUE singular		plural
masculine	**mirov**	+ —	**mirov**	+ -an	**mirovan**
	bajêr	+ —	**bajêr**	+ -an	**bajêran**
feminine	**jin**	+ -ê	**jinê**	+ -an	**jinan**
	erebe	+ -ê	**erebê**	+ -an	**erebeyan**

Pronouns

The pronouns also have nominative and oblique forms. The distinction between masculine and feminine only occurs in the oblique case for 'he/she/it':

	NOMINATIVE		OBLIQUE	
singular	**ez**		**min**	I
	tu		**te**	you *singular*
	ew	he/she/it/that	**wî**	he/it/that
			wê	she/it/that
	ev	he/she/it/this	**vî**	he/it/this
			vê	she/it/this

a : f<u>a</u>ther   *e* : p<u>a</u>t   *ê* : h<u>ey</u>   *i* : h<u>i</u>t   *î* : h<u>ea</u>t   *u* : p<u>u</u>t

	NOMINATIVE	OBLIQUE	
plural	**em**	**me**	we
	hûn/hun	**we**	you *plural*
	ew	**wan**	they/those
	ev	**van**	they/these

Note that **ew/wan** also mean 'that/those', and **ev/van** 'this/these'. **Ew** and **ev** are interchangeable when they mean 'he/she/it'. **Hun** or **hûn** is used when speaking to more than one person, and you also use them as the formal way of addressing someone who is older or more senior, or to be polite to an adult you don't know well. In this book you'll find sentences that give you both the informal **tu/te** [singular/familiar] and formal **hun/we** [plural/polite] versions.

Uses of nominative and oblique

The nominative case is used for both the subjects and objects of sentences using the verb 'to be':

> <u>Ode</u> <u>paqij</u> e.   The room is clean.
> <u>Ev</u> <u>mekteb</u> e.   This is the school.

It is the subject of all intransitive verbs:

> <u>Ez</u> **naçim doktor.**   I'm not going to the doctor.
> <u>Ez</u> **çûm Amedê.**   I went to Diyarbakir.

The oblique case is used for the direct objects of *present-tense* transitive verbs:

> Ez <u>mirov</u> dibînim.   I see the man.
> Ez <u>mirovan</u> dibînim.   I see the men.
> Ez <u>jinê</u> dibînim.   I see the woman.
> Ez <u>jîn*an*</u> dibînim.   I see the women.

For all *past tense* transitive verbs, the oblique is used for the 'agent' (underlined), and the nominative for the 'patient' (italics):

<u>Min</u> *ew* dît.   I saw him.
<u>Me</u> *ew* xwend.   We read that poem.

Construct case

The third case is the construct case, which is formed by adding the following endings:

	singular	plural
masculine	**-ê**	**-ên**
feminine	**-a**	**-ên**

This is used to indicate a possessive relationship, e.g. 'the woman's house' (which uses the English possessive case **-'s**). Expanding this as 'the house of the woman', Kurmanji puts the possessed word ('house') in the *construct* case (feminine **mal → mal̲a**), and the possessor word ('woman') goes in the *oblique* case (**jin → jin̲ê**):

mal̲a jinê	the woman's house/the house of the woman
mal̲a mirov	the man's house
mal̲a jin*an*	the women's house
mal̲a mirov*an*	the men's house

Other examples:

nav mirov	the man's name/the name of the man
nav jinê	the woman's name
bajarê Amedê	the city of Diyarbakir
nexşeya Amedê	map of Diyarbakir
rawestgeha basê	bus stop (= stop of the bus)

Indefinite form

The indefinite ending **-ek**, which we saw on page 9 meaning 'a' or 'an', also takes case endings (logically for the singular only):

    a : f<u>a</u>ther   *e* : p<u>a</u>t   *ê* : h<u>ey</u>   *i* : h<u>i</u>t   *î* : h<u>ea</u>t   *u* : p<u>u</u>t

	NOMINATIVE	OBLIQUE	CONSTRUCT
masculine	**-ek**	**-ekî**	**-ekî**
feminine	**-ek**	**-eke**	**-ekê**

Examples:

Ez miروvekî dibînim. I see a man.
Li ser masê kitêbek heye. There's a book on the table.

Adjectives

Adjectives come after the noun, and the noun adds the construct endings as a connector.

nû 'new'/**kevn** 'old'

masculine	feminine
bajêr town	**mal** house
bajêrê nû new town	**mala nû** new car
bajêrê kevn old town	**mala kevn** old car

Other common adjectives are:

verkirî open	**zû** quick
girtî shut	**hêdî** slow
erzan cheap	**nerm** big
bihadar expensive	**qels** small
germ hot	**pîr** old *people*
sar cold	**ciwan** young
nêzik near	**baş** good
dûr far	**xerab** bad

Adding **bi-** ('with') to a noun can create adjectives, while adding **bê-** gives the meaning of 'without' or '-less'. They can be joined to the word or separate, e.g.

quwet power → **bi quwet** 'powerful'
feyde use → **bi feyde** useful (= 'with use')
bê feyde useless (= 'without use')

û : shoot   c : jam   ç : church   j : leisure   ş : shut   x : loch   13

Most adjectives add **-tir** for '-er', e.g. **mezin** 'big' → **mezintir** 'bigger', **germ** 'hot' → **germtir** 'hotter', **tamxweş** 'tasty' → **tamxweştir** 'tastier'.

There are some irregular forms, including **baş** 'good' → **çêtir** 'better', **pir** 'much' → **bêtir** 'more,' and **mezin** 'big', which has **meztir** 'bigger' as well as the expected **mezintir**.

Possessive pronouns

Possessive pronouns behave like adjectives by using the *oblique case* pronouns with the possessed word ('house') in the *construct* case construct:

mala min	my house
mala te	your *(singular)* house
mala wî/vî	his house *or* its house
mala wê/vê	her house *or* its house
mala me	our house
mala we	your *(plural)* house
mala wan/van	their house

This, that and every

Ev 'this/these' and **ew** 'that/those' come before the noun, and add endings in the oblique case (remember these are words used for 'he/she/it/they'). **Her** 'every' is used the same way but has no plural form.

		NOMINATIVE singular/plural	OBLIQUE singular	plural
masculine	THIS	**ev ...**	**vî ...-î**	**van ...-an**
	THAT	**ew ...**	**vî ...-î**	**wan ...-an**
	EVERY	**her ...**	**her ...-î**	
feminine	THIS	**ev ...**	**vê ...-î**	**van ...-an**
	THAT	**ew ...**	**vê ...-î**	**wan ...-an**
	EVERY	**her ...**	**her ...-î**	

a : f<u>a</u>ther   *e* : p<u>a</u>t   *ê* : h<u>ey</u>   *i* : h<u>i</u>t   *î* : h<u>ea</u>t   *u* : p<u>u</u>t

Examples:

ev bajêr	this town *or* these towns
ew erebe	that car *or* those cars
ji **vî** bajêrî	from (= **ji**) this town
ji **wan** bajêran	from those towns
her bajêr	every town

Prepositions

The word that follows a preposition is in the *oblique case*.
'Circumpositions' are prepositions split into two with parts
that come before and after the word they govern:

ba to; with; by	**ji bo** for
ber in front of, toward	**li/li ... de** in, at, to
bi with	**li ber** in front of
bi ... re with	**li pey** after
di ... de in	**li peş** in front of
di ... re by, via	**li ser** on
di .. ve through	**mîna** like
di bareya ... de about	**piştî** after
heta until	**ser** on, to
ji from, of	**ta** up to
ji .. re to, for, with	**we/weke** like

Examples:

li Kurdistanê in Kurdistan
ji bajêr from the town
di erebeyê de in the car
li ser masê on the table
li ber xaniyan in front of the houses

Adverbs

Adverbs can take a variety of forms. Some examples:

li vir here	**bi jorve** up

û : shoot   *c : jam*   *ç : church*   *j : leisure*   *ş : shut*   *x : loch*

li wir there	**jêr** down
baş well	**zû** quickly
xerab badly	**hêdî hêdî** slowly
niha now	**bi hêsanî** easily
îro today	**sibê** tomorrow

Verbs

Verbs are easy to form and add prefixes and suffixes to the basic form. The underlying concept of the structure of Kurdish verbs is similar to the majority of European languages, including its regularities and irregularities.

Every verb has a basic form that carries a basic meaning. Smaller particles are then added before or after to tell you who's doing what and how and when:

girtin	to take
bi**gir**e	take! *singular*
ne**gir**in	don't take! *plural*
ez di**gir**im	I take
ez na**gir**im	I don't take
min ew **gir**tiye	I have taken it
ez **gir**tibû	I had taken
ez bi**gir**im	I should take
min ê bi**gir**ta	I might have taken it

Di- is added to before many verbs as part of the present tense, and **bi-** is added to make the subjunctive tense:

çûn to go → **em di<u>çim</u>** I go   **em bi<u>çin</u>** I might go

Verb building

Similar to the way English creates composite verbs with different meanings such as 'upload/download', 'over-turn/turn over', 'set down/set up', Kurmanji verbs can be expanded through adding prefixes such as **ve** (indicating

a : f<u>a</u>ther   *e* : p<u>a</u>t   *ê* : h<u>ey</u>   *i* : h<u>i</u>t   *î* : h<u>ea</u>t   *u* : p<u>u</u>t

motion away) or **rû** (indicating on):

> **ve + kirin** to do → **vekirin** to open
> **rû + niştin** to sit → **rûniştin** to sit down

'Not'
The negative is usually **ne**, sometimes it takes the forms **na** or **ni**. It can be a separate word or joined to a verb:

ez <u>ne</u> kurd im	I'm not Kurdish
wî em <u>ne</u>dîtin	he didn't see us
em <u>ne</u>hatibûn	we had not come
we ez <u>ni</u>zamin	I don't know
tu behs <u>na</u>kin	you don't discuss

Essential verbs
While Kurmaniji verbs are generally regular, there are a few common verbs that have irregular forms in the present tense. Many take the **na** or **ni** negatives.

—The verb 'to be' is expressed in a variety of ways. There is a simple set used in the present tense. It has variant forms depending on whether the preceding word ends in a consonant or a vowel:

AFTER A CONSONANT		AFTER A VOWEL	
im (I) am	**in** (we) are	**me** (I) am	**ne** (we) are
î (you) are	**in** (you) are	**yî** (you) are	**ne** (you) are
e (he/she/it) is	**in** (they) are	**ye** (he/she it) is	**ne** (they) are

Examples:

ez kurd <u>im</u>	I <u>am</u> Kurdish
tu kurd <u>î</u>	you <u>are</u> Kurdish
ew kurd <u>e</u>	she/he <u>is</u> Kurdish
em kurd <u>in</u>	we <u>are</u> Kurdish

hun kurd <u>in</u>	you <u>are</u> Kurdish
ew kurd <u>in</u>	they <u>are</u> Kurdish
ez bi wî re <u>me</u>	I <u>am</u> with [= **bi...re**] him/her
tu bi wî re <u>yî</u>	you <u>are</u> with him/her
em bi wî re <u>ne</u>	we <u>are</u> with him/her

—**xwestin** 'to want' has the irregular present form **xwaz**:

ez dixwazim I want	**em dixwazin** we want
tu dixwazî you want	**hun dixwazin** you want
ew dixwaze he/she/ it wants	**ew dixwazin** they want

Negative:

ez naxwazim	I don't want
tu naxwazî	you don't want
ew naxwaze	he/she/it doesn't want
em naxwazin	we don't want
hun naxwazin	you don't want
ew naxwazin	they don't want

—**karîn** 'to be able':

ez dikarim I am able	**em dikarin** we are able
tu dikarî you are able	**hun dikarin** you are able
ew dikare he/she is able	**ew dikarin** they are able

Negative: **ez nikarim** I am not able, *etc*

—**hatin** 'to come'

ez têm I come	**em tên** we come
tu teyî you come	**hun tên** you come
ew tê he/she/it comes	**ew tên** they come

Negative: **ez nayêm**   I don't come, *etc*

—çûn 'to go'

ez diçim I go	**em diçin** we go
tu diçi you go	**hun diçin** you go
ew diçe he/she/it goes	**ew diçin** they go

Negative: **ez naçim** I don't go, *etc*

—anîn 'to bring'

ez tînim I bring	**em tînin** we bring
tu tînî you bring	**hun tînin** you bring
ew tîne he/she/it brings	**ew tînin** they bring

Negative: **ez naynim** I don't bring, *etc*

—zanîn 'to know'

ez zanim I know	**em zanin** we know
tu zanî you know	**hun zanin** you know
ew zane he/she/it knows	**ew zanin** they know

Negative: **ez nizanim** I don't know, *etc*

—karîn 'to be able'

ez karim I are able	**em karin** we are able
tu karî you are able	**hun karin** you are able
ew zane he/she/it is able	**ew karin** they are able

Negative: **ez nikarim** I'm not able, *etc*

—Hebûn 'to be/to exist'.

Present:	**ez heme**	**em hene**
	tu heyî	**hun hene**
	ew heye	**ew hene**
Past:	**ez hebûm**	**em hebûn**
	tu hebûyî	**hun hebûn**
	ew hebû	**ew hebûn**

û : sh<u>oo</u>t   *c* : <u>j</u>am   *ç* : <u>church</u>   *j* : lei<u>s</u>ure   *ş* : <u>sh</u>ut   *x* : lo<u>ch</u>

The third-persons singular and plural forms are used for 'there is/was' and 'there are/were'.

nan heye	there is bread
ketab hene	there are books

The negative of **heye** is **tune** and the negative of **hebû** is **tunebû**:

nan tune	there was no bread
ketab hetune	there were no books

—'To have'

There is no real equivalent in Kurdish to the English verb 'to have'. Instead this is usually formed with **heye/hene** and past **hebû/hebûn**:

ketabeke min heye   I have a book
       (literally: 'a book of mine there-is')
ketabeke min hebû   I had a book
       (literally: 'a book of mine there-was')
pêne kitabên wî hen   she has five books
       (literally: 'five books of hers there-were')
pereyên me hene   we have money
       (literally: 'money [plural] of us there-are')
pereyên me hebûn   we had money
       (literally: 'money [plural] of us there-were')

This way of expressing 'to have' is similar to Turkish or Arabic – and Spanish and French can also sometimes do this too.

Negative forms are **niye** 'there is/are not' and **nebû** 'there was/were not':

ketabeke min niye	I do not have a book
pereyên me nebû	we had no money

    a : f<u>a</u>ther   *e* : p<u>a</u>t   *ê* : h<u>ey</u>   *i* : h<u>i</u>t   *î* : h<u>ea</u>t   *u* : p<u>u</u>t

alphabet and pronunciation

Kurdish letter	Kurdish example	Approximate English equivalent	Name of letter
Aa	av 'water'	father*	a
Bb	bira 'brother'	box	be
Cc	caz 'jazz'	jam	ce
Çç	ça 'tea'	church	çe
Dd	dest 'hand'	dog	de
Ee	erebe 'car'	pat	e
Êê	mêwe 'fruit'	hey	ê
Ff	firoşgeh 'shop'	fat	fe
Gg	goşt 'meat'	got	ge
Hh	hezar 'thousand'	hat	he
Ii	piçûk 'small'	hit	i
Îî	îroj 'today'	heat	î
Jj	jin 'woman'	erazure	je
Kk	kolan 'street'	kick	ke
Ll	ling 'leg'	let	le
Mm	meh 'month'	mat	me
Nn	nan 'bread'	net	ne
Oo	otêl 'hotel'	coat*	o
Pp	polîs 'police'	pet	pe
Qq	qol 'arm'	see page 23	qe
Rr	rê 'road'	rap [rolled]	re
Ss	ser 'head'	sit	se

As in Southern British English

û : shoot   c : jam   ç : church   j : leisure   ş : shut   x : loch

Şş	**şîr** 'milk'	**sh**ut	*şe*
Tt	**tas** 'cup'	**t**en	*te*
Uu	**Kurd** 'Kurd'	p**u**ll*	*u*
Ûû	**nû** 'new'	sh**oo**t	*û*
Vv	**vîza** 'visa'	**v**an	*ve*
Ww	**wezîr** 'minister'	**w**orld	*we*
Xx	**xelk** 'people'	lo**ch**	*xe*
Yy	**yek** 'one'	**y**es	*ye*
Zz	**zêr** 'gold'	**z**ebra	*ze*

* As in Southern British English
** As in Scottish English

note on sounds

Nothing beats listening to a native speaker, but the following notes should help give you some idea of how to pronounce the following letters.

Vowels

e is the short 'a' vowel in 'pat' – it is written as **e** because it can also sound like the 'e' in 'pet'.

ê is the vowel part of 'hey' without the '-y'.

i is the 'i' in 'bit' but often sounds like Turkish 'ı' or English 'uh'.

Depending on the speaker and region, you may hear **o** and **u** pronounced in some words as **'ö'** and **'ü'** respectively, the same sounds as in Turkish or German.

a : f<u>a</u>ther   *e : p<u>a</u>t*   *ê : h<u>ey</u>*   *i : h<u>i</u>t*   *î : h<u>ea</u>t*   *u : p<u>u</u>t*

Consonants

x is the rasping 'ch' in Sottish 'loch' and German 'ach', frequently transcribed in English as 'kh'. It is also pronounced like 'gh' (see page 25).

q is pronounced like a 'k', but right back in your mouth at the throat end, in the same area as **h'** and **a'** (see pages 24-25). Imagine you have a marble in the back of your throat and that you're bouncing it using only your glottis, and make a 'k' sound at the same time. [= Arabic *qāf* ‏قاف‎]

Other consonants

Some consonants are rarely indicated in written Kurdish or not at all. Since you will be understood without pronouncing these distinctions, they are not marked here. For future reference as you develop your ear, these include:

r/rr are two distinct sounds in Kurdish: **r** is a single 'flap' of the tongue (this is the same sound found in Turkish and Farsi) while **rr** is a full 'roll' (this is the same as Scottish English and Arabic). Castillian Spanish makes the same distinction, e.g. pero 'but' and perro 'dog'. You'll see **rr** written quite a lot but not always consistently, especially in words like **pirr** 'very' (usually written as **pir**) and **balefirr** 'plane' (usually **balefir**).

' generally represents the consonants *hamza* [glottal stop] or ^cayn [see below] of words with Persian or Arabic origin. It is rarely written. Depending on the speaker's background, if written and pronounced, they will give **'** the original Arabic sound, or as a light 'catch' or 'creak' in the voice corresponding to Persian, e.g. **şa'ir** 'poet' (more commonly **şayir**), **le'd** 'Sunday', **me'aş** 'salary', **me'na** 'meaning'.

Aspirated/unaspirated

Many speakers make a distinction between aspirated and unaspirated consonants for **ç**, **k**, **p** and **t**. Aspirated involves a puff of air with the release of the consonant – as in the English pronunciation of '<u>ch</u>ew', '<u>k</u>ey', '<u>p</u>ie', '<u>t</u>ie'. Unaspirated is without the puff of air – as in English 'es<u>ch</u>ew', 's<u>k</u>i', 's<u>p</u>y', 's<u>t</u>y' – and can have a slightly 'creaky' delivery. Examples of contrasting pairs are **çal** [ch^{h}al] 'speckled' vs **çal** [chal] 'pit/well', **kal** [k^{h}al] 'unripe' vs **kal** [kal] 'old man', **pêlav** [p^{h}elav] 'wave' vs **pêlav** [pelav] 'shoes', **tîn** [t^{h}in] 'thirst' vs **tîn** [tin] 'heat'.

Regional consonants

Depending on where Kurdish is spoken, speakers will often distinguish other sounds, especially words of Arabic origin. They do not affect meaning. The main examples, using the modified form that Sorani uses when written in Latin script, are:

xh – e.g. **kaxhet (kaxet)** 'paper': pronounced like a sort of growl in the back of your throat — like when you're gargling. Frequently written in English as 'gh' when transcribing other languages that have this sound, the German or Parisian 'r' is the easy European equivalent. [= Arabic *ghayn* غ]

h' – e.g. **h'ukmet (hukmet)** 'government': a more emphatic form of **h**. Take the exhaling sound you make when you've just burnt your mouth after taking a sip of boiling

a : f<u>a</u>ther   *e* : p<u>a</u>t   *ê* : h<u>ey</u>   *i* : h<u>i</u>t   *î* : h<u>ea</u>t   *u* : p<u>u</u>t

hot soup, push it right back into the very back of your mouth, making sure your tongue goes back too, and that should give a good approximation. [= Arabic *ḥā'* ح]

a' – e.g. **a'înwan (înwan)** 'address': if you follow the same pronunciation rules for h', with your tongue and back of mouth all pressed up against the back of your throat, then change the hiss of the h to a sound using your vocal cords. If you're then sounding like you're being choked, then you've got it. Hint: rather than think of a' as a consonant, think of it as a 'vowel modifier', and when listening to a native speaker, note how it changes any vowel in its vicinity, 'pharyngealizing' the vowel, sending half the sound up the nose. American English has a similar 'coloring' with its use of 'r'. Note that in Iran this is generally pronounced as a soft 'glottal stop' or has the effect of simply lengthening the preceding or following vowel. [= Arabic *cayn* ع]

ll – e.g. **bellê** 'yes' in Sorani: **l** and **ll** are two distinct sounds in Kurdish, mainly in Sorani, . Depending on the word (without affecting meaning), English speakers also use a 'light' 'l' and a 'dark' 'l' as in 'album' and 'all'. The 'l' in the first word is equivalent to Kurdish **l** and is pronounced with your tongue close to the back of your teeth. The 'll' in the second example is with your tongue much further back in your mouth – this is the Kurdish ll. Note that the pronunciation and use of **ll** will vary from region to region.

û : sh<u>oo</u>t   *c* : <u>j</u>am   *ç* : <u>ch</u>urch   *j* : lei<u>s</u>ure   *ş* : <u>sh</u>ut   *x* : lo<u>ch</u>

hello!

Hello!	Merheba! *or*
	Silav! *or*
	Silamun eleykum!
How are you? *to one person/familiar:*	
	Çawa yî?
to more than one person/to one person polite:	
	Çawa ne? *or* Çawa nin?
Fine, thanks.	Baş im, spas.
Pleased to meet you.	
sing/fam	Ez bi nasîna te ve dilşad bûm.
pl/pol	Ez bi nasîna we ve dilşad bûm.

more greetings

good day	rojbaş
good morning	beyanibaş
sing/fam	sibeha te bi xêr
pl/pol	sibeha we bi xêr
good afternoon	paş nîvro
good evening	êvarbaş *or* êvara we bi xêr
good night	şevbaş
sing/fam	şeva te bi xêr
pl/pol	şeva we bi xêr
goodbye	
sing/fam	bi xatirê te
pl/pol	bi xatirê we
—*response:*	bi xêr û silametî
see you later	em ê hevûdin dûre *or*
	paşê bibînin

---

*û : sh**oo**t*   **c** *: **j**am*   **ç** *: **ch**ur**ch***   **j** *: lei**s**ure*   **ş** *: **sh**ut*   **x** *: lo**ch***   27

first greetings

see you tomorrow	sibê em ê hev bibînin
please	ji kerema xwe re
thank you	spas
thank you very much	zor spas
not at all/you're welcome	spas xweş *or* ne tiştek e
excuse me	li min biborînin
sorry; I'm sorry	min bibexişînin *or* li min bibore
congratulations!	aferîn!
welcome!	
sing/fam	tu bi xêr hatî!
pl/pol	hûn bi xêr hatin!
bon voyage!	oxir be! *or* ser rast be!

a : f<u>a</u>ther   *e* : p<u>a</u>t   *ê* : h<u>ey</u>   *i* : h<u>i</u>t   *î* : h<u>ea</u>t   *u* : p<u>u</u>t

essentials

I	ez/min
you *sing/fam*	tu/te
he/it	ew/wî
she/it	ew/wê
we	em/me
you *pl/pol*	hûn/we
they	ew/wan
this/these	ev/vî
that/those	ew/wî
here	li vir
there	li wir
yes	erê; belê
no	na

I like...

I like ...	ez ... hez dikim
I don't like ...	ez ... hez nakim
I want ...	ez ... dixwazim
I want to ...	ez dixwazim ...
I don't want ...	ez ... naxwazim *or*
I don't want to ...	ez naxwazim ...
I know	ez zanim
I don't know	ez nizanim
do you understand?	
sing/fam	tu têgihaştî?
pl/pol	hûn têgihaştin?

û : shoot   *c : jam*   *ç : church*   *j : leisure*   *ş : shut*   *x : loch*

quick reference

I understand	ez têgihaştim
I don't understand	ez tênegihaştim
I am grateful	ez spasdar im
it's important	ev girîng e
it doesn't matter	ne xem e *or* ne girîng e
good luck	bextê te xweş be!
excuse me *please*	
sing/fam	bibore!
pl/pol	biborin!
sorry!	xemgîn im!
excuse me *sorry*	
sing/fam	li min bibore!
pl/pol	li min biborin!
may I?	bi destûra we ez dikarim?
no problem!	ne pirsgirêk e! *or* ne mesele ye!
I am sorry to hear that	bi bihîstina wê ez pir xemgîn im

questions

where?	li ku?
who?	kî?
what?	çi?
when?	kengê? *or* çi wext?
which?	kîjan?
how?	çawa? *or* çi tor?
why?	çima?
how far?	çiqas dûr?
how near?	çiqas nêzik?
how much?	çiqas? *or* çend qeder?

a : f<u>a</u>ther   **e** : p<u>a</u>t   **ê** : h<u>ey</u>   **i** : h<u>i</u>t   **î** : h<u>ea</u>t   **u** : p<u>u</u>t

| how many? | çiqas? *or* çend hep |
| what's that? | ev çi ye? |

where and what?

here is ...	li vir ... e.
here are ...	li wir ... in
is there ...?	li wir ... e?
are there ...?	li wir ... in?
where is ...?	li ku der ... e?
where are ...?	li ku der ... in?
what must I do?	divê ez çi bikim?
what do you want?	
sing/fam	tu çi dixwazî?
pl/pol	hûn çi dixwazin?

extras

very	zor
and	û
or	an jî
but	lê belê
more or less	kêm zêde
is everything OK?	her tişt baş e?
danger!	xetere! *or* talûke!
come in! *sing/fam*	kerem ke!
pl/pol	kerem kin!
please come in	ji kerema xwe werin hundir
please sit down	ji kerema xwe rûnin
please eat	ji kerema xwe bixwin
bon appetit!	noşî can be!

û : shoot   c : jam   ç : church   j : leisure   ş : shut   x : loch

feelings

I am ...	ez ... im/me
I am cold	ez sar im *or*
	ez dicemidim
I am hot	ez germ im
I am sleepy	ez bi xew im
I am hungry	ez birçî me
I am thirsty	ez tî me
I am angry	ez xeyîdî me
I am happy	ez dilşad im *or*
	ez bextiyar im
I am sad	ez xemgîn im *or*
	ez dilkovan im
I am tired	ez westî me
I am well	ez baş im

language and identity

While Kurds call their language Kurdi, depending on where they come from, speakers also use specific names such as Kurmanji, Sorani, Hewrami and Pehlewani. For Kurmanji, the main dialects are Berferati, Xerzi, Tori, Deşti, Boti, Goyi, Serhedi, Hekari and Behdini.

Behdini (or Badinani/Badini) is the form of Kurmanji spoken in Iraq and written in the Sorani script. Instead of Kurmanji, Sorani speakers call it Behdini.

Every area has its own variant of pronunciation and grammar. You also will find different levels of vocabulary – from purely Kurdish to the non-Kurdish languages spoken in the area where people live or which have an economic-cultural influence, e.g. 'car' can be **otombîl**, **erebe**, **makîne**, **trimbêl/tirimpêl** or **cemse**.

getting to know you

What is your name?
   sing/fam   Navê te çi ye?
   pl/pol   Navê we çi ye?

My name is ...   Navê min ... e/ye

May I introduce you   Ez dikarim we bi ...
    to...?   bidim nasîn?

This is my ...   Ev ... min e.
   friend   heval
   colleague   hevkar
   companion   heval
   relative   lêzim; meriv
   neighbor   cînar; cîran

Where are you from?
   sing/fam   Tu ji ku derê ye?
   pl/pol   Hûn hi ku derê ne?

I am from ...   Ez ji ... me.

Where were you born?
   sing/fam   Tu li ku hate dinyayê?
   pl/pol   Hûn li ku hatine dinyayê?)

I was born in ...   Ez li ... hatime dinyayê.

Where is your family from?
   sing/fam   Malbata te ji ku ye?
   pl/pol   Malbata we ji ku ye?

My family is from ....   Malbata min ji .. ye.

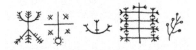

introductions

regional nationalities

Kurdistan	Kurdistan
Kurd	kurd
Georgia	Gurcistan
Georgian	gurcî
Turkey	Tirkiye
Turk	tirk
Syria	Sûriye
Syrian	sûrî
Armenia	Ermenîstan
Armenian	ermen
Azerbaijan	Azerbaycan
Azerbaijani	azerbaijanî
Azeri *Iran*	azerî
Iran	Îran
Iranian	îranî; farisî
Iraq	Îraq
Iraqi	îraqî
Jordan	Urdin
Jordanian	urdinî
Lebanon	Lubnan
Lebanese	lubnanî
Jew	cihû
Assyrian	asûrî
Yezidi	êzîdî

a : f<u>a</u>ther   *e* : p<u>a</u>t   *ê* : h<u>ey</u>   *i* : h<u>i</u>t   *î* : h<u>ea</u>t   *u* : p<u>u</u>t

countries

I am from ...   Ez ji ... me.

America	Emerîka
Argentina	Arjantîn
Australia	Awistraliya
Bangladesh	Bengladêş
Belgium	Belçîka
Brazil	Brezîlya
Britain	Brîtaniya
Canada	Keneda
China	Çîn
Denmark	Danîmark
Egypt	Misir
England	Îngilîstan
Europe	Ewropa
European Union	Yekîtiya Ewropayê
Finland	Fînlend; Fenland
France	Fransa
Germany	Almanya
Greece	Yewnanistan
the Gulf	Kendav
India	Hind
Ireland	Îrlanda
Israel	Îsraîl
Italy	Îtalya
Japan	Japon
Korea	Kore
Lebanon	Lubnan
Mexico	Meksîka
the Netherlands	Holanda; Holend
New Zealand	Zelanda Nû

û : sh*oo*t   *c* : *j*am   *ç* : *church*   *j* : lei*s*ure   *ş* : *sh*ut   *x* : lo*ch*   **35**

introductions

Nigeria	Nîjerya
Northern Ireland	Îrlenda Bakur
Norway	Norwêj
Pakistan	Pakistan
Palestine	Filistîn
Philippines	Fîlîpîn
Poland	Polonya
Portugal	Portegal
Saudi Arabia	Erebistana Siûdî *or* Erebistana Seûdî
Scotland	Skotland
South Africa	Afrîqaya Başûr
Spain	Spanya
Sweden	Swêd
Ukraine	Ukrayn
United Arab Emirates	Emîriyên Yekbûyî yên Ereban
the USA	Amerîka
Wales	Wêls

nationality

I am ...	Ez ... im/me
American	amerîkanî
Argentinian	arjantîn
Australian	awistralyayî
Bangladeshi	bengladêşî
Belgian	beljîkî
British	brîtanî
Canadian	kanadî

a : f<u>a</u>ther   *e* : p<u>a</u>t   *ê* : h<u>ey</u>   *i* : h<u>i</u>t   *î* : h<u>ea</u>t   *u* : p<u>u</u>t

Chinese	çînî
Danish	danmarkî
Dutch	holendî
Egyptian	misrî
English	îngiliz
Filipino	fîlîpînî
Finnish	fînî; fenlandî
French	fransî
German	almanî
Greek	yûnanî
Indian	hindû
Iranian	îranî
Irish	îrlandî
Israeli	îsraîlî
Italian	îtalyanî
Japanese	japonî
Korean	koreyî
Mexican	mekzîkî
from New Zealand	ji Zelandayê Nû
Nigerian	nîceryayî
Pakistani	pakistanî
Polish	polonî
Portuguese	portegalî
Scottish	skotî
from South Africa	ji Afrîkayê Başurê
Spanish	spanî
Swedish	swêdî
Ukrainian	ukraynî
Welsh	wêlşî

More countries and nationalities can be found in the dictionary sections.

û : shoot   c : jam   ç : church   j : leisure   ş : shut   x : loch   37

introductions

occupations

What do you do?
- *sing/fam*   Tu çi karî dikî?
- *pl/pol*   Hûn çi karî dikin?

I am a/an ...   Ez ... im/me.

academic	akademîk
accountant	jimêryar; deftardar
administrator	kardar
agronomist	pisporê cotkariyê *m;* pispora cotkariyê *f*
aid worker	karkerê hawar *m;* karkera hawar *f*
architect	avaker
artist	hunermend
baker	nanpêj
banker	bankvan
builder	bînakar
business person	bazirgan; pîşeger
butcher	qesab
carpenter	dartiraş
carpet maker	nekerî
civil servant	fermanber
coder	koder
consultant	rawêjkar; şîretkar
cook	aşpêj
dentist	diransaz; bijîşkî diranan
designer	neqşkêş
diplomat	dîplomat
doctor	bijîşk
driver	ajotvan
economist	aborînas
engineer	endezyar

a : f<u>a</u>ther   *e* : p<u>a</u>t   *ê* : h<u>ey</u>   *i* : h<u>i</u>t   *î* : h<u>ea</u>t   *u* : p<u>u</u>t

factory worker	karkerê karxanê *m;* karkera karxanê *f*
farmer	cotkar
filmmaker	fîlmger
I.T. specialist	pisporê I.T.yê [ay-tî] *m;* pispora I.T.yê *f*
journalist	rojnamevan
lawyer	parêzger
lecturer	wanebêj
mechanic	makîneajo
musician	mûzîkvan
nurse	nexweşnêr; perestar
observer	çavdêr
officer worker	karmend *or* karkerê desgehê *m;* karkerê desgehê *f*
oil worker	karkerê niftê
photographer	wênekêş
pilot	balafirvan
scientist	zana; zanistdar
secretary	nivîsevan; sekreter
security guard	peywirdarê ewlehiyê *m;* peywirdara ewlehiyê *f*
singer	stiranbêj
soldier	leşker
specialist	pispor
student	xwendekar
surgeon	birînsaz; neşterdar
teacher	mamoste; masmosta
telecoms specialist	pisporê peywendiyan *m;* pispora peywendiyan *f*
tourist	geştyar
waiter/waitress	xizmetkar
writer	nivîskar

introductions

I work in ...	Ez di ... de dixebitim.
advertising	agehdarî
computers	xwejimêr
insurance	bîm; sîgorta
I.T.	teknolojiya agehdarî
the leisure industry	pîşeya şahiyê
marketing	bazargerî
an office	desgehek; nivîsgehek
the retail industry	pîşesaziya perakende; pîşesaziya parçekî
sales *industry*	firotin
a shop	firoşgeh; dukan
telecommunications	dûrgehîn
tourism	geşt û guzar
the hotel industry	pîşesaziya otêlê
for the council	ji bo konseyê

retired	teqawî; destûrê astengî
I am retired	ez teqawî me; ez destûrê astengî me
unemployed	bêkar; bêkarî
I am unemployed	ez bêkarim; ez bêkarî me

relationships

Are you married?	
sing/fam	Tu zewicî ye? *or* Gelo tu zewicîyî?
pl/pol	Hûn zewicî ne? *or* Gelo tu zewicîyî?
I am not married.	Ez tekane me. *or* Ez ne zewicî me.

a : f<u>a</u>ther   ***e*** : p<u>a</u>t   ***ê*** : h<u>e</u>y   ***i*** : h<u>i</u>t   ***î*** : h<u>ea</u>t   ***u*** : p<u>u</u>t

I am single.	Ez qencî me.
I am married.	Ez zewicî me.
I am divorced.	Ez berdayî me.
I am widowed.	
said by a man	Ez mêrebî me.
said by a woman	Ez jinebî me.

Do you have a boyfriend?	Hevalê te heye?
Do you have a girlfriend?	Hevala te heye?
What is his/her name?	Navê wî/wê çi ye?
His/her name is	Navê wî/wan ... ye.

family

Do you have any children?	
sing/fam	Ma tu zarok hînî?
pl/pol	Ma hûn zarok hînîn?
How many children do you have?	
sing/fam	Çend zarokên te hene?
pl/pol	Çend zarokên we hene?
I don't have any children.	Tu zarokên min tune.
I have a daughter.	Min keçikek heye. *or*
	Keçikeke min heye.
I have a son.	Min lawikek heye. *or*
	Lawikekî min heye.
How many sisters do you have?	
sing/fam	Çend xişwkên te hene?
pl/pol	Çend xwişkên we hene?
How many brothers do you have?	
sing/fam	Çend birayên te hene?
pl/pol	Çend birayên we hene?

*û : sh**oo**t   c : **j**am   ç : **ch**ur**ch**   j : lei**s**ure   ş : **sh**ut   x : lo**ch***

introductions

father	bav
mother	dê; dayik
parents	dêûbav
grandfather	bapîr
grandmother	ap
brother/brothers	bira; kek
sister/sisters	xwişk; xweng
child/children	zarok
daughter	keç; keçik
son	law, lawik
twins	cêwî
husband	mêr
wife	jin; pîrek
family	malbat; binemal
man	mêr
woman	jin
boy	kur; lawik
girl	keç; keçik

religion

The majority of Kurds are Muslim – for more, see the box on festivals on page 128.

imam	mele; mela; seyda
muezzin	muezîn
minaret	minare
azan	deng; azan

What religion are you?

sing/fam	Ola te çi ye?
pl/pol	Ola we çi ye?

a : f<u>a</u>ther   *e* : p<u>a</u>t   *ê* : h<u>ey</u>   *i* : h<u>i</u>t   *î* : h<u>ea</u>t   *u* : p<u>u</u>t

I am (a) ...	Ez ... im/me.
Muslim	Misilman
Sunni	Sunî
Shi'i	Şiî
Alevi	Alevî
Bahai'i	Behayî
Sikh	Sîk
Hindu	Hindû
Buddhist	Bûdahî; Bûdayî
Christian	Xirîstiyan
Assyrian	Asûrî
Catholic	Katolîk
Orthodox Christian	Xiristiyanê Ortodoks
Jewish	Cihû
Yezidi	Êzîdî
Zoroastrian	Zerdeştî

I am not religious.	Ez bêol im.

family note

Kurds have a wide range of specialized words for family members, including:

paternal uncle	mam; ap
maternal uncle	xal
paternal aunt	met
maternal aunt	xaltî
nephew *brother's son*	birazî; biraza
niece *brother's daughter*	birazî; biraza
nephew *sister's son*	xwarzî
niece *sister's daughter*	xwarzî

what do you speak?

language	ziman
dialect	lehçe
accent	aksan; devok
bilingual	duzimanî
bilingualism	duzimanîtî

Do you speak English?
sing/fam	Tu dikanî bi îngilîzî bipeyivî?
pl/pol	Hûn dikanin bi Îngilîzî bipeyivin?

Do you speak Kurdish?	Tu dikanî bi kurdî bipeyivî?
Do you speak Turkish?	Tu dikanî bi tirkî bipeyivî?
Do you speak Persian?	Tu dikanî bi farsî bipeyivî?
Do you speak Arabic?	Tu dikanî bi erebî bipeyivî?
Do you speak German?	Tu dikanî bi elmanî bipeyivî?
Do you speak Italian?	Tu dikanî bi îtal(k)î bipeyivî?
Do you speak French?	Tu dikanî bi fransî bipeyivî?
Do you speak Spanish?	Tu dikanî bi spenî bipeyivî?

I speak ...	Ez bi ... dipeyivim./qise dikim.
English	îngilîzî
Kurdish	kurdî
Turkish	tirkî
Persian	farsî
Arabic	erebî
Danish	danîmarkî
Dutch	holendî
Farsi	farsî
French	fransî

German	almanî
Hindi	hîndî; hîndkî
Italian	îtalî; îtalkî
Japanese	japonî
Spanish	spenî

kurdish languages

Do you speak Sorani?	Gelo tu bi soranî diaxivî?
Do you speak Gorani?	Gelo tu bi goranî diaxivî?
Do you speak Hawrami?	Gelo tu bi hewramî diaxivî?
Do you speak Zazaki?	Gelo tu bi zazakî diaxivî?

regional languages

Aramaic	aramî; suryanî
Armenian	ermenîkî
Azeri *Iran*	azerî
Azerbaijani *Azerbaijan*	azerbeycanî
Georgian	gurcî
Laz	lazî
Luri	lurî

Discover other languages in the dictionary sections.

communication

Does anyone speak English?	Kesek bi Îngilîzî dipeyive?
Does anyone speak Kurdish?	Kesek bi Kurdî dipeyive?

û : shoot   c : jam   ç : church   j : leisure   ş : shut   x : loch   **45**

I speak a little ...	Ez bi ... hindik dipeyivim.
I don't speak ...	Ez bi ... nikanim bipeyivim.

I'm sorry, I didn't understand that.

Bibore, ez ew fêm nekir.

I understand.	Min têgihişt.

Some common expressions

A few handy expressions you can use in conversation:

ne welê ye?	isn't it?/aren't they?/ aren't you? *etc.*
bes e!	well now!; enough!
baş	well!
bi rastî!	so!; indeed!
min got ...	I mean...; that is...
de hadê!	come on...!
temam! Belê	okay!
ne welê ye?	isn't it?
deqekî !	wait a minute!
bi bîr û baweriya min ...	in my opinion...
temam	all right!
aferîn	bravo!
min got ...	I mean...; that is to say...
ango... *or* ye'nî...	that is.../I mean...
gelo...?	*often introduces a question, has the sense of 'I wonder if...' but in English it would not usually be translated*

I don't understand.	Min tênegihişt.

Could you speak more slowly, please?

sing/fam	Ji kerema xwe re tu dikanî hêdî hêdî bipeyîvî?
pl/pol	Ji kerema xwe re hûn dikanin hêdî hêdî bipeyivin?

Could you repeat that?

sing/fam	Tu dikanî wê dubare bikî?
pl/pol	Hûn dikanin wê dubare bikin?

How do you say ... in Kurdish?

sing/fam	Tu ... bi Kurdî çawa dibejî?
pl/pol	Hûn ... bi Kurdî çawa dibêjin?

What does ... mean?	... tê çi wateyê?

How do you pronounce this word?

sing/fam	Ma tu vê bêjeyê çawa bilêv dikî?
pl/pol	Ma hûn vê bêjeyê çawa bilêv dikin?

Please point to the word in the book.

sing/fam	Ji kerema xwe di pirtûkê de bejêyê nîşan bike.
pl/pol	Ji kerema xwe di pirtûkê de bejêyê nîşan bikin.

Please wait while I look up the word.	Ji kerema xwe bisekine, dema ku ez gotinê lêzanim.

What does ... mean? this word?	Ma ... çi wate ye?

û : sh<u>oo</u>t *c : <u>j</u>am* *ç : <u>ch</u>urch* *j : lei<u>s</u>ure* *ş : <u>sh</u>ut* *x : lo<u>ch</u>* **47**

form filling

What does this mean?	Ev tê çi wate yê? *or* Ev tê çi mane yê?
Is this the correct form?	Ev forma rast e?
Where do I sign?	Ez ku derê îmze bikim?

name	nav
first name	navê yekem
surname	bernav
address	navnîşan
telephone number	jimareya telefonê
email address	navnîşana emailê
date of birth	mêjûya zayînê; dîroka zayînê
place of birth	cihê zayînê
nationality	netewe
age	temen; sal
sex: male	zayend: nêr
female	mê
religion	ol; dîn
reason for travel:	sedema rêwitî
business	bazar
tourism	geşt û guzar
work	kar
personal	kesane, şexsî
profession	pîşe
marital status:	rewşa zewacê
single	tekane; ne ziwicî
married	zewicî
divorced	berdayî
date	mêjû, dîrok

date of arrival	mêjûya gehiştinê
date of departure	mêjûya derketinê
I.D. card	karta nasnameyê
passport	geşname; paseport
passport number	hejmara geşnameyê
date of issue	dîroka çapkirinê
expiry date	dîroka bikaranîna dawî
visa	nîşan; vîza
currency	derbasdarî
written	nivîskî
stamp *on document*	mohr
signature	destnîşan; îmze

offices

Where should I wait?	Divê ez li ku bisekinim?

I can't wait, I have another appointment.

Ez nikarim li bendê bimînim, min randevûyeke din heye.

Tell him/her that I was here.

Ji wî/wê re bibêje ku ez li vir bûm.

Should I come back another time/day?

Divê ez demeke/rojeke din werim?

When?	Kengê?

Can you write that down for me?

| *sing/fam* | Tu dikarî vê ji min re binivîsî? |
| *pl/pol* | Hûn dikarin vê ji min re binivîsin? |

Where is the office of ...? Desgeha ... li ku derê ye?

û : sh<u>oo</u>t   *c* : <u>j</u>am   *ç* : <u>church</u>   *j* : lei<u>s</u>ure   *ş* : <u>sh</u>ut   *x* : lo<u>ch</u>   49

bureaucracy

Which floor is it on?	Ev li kîjan qatê ye?
Does the elevator work?	Bilindker dixebite?
Is Mr./Ms. ... in?	Axayê/Xanima ... li vir e.
Please tell him/her that I have arrived.	Ji kerema xwe re ji wî/wê re bibejin ku ez gihaştim.
I am here.	Ez li vir im.
I can't wait, I have an appointment.	Ez nikanim bisekinim, jivaneke min heye.

Tell him/her that I was here.

sing/fam	Ji re bibêje ku ez li vir bûm.
pl/pol	Jê re bibejin ku ez li vir bûm.

red tape

Where is the ... embassy?	Balyozxaneya ... li ku ye?

Check the nationalities on page 36.

embassy	balyozxane
ambassador	balyoz
embassy official	karmendê balyozxaneyê *m;* karmenda balyozxaneyê *f*
consulate	konsolosxane
consul	konsolos
consular offical	karmendê konsolosxaneyê *m;* karmenda konsolosxaneyê *f*
visa section	beşa vîzeyê

a : f<u>a</u>ther   *e : p<u>a</u>t*   *ê : h<u>ey</u>*   *i : h<u>i</u>t*   *î : h<u>ea</u>t*   *u : p<u>u</u>t*

The names of ministries and governmental departments vary from country to country and often get changed. The following are general descriptions that will be understood everywhere.

minister	wezîr; şalyar
ministry	wezaret; şalyarî

Ministry of Agriculture	Wezareta Cotkarî; Wezareta Çandiniyê
Ministry of Defense	Wezareta Parastinê
Ministry of Education	Wezareta Perwerdehiyê
Ministry of Energy	Wezareta Enerjiyê
Ministry of Finance	Wezareta Darayî
Ministry of Foreign Affairs	Wezareta Karûbarên Derve
Ministry of Health	Wezareta Tenduristiyê
Ministry of Home Affairs	Wezareta Karên Hundir
Ministry of Justice	Wezareta Dadê
Ministry of Technology	Wezareta Teknolojiyê
Ministry of Tourism	Wezareta Gezelî; Wezareta Turîzmê
Ministry of Trade	Wezareta Bazirganîyê
Ministry of Transport	Wezareta Veguhastinê; Wezareta Gihandinê
Ministry of Works	Wezareta Avadaniyê

*û : sh**oo**t   c : **j**am   ç : **ch**urch   j : lei**s**ure   ş : **sh**ut   x : lo**ch***   **51**

timing

What time does the ... leave/arrive?	Kengê ... rê dikeve/digihije?
airplane	balafir
boat	keştî
bus	bas; otobos
train	hevkêş; trên
The plane is delayed.	Balafir bi paş ve hate avêtin. *or* Balafir dereng ket.
The plane is canceled.	Balafir hate pûçkirin.
The train is delayed.	Hevkêş/Trên bi paş ve hate avêtin. *or* Trên dereng ket.
The train is canceled.	Hevkêş/Trên hate pûçkirin.
How long will it be delayed?	Ev dê çiqas bi paş ve bê avêtin?
There is a delay of ... minutes.	Qasî ... deqe paşdeavêtin heye.
There is a delay of ... hours.	Qasî ... saet paşdeavêtin heye.

tickets

ticket	pisole; bilêt
ticket office	nivîsgeha pisoleyan; nivîsgeha bilêt
Excuse me, where is the ticket office?	Min bebexşînin, nivîsgeha pisoleyan/bilêt li ku derê ye?
Where can I buy a ticket?	Ez li ku derê dikanim pisole/bilêt bikirim?

52   *a* : f<u>a</u>ther   *e* : p<u>a</u>t   *ê* : h<u>ey</u>   *i* : h<u>i</u>t   *î* : h<u>ea</u>t   *u* : p<u>u</u>t

I want to go to ...	Ez dixwazim biçim ...
I want a ticket to ...	Ez pisoleya ... dixwazim.
I would like ...	Ez ... dixwazim.
a one-way ticket	pisoleya yekrê
a return ticket	pisoleya vegerê
first class	yekem çîn; yekem sinif
second class	duwem çîn, duwem sinif
Do I pay in dollars?	Ez dikanim bi dolar bidim?
You must pay in dollars.	
sing/fam	Divê tu bi dolar bidî.
pl/pol	Divê hûn bi dolar bidin.
Can I reserve a place?	Ma dikarim cihêkî rezerv bike?
How long does the trip take?	Geşt dê çiqas bidome?
Is it a direct route?	Rêgeh/rota rasterast e?

air

airport	balafirgeh; firokexane
plane	balafir; firoke
international flight	firîna navneteweyî
internal/domestic flight	firîna navxweyî
excess baggage	çenteyê zêde
Is there a flight to ... ?	Li wir firîna ... heye?
When is the next flight to ... ?	Firîna ... a nik kengê ye?
How long is the flight?	Firîn dê çiqas bidome?
What is the flight number?	Hejmara firîne çi ye?

---

*û : sh**oo**t   c : **j**am   ç : **church**   j : lei**s**ure   ş : **sh**ut   x : lo**ch***   **53**

You must be at ...

sing/fam   Divê tu li ... rast bikî.

pl/pol   Divê hûn li ... rast bikin.

Is the flight delayed?	Firîn bi paş ve hate êxistin?
How long is the flight delayed?	Firîn çiqas bi paş ve hatiye êxistin?
Is this the flight for ... ?	Ev firîn ji bo ... ye?
When is the London flight arriving?	Firîna Londonê/Londra kengê digihîje?
Is it on time?	Ev di dema xwe de ye?
Is it late?	Ev dereng ket?
Do I have to change planes?	Ez dikanim balafiran biguherînîm?
Has the plane left Istanbul yet?	Gelo balafirê hîn Stenbol terk kiriye?
What time does the plane take off?	Balafir kengê radibe? *or* Balafir kengê fir dide?
What time do we arrive in Diyarbakir?	Em ê saet di çend da bigihêjin Amedê?

bus

bus	bas; otobos
bus stop; bus station	rawestgeha bas; rawestgeha otobos
Where is the bus stop/station?	Rawestgeha bas/êsteg li ku derê ye?
Take me to the bus station.	Min bibe êstgeha basê/rawestgeha otobosê.
Which bus goes to ... ?	Kîjan bas diçe ...?

Does this bus go to ... ?	Ev basa diçe ... ?
How often do buses leave?	Di çiqas navberê de bas radibin?
What time is the ... bus?	Basa ... kengê ye? *or* Basa ... kengê radibe?
next	nik; nêzik
first	yekem; pêşîn
last	dawîn; paşîn
Will you let me know when we get to ... ?	Tu dikanî ji min re bibêjî gava em gihaştin ... ?
Stop, I want to get off.	Raweste, ez dixwazim peya bibim.
Where can I get a bus to ... ?	Ji bo çûyina ... ez li ku derê dikanim bas bibînim?
When is the first bus to ... ?	Basa ... a yekem/pêşîn kengê y e?
When is the last bus to ... ?	Basa ... a dawîn/paşîn kengê ye?
When is the next bus to ... ?	Basa ... a nik/nêzik kengê ye?
Do I have to change buses?	Ez dikanim basan biguherînim.
How long is the journey?	Rêwîtî çiqas didome?
What is the fare?	Xwarina rêwitiyê çi ye?

leaving the bus

next	nik/nêzik
bag	çente; tûr
here	li vir

û : shoot   c : jam   ç : church   j : leisure   ş : shut   x : loch   55

I want to get off at ...	Ez dixwazim li ... peya bim.
Please let me off at the next stop.	
sing/fam	Ji kerema xwe min li rawestgeha nik/nêzik de peya bike.
pl/pol	Ji kerama xwe re rawestegeha nik/nêzik de peya bikin.
Please let me off here.	
sing/fam	Ji kerema xwe min li vir peya bike.
pl/pol	Ji kerema xwe min li vir peya bikin.
I need my luggage, please.	Ji kerema xwe, çente min ji min re pêwîst e.
That's my bag.	Ev tûrê min e.

rail

train	hevkêş; trên
railway station	îstasyona trenê
platform	platform

Passengers must ...	Divê rêwî ...
change trains.	hevkêş/trên biguherînin.
change platforms.	Platforman biguherînin.
Is this the right platform for ... ?	Ji bo ... va platforma, ya rast e?
The train leaves from platform ...	Hevkêş/trên ji platforma ... rê dikeve.
Take me to the railway station.	Min bibe êstgeha/rawestgeha rêhasin?

Where can I buy tickets?	Ez li ku derê dikanim pisole/ bilêt bikirim?
Which platform should I go to?	Divê ez biçim kîjan platformê?
platform one/**two**	platforma yekem/ duwem

You must change trains at ... station

sing/fam	Divê tu li ... hevkêşan/trênan biguherînî.
pl/pol	Divê hûn li ... hevkêşan bigujerînin
Will the train leave on time?	Hevkêş dê di dema xwe de rê keve?
There will be a delay of . . . minutes.	Qasî ... deqe paşdeavêtin dê hebe. *or* Qasî ... deqe derengî dê hebe.
There will be a delay of . . . hours.	Qasî ... saet paşdeavêtin dê hebe. *or* Qasî ... saet derengî dê hebe.

taxi

taxi!	taksî!; teqsî!
taxi driver	ajovanê taksiyê *m*; ajovana taksiyê *f*
Where can I get a taxi?	Ez li ku derê dikanim teqsî bibînim?

Please could you get me a taxi?

sing/fam	Ji kerema xwe re tu dikanî ji min re teqsîyek bînî.
pl/pol	Ji kerema xwe re hûn dikanin ji min re teqsiyek bînin.

---

travel

Can you take me to ... ?
sing/fam   Tu dikanî min bibî ...?
pl/pol   Hûn dikarin min bibin ...

How much will it cost to ... ?   Biha birina ... çiqas e?

To this address, please.   Ji kerema xwe biçe ve
         navnîşanê/adresê.

Turn left.
sing/fam   Çep biçerxe.
pl/pol   Çep biçerxin. *or*
         Çep vegerin.

Turn right.
sing/fam   Rast biçerxe.
pl/pol   Rast biçerxin. *or*
         Rast vegerin.

Go straight ahead.
sing/fam   Rasterast biçe.
pl/pol   Rasterast biçin.

The next corner, please.   Goşeyê dîtir, ji kerema xwe.

The next street to the left.   Di taxa nik de çep vegere.

The next street to the right.   Di taxa nik de rast vegere.

Stop!
sing/fam   Raweste!
pl/pol   Rawestin!

Don't stop!
sing/fam   Raneweste!
pl/pol   Ranewestin!

I'm in a hurry.   Ez bi lez im. *or*
         Leza min heye. *or*
         Eceleya min heye.

Please drive slowly!
  sing/fam   Ji kerema xwe hedî hedî biajo!
  pl/pol   Ji kerema xwe hedî hedî
              biajon!

Stop here.
  sing/fam   Li vir raweste. *or*
              Li vir bisekine.
  pl/pol   Li vir rawestin.

Stop the car, I want   Guhêzokê/otombîl rawestîne,
  to get out.   ez dixwazim peya bibim.

Please wait here.   Ji kerema xwe li vir bisekine.

on board

I want to get off at ...   Ez dixwazim li ... peya bim.

Excuse me!   Li min biborînin! *or*
              Min bibexişînin!

Excuse me, may I   Min bibexişînin, ez dikanim
  get by?   derbas bibim?

These are my bags.   Ev tûrikên min ne. *or*
              Ev çenteyên min ne.

Please put them there.   Ji kerema xwe wan bike wir.

Is this seat free?   Ev rûniştek, vala ye?

I think that's my seat.   Ez guman dikim, ev rûnişteka
              min e.

travel words

airport	balafirgeh; firokexane
airport tax	baca balafirgehê

ambulance	guhêzoka neweşan
arrivals	gehiştin
baggage counter	desgeha çente
bicycle	duçerx
boarding pass	boarding pass
boat	keştî
bus stop	rawestgeha bas
car	erebe; otombîl
check-in counter	desgeha rastkirinê
closed	girtî
customs	gumrik
delay	paşdeavêtin; derengî
departures	derketin; rêketin
dining car *on train*	guhêzoka xwarinê; otombîla xwarinê
emergency exit	derketina tengaviyê
entrance	têketan; derîk
exit	derketin
express	taybet
express train	trena ekspres
ferry	bor
on foot	bi peyatî
4-wheel drive	çar çerx ajot
helicopter	helîkopter; firok
horse	hesp
horse and cart	hesp û erebeya duçerx
on horseback	li ser pişta hespî
information	agahî; agehî
ladies/gents	xanim/zilam
local	heremî
metro *subway*	metro
motorbike	duçerxa agirîn
no entry	darbasbûn nîne

a : f<u>a</u>ther   *e* : p<u>a</u>t   *ê* : h<u>ey</u>   *i* : h<u>i</u>t   *î* : h<u>ea</u>t   *u* : p<u>u</u>t

no smoking	cixare kişandin nîne
open	vekirî
passport control	kontrola pasaportê
platform number	hejmara platformê
plane	balafirgeh; firokexane
radio taxi	radyo-taksî
railway	rêhesin; rêasin
railway station	îstasyona trenê
reserved	veqitandî; parastî
road	rê
road sign	tabeleya rê
roundabout *in road*	xaçerê; çerxerê
sign	nîşan
sleeping car *on train*	vagona binivîn
station	êstgeh; rawestgeh
subway *metro*	jêrerê; jêrrê
telephone	telefon
terminus	rawestgeha dawî; termînal; gar
ticket office	nivîsgeha pisoleyê; nivîsgeha bilêtê
timetable	terîfe
toilet(s) (ladies/gents)	avrêj; destav; tuwalet
town center	navenda bajêr
traffic lights	roniyên trafîkê
train	tren
train station	êstgeha hevkêş; rawestgeha trên
tram	tramvay
travel	geşt
traveler	gerok
travel agent	acenteya geştê

accommodation

a place to stay

I am looking for a ...	Ez li ... digerim.
guesthouse	mîvanxane
hotel	otêl
hostel	otêla piçûk
Is there anywhere to stay for the night?	Li wir tu cihek heye ku ez şev lê bimînim?
Where is a ... hotel?	Otêla ... li ku derê ye?
cheap	erzan
good	baş; qenc
nearby	nêziktir
Where is a cheap hotel?	Oteleke erzan li ku ye?
Where is a good hotel?	Oteleke baş li ku ye?
Where is a nearby hotel?	Li nêzî van deran otelek heye?
What is the address?	Navnîşana wê çi ye? *or* Adresa wê çi ye?

Could you write the address please?

sing/fam	Tu dikanî navnîşana wê binivîsîne?
pl/pol	Hûn dikanin navnîşana wê binivîsînin?

at the hotel

hotel reception	resepsiyona otelê
reception clerk	peywirdarê resepsiyonê *m;* peywirdara resepsiyonê *f*
Do you have any rooms free?	Mezelkên/odeyên we yên vala hene?

a : f<u>a</u>ther   *e* : p<u>a</u>t   *ê* : h<u>ey</u>   *i* : h<u>i</u>t   *î* : h<u>ea</u>t   *u* : p<u>u</u>t

I would like ...	Ez ... dixwazim.
a single room	Mezelkek bi yek nivîn
a double room	Mezelkek bi du nivîn
We'd like a room.	Em mezelkek dixwazin.
We'd like two rooms.	Em du mezelkek dixwazin
I want a room with ...	Ez mezelkek bi ... dixwazim.
a bathroom	serşok; germav
a shower	pizrûk; dûş
a television	televîzyon
a window	pace; pencerk
a double bed	nivîna dumirovan
a balcony	berbank; telar
a view	dîmen; xuyang; menzere
I want a room that's quiet.	Ez mezelkek bêdeng dixwazim.

checking in

How long will you be staying?	
sing/fam	Tu yê çiqas bimînî?
pl/pol	Hûn ê çiqas bimînin?
How many nights?	Çend şev?
I'm going to stay for ...	Ez dê ... bimînim.
one day	rojek
two days	du roj
one week	hefteyek
two weeks	du hefte
Sorry, we're full.	Biborin, em tijî ne.
I have a reservation.	Min rezervasyonek heye.

accommodation

I have to meet someone *(male)* **here.**
Divê ez li vir bi yekî re bicivim.

I have to meet someone *(female)* **here.**
Divê ez li vir bi yekê re bicivim.

Do you have any I.D.?
sing/fam — Nasnameyek te heye?
pl/pol — Nasnameyek we heye?

My name is ...
Navê min ... e./ye.

May I speak to the manager please?
Ez dikanim bi serkarê bipeyivim? *or*
Ez dixwazim bi kardar re biaxivim?

How much is it per night?
Ji bo şevek, bihaya menzelkê çiqas e?

How much is it per person?
Bo serê merikek, bihaya wê çiqas e?

How much is it per week?
Ji bo hefteyek, bihaya menzelkê çiqas e?

It's ... per night.
Ji bo şevek ... e./ye.

It's ... per person.
Bo serê merikek ... e./ye.

It's ... per week.
Ji bo hefteyek ... e./ye.

the room

Can I see it?
Ez dikanim bibînim?

Are there any others?
Li wir tu kesek hene?

Is there ... ?
Li wir ... heye?

air-conditioning — baguhartin
hot water — ava germ
telephone — telefon

a : f<u>a</u>ther   *e* : p<u>a</u>t   *ê* : h<u>ey</u>   *i* : h<u>i</u>t   *î* : h<u>ea</u>t   *u* : p<u>u</u>t

accommodation

bar	meyxane
laundry service	xizmeta cil û berg şuştinê
room service	xizmeta menzelkê
No, I don't like it.	Na, ez jê hez nakim.
Its too ...	ev pir ... e./ye.
cold	sar
hot	germ
big	mezin,
dark	tarî; reş
small	piçûk
noisy	girêçî; bideng
dirty	gemarî; qirêjî; nepak
Its fine, I'll take it.	Ev baş e, ez ê wê bitsînim.
Can I have my key please?	Ez dikarim mifteya xwe bistînim, ji kerema xwe?
Here is your key.	Ev mifteya we ye.
Can someone help to carry my bags?	Gelo kesek dikare alîkariya hilgirtina çenteyên min bike?

needs

Where is the bathroom?	Serşok li ku derê ye?
Is there hot water all day?	li wir her dem ava germ heye?
Do you have a safe/safebox?	
sing/fam	Xezîneya/Qeseya te heye?
pl/pol	Xezîneya/Qeseya we heye?)
Is there anywhere to wash clothes?	Li wir cihek ji bo çekşuştinê heye?

û : sh__oo__t   c : __j__am   ç : __church__   j : lei__s__ure   ş : __sh__ut   x : lo__ch__   65

accommodation

Can I use the telephone?	Ez dikanim telefonê bixebitînim?

I need ...	Hewceya min bi ... heye.
candle/candles	mûm; find
toilet paper	kaxiza destavê; kaxiza avrêjê
soap	sabûn
towel/towels	pêjgîr
clean sheets	çerçeva pak; çarşeva pak
an extra blanket	bataniyeyek jêzêde; bataniyeyek ekstra
drinking water	ava vexwarinê
a light bulb	ampûlek
a mosquito net	mêşkuj; cimêlîk
mosquito repellent	dermanê mêş û kermêşan; spreya mêş û kermêşan

Please could you change the sheets?	Ji kerema xwe çerçevê veguherîne?
Do I leave the key at reception?	Ez dikarim mifteyê li resepsiyonê bihêlim?
Can I have the key to my room?	Mifteya menzelka xwe dikanim bigirim?

problems

I can't close ...	Ez nikanim ... bigirim.
I can't open ...	Ez nikanin ... vekim.
the window	pace; pencerk
the door	derî
I have lost my key.	Min mifteya xwe wenda/ winda kir.
The shower won't work.	Dûş naxebite.

a : f<u>a</u>ther   *e* : p<u>a</u>t   *ê* : h<u>ey</u>   *i* : h<u>i</u>t   *î* : h<u>ea</u>t   *u* : p<u>u</u>t

How do I get hot water?	Çawa ez ava werbigirim.
The toilet won't flush.	Avrêj têr av ber nade.
The water has been cut off.	Av hate birîn.
The electricity has been cut off.	Kehreb/Elektrîk hate birîn.
The gas has been cut off.	Gaz hate birîn.
The heating has been cut off.	Germkirin qut bû.
The heater doesn't work.	Germker naşixule.
The airconditioning doesn't work.	Baguhartin naşuxule.
The phone doesn't work.	Telefon naşuxule.
I can't flush the toilet.	Ez nikanim têr av bedrim ji bo avrêjê.
The toilet is blocked.	Avrêj hate xitimandin.
The shower doesn't work.	Serşok naxebite.
I can't turn off the tap.	Ez nikanim qûrne vekim.
I need a plug for the bath.	Ji serşokê, hewceyê min bi devik/serdevk re heye.
There is a leak.	Avxwînek heye. *or* Zûxavek heye.
The television doesn't work.	Televîzyon naşixule.
Where is the remote control?	Kumandaya ji dûr ve li ku ye?

û : sh**oo**t   **c** : **j**am   **ç** : **ch**urch   **j** : lei**s**ure   **ş** : **sh**ut   **x** : lo**ch**

accommodation

How do I change channels?	Ez çawa dikarim kanalan biguherînim?
How do I switch this on?	Ez çawa dikarim vê bişixulînim?
Do you have a charger?	Amûra te ya şarjê heye?
Do you have an adapter?	Adaptora we heye?
It's for this.	Ji bo vê yekê ye.
Where is the electric socket?	Kungeha devikê li ku derê ye?
There are strange insects in my room.	Di menzeleka min de kêzikek biyanî heye.
There's an animal in my room.	Di menzelka min de terşek/ lawirek heye.

checking out

wake-up call	dişyarkirin

Could you wake me up at ... o'clock?

sing/fam	Tu dikanî min di saet ... de hişyar bikî.
pl/pol	Hûn dikanin min di saet ... de hişyar bikin?
I am leaving now.	Ez aniha derdikevim.
We are leaving now.	Em aniha derdikevin.
May I pay the bill now?	Ez dikanim barnameyê aniha bidim? or Ez dikanim fatûreya xwe aniha bibirim?

a : f<u>a</u>ther   *e* : p<u>a</u>t   *ê* : h<u>ey</u>   *i* : h<u>i</u>t   *î* : h<u>ea</u>t   *u* : p<u>u</u>t

| Can I leave my bags here? | Ez dikarim çenteyên xwe li vir bihêlim? |
| Can we leave our bags here? | Em dikarin çenteyên xwe li vir bihêlin? |

hotel words

balcony	şaneşîn; balkon
bar	bar
bath	serşok
bathroom	serşok
bed	nivîn; text
bill/check	fatore
blanket	bataniye
candle	mûm; find
chair	kursîk; kursî
clean	pak; paqij
cold	sar
cold water	ava sar
cupboard	dolab
dark	tarî
dirty	qirêj; qilêr; gemar
door lock	derî girtin; derî bi kilîlê girtin
duvet	lihêf
duvet cover	rûber; rûlihêf; newresîm
electricity	kehrebe; elektrîk
excluded	awartekrî; derxistî
extra	jêzêde; pitir
fridge	sarinc; sarker
hot	germ
hot water	ava germ

accommodation

included	têdexistî
key	kilîl; mifte
laundry	cilşoxane
laundry service	xizmeta cilşûştinê; xizmeta cilşokê
mattress	şilte; doşek
meal/meals	xwarin; xurek
mirror	neynik
name	deng; girêç
noisy	bihêwirze
padlock	çilmîre; kod
pillow	balîf; balgî
pillow case	rûyê balîf; rûbalîf; rûbalgî
plug *electric*	fîş; swîç
plug *bath*	henîfe; destikê sîfonê
quiet	bêdeng; aram
quilt	rûyê nivînê; rûyê rûber; lihêf
room	menzelk; ode
room number	hejmara menzelkê
room service	xizmeta odeyê
sheet	çerçev; çarşev
shower	dûş
suitcase	çenteyê rêwîtiyê
surname	bernav
table	texte; mase
tap	henîfe; kanî
towel	pêştemal
TV	TV [tî-vî]
water	av
hot water	ava germ
cold water	ava cemidî
window	pace; pencerk

a : f<u>a</u>ther *e* : p<u>a</u>t *ê* : h<u>ey</u> *i* : h<u>i</u>t *î* : h<u>ea</u>t *u* : p<u>u</u>t

out and about

infant	pitik; zarok; nûza
diaper	pedên pitikan; cawê pitikan; potê pitikan; pêçek
wet wipes	destmala şil; destmala bêhnê
changing table	guhertina maseyê; mase guhertin
child seat	kursî zarokan
children's menu	menû zarokan
buggy; stroller	erebeya pitikan
playground	cihê lîstikê

Do you have any diapers?	Pedên we yên pitikan hene?
Do you have any wet wipes?	We destmalên şil hene?
Is there anywhere to change the baby?	Gelo cihek heye ku binê pitikê lê were guherandin?
I need to feed the baby.	Pêwîst e ez xwarinê bidim pitikê.
Is there anywhere private I can go?	Cihekî taybet ê ku ez bikarim biçimê heye?
Where is the bin?	Zibildank li ku ye? or Çop li ku ye?
Where can I put the buggy/stroller?	Ez dikarim erebeya pitikan daynim ku?
Do you have a children's menu?	We menûyeke zarokan heye?
Do you have children's chairs?	We kursiyên zarokan hene?

eating out

planning

breakfast	taştê
lunch	firavîn
snack	meze; danek sivik xwarin
dinner/supper	şîv
dessert	şîranî
meal/meals	xwarin; xurek

I'm hungry	Ez birçî me; ez birsî me.
I'm thirsty	Ez tî me.
Have you eaten yet?	Te hê nexwariye?

Do you know a good restaurant?

sing/fam	Tu xwaringeheke baş dizanî?
pl/pol	Hûn xwaringeheke baş dizanin?

at the restaurant

restaurant	xwaringeh
table	texte/mase
take-away food	xwarinên derxistî

Do you have a table available, please?	Ji kerema xwe, texte/maseyek we heye?
I would like a table for one person, please.	Ez maseyek ji bo yek kesî dixwazim, ji kerema xwe.
I would like a table for two people, please.	Ez maseyek ji bo du kesan dixwazim, ji kerema xwe.
I would like a table for three/four people, please.	Ez maseyek ji bo sê/çar kesan dixwazim, ji kerema xwe.

a : f**a**ther   *e* : p**a**t   *ê* : h**ey**   *i* : h**i**t   *î* : h**ea**t   *u* : p**u**t

I would like a table for . . . people, please.	Ji kerema xwe, ez maseyek ji bo ... kesî dixwazim.
Do you have a child's chair?	Gelo we kursiyê zarokan heye?

ordering

menu	menû; siyayiya xwarinê
What food do you recommend?	Hûn kîjan xwarinê pêşniyar dikin?
Can I see the menu please?	Ez dikanim li menû/siyayiya xwarinê binêrim?
Do you have a children's menu?	Gelo we menûyeke zarokan heye?
Do you have a vegetarian menu?	Gelo we menûyeke vejetaryan heye?
Do you have a vegan menu?	Gelo we menûyeke vegan heye?
Can I see the drinks menu?	Gelo ez dikarim li menûya vexurkan binêrim?
Can I see the dessert menu?	Gelo ez dikarim li menûya şîraniyan binêrim?
I'm still looking at the menu.	Ez hêjî li menûyê dinêrim.
I would like to order now.	Ez dixwazim aniha xwarinê ferman bikim.
Can I order take-away?	Gelo ez dikarim siparîşa xwarina bo derve bikim?

---

eating out

What's this?	Ev çi ye?
Is it spicy?	Ev beharat e?
Does it have meat in it?	Tê de goşt heye?
There is no meat in it.	Goşt tê de nîn e.
Does it have alcohol in it?	Alkol/Mey tê de heye?
Do you have ... ?	... we heye?
We don't have ...	... me nîn e. *or* ... me tune
Do you want ... ?	
sing/fam	Tu ... dixwazî?
pl/pol	Hûn ... dixwazin?
I want ...	Ez dixwazim...
What would you recommend?	Tu çi pêşniyaz dikî?
I am vegan.	Ez vegan im.
I don't eat...	Ez ... naxwim.
I don't eat dairy products.	Ez berhemên şîrî naxwim.
I don't eat meat.	Ez goştê naxwim.
I don't drink ...	Ez ... venaxwim.
I don't drink alcohol.	Ez alkolê venaxwim.
I have an allergy.	Min alerjiyek heye.
I am allergic to ...	Alerjiya min li ... heye.
I am allergic to nuts.	Alerjiya min hemberî gwîzê heye.
I don't smoke.	Ez sîgareyê nakişînim.

a : f<u>a</u>ther   *e* : p<u>a</u>t   *ê* : h<u>ey</u>   *i* : h<u>i</u>t   *î* : h<u>ea</u>t   *u* : p<u>u</u>t

the meal

Can I order some more . . . ?	Ez dikanim pirtir ... ferman bikim?
That's all, thank you.	Temam, spas.
That's enough, thanks.	Bês e, spas.

I would like ...	Ez ... dixwazim.
an ashtray	xwelîdanek
the bill	barname; fatûre
the menu	menû; siyayiya xwarinê
a glass of water	piyaleke av
a bottle of water	şûşeyeke av
a bottle of sparkling water	şûşeyeke ava birîqedar
a bottle of juice	şûşeyeke ava fêkiyan
a bottle of wine	şûşeyeke şerab
a bottle of beer	şûşeyeke cehav
another bottle (of ...)	şûşeyeke din (ya ...)
a bottle-opener	şûşeveker
a corkscrew	tepedoreke pêçandinê
dessert	şîranî
a drink	vexwarin
a fork	çengal
another chair	kursîyeke din
a children's chair	kursiyeke zarokan
another plate	maseyeke din
another glass	piyaleke din
another cup	fîncaneke din
a napkin	desmala kaxizek
a glass	piyalek
a knife	kerek

---

eating out

a plate	teyfikek; lalîkek
a spoon	kevçiyek
a table	maseyek
a teaspoon	kevçiyek çayê
a toothpick	darikek diranan

I would like a drinking straw.	Ez kayê vexwarinê dixwazim.
I would like some napkins.	Ez destmalan dixwazim.

too much	gelek pir; zahf pir
too little	pir kêm; pir hindik; gelek hindik
not enough	ne bes

leaving

I haven't finished yet.	Min hîn neqetandiye.
I am still eating.	Ez hêjî dixwim.
I have finished eating.	Min xwarin kuta kir.
I am full up!	Ez têr bûm. *or* Ez tijî bûm.
Where can I wash my hands?	Ez li ku dikarim destên xwe bişûm?
Where are the toilets?	Destav li ku ye?

tastes

fresh fruit	meyweyê nû; fêkiyê nû
fresh fish	mahsiyê nû; mahsiye taze
spicy (hot)	beharatê tûj

a : f<u>a</u>ther   *e* : p<u>a</u>t   *ê* : h<u>ey</u>   *i* : h<u>i</u>t   *î* : h<u>ea</u>t   *u* : p<u>u</u>t

stale	kevn, kerixî
sour	tirş
sweet	şîrîn
bitter	tûj
hot	germ
cold	sar
salty	bixwê
tasty; delicious	tamxweş
tasteless	bêtam; tamsar
bad	bed; nebaş
tasty	tamdar; bitam
grilled food	xwarinê grill kirî
boiled food	xwarinê kevî
fried food	xwarinê qelîtî
baked food	xwarinê pêxistinî

basics

banquet	ziyafet
bread *regular*	nan
butter	rûn; nîvişk
candy	şekir
cheese	penîr; penîr
chewing gum	benîşt
chutney	meftînî
cottage cheese	penêrê parzinandî
egg	hêk
flour	ard
french fries	kartolên qelandî
hamburger	hamburger
herbs	riwek
honey	hingiv

eating out

ice-cream	dondurme; dundirme
jam	mireba
ketchup	sosa bacansoran
mustard	xerdel
nut	gwîz
oil	rûn; dûhn
pasta	hevîr; paste
pepper	îsot; bîber
pepper *(sweet)*	îsot
pepper *(chili)*	filfil
pizza	pîtza
rice	birinc
salad	selete
salt	xwê
sandwich	nenê duta; sandwîç
soup	şorbe; giraz
spaghetti	paste
spices	beharat; alat
sugar	şekir
sweets	şîranî
vinegar	sihik; sirke
yogurt	mast

fruit

apple	sêv
banana	moz
cherry	gêlaz
sour cherry	gêlaza tirş
dates	xurme
fruit	mêwe
grape(s)	tirî
hazelnuts	findiq

a : f<u>a</u>ther   **e** : p<u>a</u>t   **ê** : h<u>ey</u>   **i** : h<u>i</u>t   **î** : h<u>ea</u>t   **u** : p<u>u</u>t

lemon; lime	leymon
mango	embe
melon	gundor
watermelon	seweş; zebeş
mulberry	şatû
nut: almond	gûz; guwêz
peach	xox
pear	hirmî
persimmon	xurmelû
pistacchio	fisteq; fistiq
plum	dembol; alû
sour plum	incasa tirş
orange	pirteqal, porteqal
peach	xox, erûk
pear	hirmî
pineapple	enenas
pomegranate	hinar
quince	biyok; bihok
strawberry	tûfiringî
wild strawberry	tûşêmî
walnut	gûz

vegetables

beans	lowî; lobî
beetroot	silk
cabbage	kelem
carrot	gizêr
cauliflower	gulkelemî
chickpeas	nok
cucumber	xiyar; arû
garlic	sîr
lentils	nîsk

eating out

lettuce	kahû
okra	bamya
olives	zeytûn
onion	pîvaz
peas	bezelye
potato	kartol
sweet pepper	îsota şîrîn
sweet potato	kartolê şîrîn
pumpkin	kundir
salad leaves	pelên saladê
spinach	spînax; ispanax
tomato	frengî; ferngiya sor
vegetables	sewze

meat and fish

beef	goştê ga û mange
chicken	mirîşk
fish	masî
kebab	kebap
lamb	goştê berxê
meat	goşt
pork	goştê berazan

drinks

alcohol	mey; alkol
apple juice	ava sêvê
beer	cehav; bîra
bottle	şûşe

a : f<u>a</u>ther   **e** : p<u>a</u>t   **ê** : h<u>ey</u>   **i** : h<u>i</u>t   **î** : h<u>ea</u>t   **u** : p<u>u</u>t

brandy	brandî
can	teneke; qotî
champagne	şampayn
coffee	kehwe
coffee with milk	kehweya bi şîr
cognac	konyak
fruit juice	ava fêkî
ice; ice cubes	befir
with ice	bi befirê
without ice	bê befirê
juice	ava fêkiyan
milk	şîr
mineral water	ava binerdê;ava mîneral
mint tea	çaya naneyê
orange juice	ava pirteqalan
soya milk	şîrê soyayê
sparkling water	ava gazdar
tea	çay
tea with lemon	çaya bi leymon
tea with milk	çaya bi şîr
green tea	çaya kesk
no sugar, please	ne şekir *or*
	şeker nevêje nav
vodka	vodka
water	av
whisky	wîskî
wine	şerab
red	sor
rosé	sorgul
white	sipî
sparkling	biriqok

asking for details

Where is ... ?	... li ku derê ye?
the academy	zanîngeh; akademî
the airport	balafirgeh
the art gallery	nîşangeha karê hunerî
a bank	benk; banq
the nearest ATM	ATMya herî nêzîk
the beach	perrav
a café	kafeyek
the caravanserai	xan; kerwansera
the carpark	parkînga erebeyan
the castle	keleh
the cathedral	metranxane
the church	dêr
the town/city center	navenda bajêr
the consulate/embassy	balyozxane
the ... embassy	balyozxaneya ....
the fountain	şadîrewan
a garage for repairs	garajek ji bo tamîrkariyê
my hotel	otêla min
the information bureau	pirsgeh
the internet café	kafeya înternete
the madrasa	medrese
the main square	meydana mezin
the market	bazar
maternity clinic	klînîka mêzan f
maternity hospital	nexweşxaneyê mêzan f
the mausoleum	tirbe; mexber
the ministry	wezaret
the ministry of ...	wezareta ...
the monastery	dêr

the monument	bîrane
the mosaics	mozaîk
the mosque	mizgeft
the motorway	rêgeha erebeyan
the museum	mûzexane
the nature reserve	zimhêrgeha xwezayê
the park	park
parliament	parleman
a petrol station	benzînxaneyek
the police station	polîsxane
the post office	postexane
a roadside café	kafeyeke rex rêyê
the shrine	mezargeh
the shopping mall	mola kirrînê
the railway station	êstgeh; rawestgeh
a good restaurant	xwaringeheke baş
a toilet	avrêj; tuwalet
a travel agency	ajansa seyaheté
the tourism office	fermangeha geştyariyê
a tourist guide	rêberekî geştyariyê *m*; rêbereka geştyariyê *f*
the old town	kevnebajarok
the university	zanko

Which ... is this?	Ev kîjan ... e./ye.
bridge	pir, pird
building	avahî
neighborhood	tax
district	tax, dever
river	çem
road	rê
street	kolan
suburb	rexbajêr

places

town	bajarok
village	gund

What is this building?	Ev avahî çi ye? *or* Ev xanî çi ye?
What is that building?	Ew avahî çi ye? *or* Ew xanî çi ye?
What time does it open?	Ev kengê vedibe?
What time does it close?	Ev kengê tê girtin?
Can I park here?	Ma ez dikarim li vir park bikim?
Please take your shoes off.	Ji kerema xwe pêlavên xwe derxin.
slippers	şimik
Do you have slippers?	Ma şimik hene?

directions

map	nexşe; xerîte
route	rê
address	navnîşan

Are we on the right road for ... ?	Em ji bo ... di riya rast de ne?
How many kilometers is it to ... ?	Ji bo ... çend kîlometre heye?
It is ... kilometers away.	... kîlometre dûr e.
How far is the next village?	Gundê herî nêzik çiqas dûr e?

a : f<u>a</u>ther   *e* : p<u>a</u>t   *ê* : h<u>ey</u>   *i* : h<u>i</u>t   *î* : h<u>ea</u>t   *u* : p<u>u</u>t

Where can I find this address?	Ez vê navnîşanê li ku derê dikanim bibînim?
Can you show me (on the map)?	Tu dikanî di nexşe/xerîte de nîşan îmin bidî?
How do I get to ... ?	Ezê çawa biçim ....?
I want to go to ...	Ez dixazim biçim ...
Can I walk there?	Ez dikanim bi meşê biçim?
Can I park here?	Ez dikanim li vir bisekinim?
Is it far?	Ev dûr e?
Is it near?	Ev nêzik e?
Is it far from/near here?	Ev ji vir dûr e? *or* ji vir nêzik?
It is not far.	Pirr ne dûr e.
Go straight ahead.	Rasterast biçe.
It's one block away.	Ew di navçeyekî de ye.
It's two streets away.	Ew di du rêyên de ye.
Turn left.	Çep vegere.
Turn right.	Rast vegere.
at the next corner	li goşeya din
at the traffic lights	li ronkayiyên trafîkê

impassable roads

Is the road passable?	Gelo rê têperbar e?
yes	erê
no	na
There is a landslide.	Hezazek heye.
The road is flooded.	Lehî bi ser rêyê ketiye.
There is too much ice on the road.	Qeşayeke zehf li ser rêyê ye.

û : sh**oo**t   *c* : **j**am   *ç* : **ch**urch   *j* : lei**s**ure   *ş* : **sh**ut   *x* : lo**ch**   85

places

The road is blocked by snow.	Rê bi berfê asteng bûye.

bearings

behind	ber
far	dûr
in front of	li pêş
left	çep
on the left	li çep
near	nêzik
opposite	li hember
right	rast
on the right	li rast
straight on	rasterast
corner	goşe
crossroads	xaçerê; derheq
one-way street	kolana bi yek alî rê
side street	rêgeha piçûk
junction	lihevhatin
roundabout	xaçerê; çerxerê
pedestrian crossing	derbaskirina peya
traffic lights	roniyên trafîkê

compass

north	bakur
south	başûr
east	rojhilat
west	rojava
compass	hêlrêker

a : f*a*ther   *e* : p*a*t   *ê* : h*ey*   *i* : h*i*t   *î* : h*ea*t   *u* : p*u*t

shops and stores

shop; store	firoşgeh
shopping mall	malla alışverişê
bazaar	bazar

Where can I find a ... ? — Ez li ku derê dikanim ... bibînim.

Where can I buy ... ? — Ez li ku derê dikanim ... bikirim.

Where is the market? — Bazar li ku derê ye?

Where is the nearest ... ? — Nêziktirîn ... li ku derê ye?

Can you help me?
sing/fam — Tu dikanî alîkarî min bike?
pl/pol — Hûn dikanin alîkarî min bikin?

Can I help you?
sing/fam — Ez alîkariyê te bikim?
pl/pol — Ez alîkariya we bikim?

I'm just looking. — Ez tenê lêdinêrim.

I'd like to buy ... — Ez dixwazim ... bikirim.

Could you show me some ... ?
sing/fam — Tu dikanî hinek ... nîşanî min bîdî?
pl/pol — Hûn dikanin hinek ... rê min bidin?

Can I look at it? — Ez dikanim lêbinêrim?

Do you have any ... ?
sing/fam — Li ba te, tu ... heye?
pl/pol — Li ba we, tu ... heye?

I don't like it. — Ez jêheznakim.

shopping

I like it.	Ez jêhezdikim.
this	ev
that	ew
cheaper	erzantir
better	baştir
smaller	piçûk
bigger	mezin
Do you have anything cheaper?	Ma tu tiştek hêkdin?
Do you have anything better?	Ma tu tiştek başrîn hînî?
Do you have anything smaller?	Ma tu tiştek piçûktir hînî?
Do you have anything bigger?	Ma tu tiştek mezin hînî?
Do you have it in another size?	Ma tu ew di gelemperçan din de hînî?
Do you have a bigger size?	Ma tu ew gelemperçê mezin hînî?
Do you have a smaller size?	Ma tu ew gelemperçê piçûk hînî?
What size are you?	Te gelemperçê çi ye?
I am ...	Ez ...
Do you have this in a different colour?	Ma tu ew di renkên din de hînî?

Do you have anything else?

sing/fam	Li ba te, tu tiştekî din heye?
pl/pol	Li ba we, hûn tiştekin din heye?

a : f<u>a</u>ther   **e** : p<u>a</u>t   **ê** : h<u>ey</u>   **i** : h<u>i</u>t   **î** : h<u>ea</u>t   **u** : p<u>u</u>t

Do you have any others?

sing/fam	Ma tu hinek din hînî?
pl/pol	Ma hûn hinek din hînin?

Sorry, this is the only one. Li min biborînin, ev yek tenê ye.

buying

credit card	karta kiredê; kredîtkart
carrier bag/shopping bag	torba; tûrik; poşet

I'll take it. Ez dê wî/wê werbigirim. *or* Ez dê wî/wê bistînim.

How much/many do you want?

sing/fam	Tu çiqas jê dixwazî?
pl/pol	Hûn çiqas jê dixwazin?

How much is it? Ev çiqas e?

Can you write down the price of it?

sing/fam	Tu dikanî bihaya wê/wî li jêr binivîsî?
pl/pol	Hûn dikanin bihaya wê/wî li jêr binivîsin?

Can you lower the price of it?

sing/fam	Tu dikanî bihaya wê/wî daxînî?
pl/pol	Hûn dikanin bihaya wê/wî daxinin?

I don't have much money. Pir pereyê min nîn e. *or* Pir pereyê min tune.

Do you take credit cards?

sing/fam	Kredîtkart derbas dibe?
pl/pol	Kredîtkart derbas diben?

shopping

Can you wrap it for me?
sing/fam	Ma tu dikarî ew ji bo min biguherî?
pl/pol	Ma hûn dikarin ew ji bo min biguherin?

Do you have a carrier bag?
sing/fam	Tûrikê te heye? *or* Poşetê te heye?
pl/pol	Tûrikê we heye? *or* Poşetê we heye?

Would you like it wrapped?
sing/fam	Ma tu dixwazî ew biguherî?
pl/pol	Ma hûn dixwazin ew biguherin?

Will that be all?   Ev dê bes bibe?

yes	erê
no	na

Thank you, goodbye.
sing/fam	Spas, xatirê te.
pl/pol	Spas, xatirê we.

I want to return this.   Ez dixwazim wê/wî şûn de vegerînim.

sales *discounts*	firotinên bi erzanî
buy two, pay for one	duduyan bikirre, pereyê yekê bide
special offer	teklîfa taybet

Are there any sales on?   Gelo tu erzaniyek heye?

Do you have any special offers?
sing/fam	Gelo teklîfeke te ya taybet heye?
pl/pol	Gelo teklîfeke we ya taybet heye?

Do you do discount?   Gelo hûn erzaniyê dikin?

    a : f<u>a</u>ther   *e* : p<u>a</u>t   *ê* : h<u>ey</u>   *i* : h<u>i</u>t   *î* : h<u>ea</u>t   *u* : p<u>u</u>t

outlets

What time do you close?
sing/fam	Gelo tu kengê digirî?
pl/pol	Gelo hûn kengê digirin?

What time do you open?
sing/fam	Gelo tu kengê vedikî?
pl/pol	Gelo hûn kengê vedikin?

baker's shop	nanpêj
bank	benk; banq
barber shop	sertiraş
I'd like a haircut please.	Ez dixwazim porê xwe traş bikim.
bazaar	bazar
bookshop	pirtûkfiroş
butcher's	goştfiroş
car parts store	dukana parçe
chemist's	dermanfiroş
clothes shop	firoşgeha kinc
computer shop	firoşgeha kompîturan
dairy	berhemên şîrî; bane
dentist	bijîşkê diranan
department store	firoşgeh
dressmaker	dirûnker
dry cleaner	kuçik
electrical goods store	firoşgeha tiştên elektrîkê
fishmonger	şitgeha maseyan
florist	şitgeha golan
greengrocer	sewzefirş
hairdresser	sertiraş
I'd like my hair done please.	Ez dixwazim porê min wereçêkirin, ji kerema xwe.

shopping

hardware store	firoşgeha xirdewat
hospital	nexweşxane
jeweler's	şitgeha zewiciyan
kiosk	kiosk
laundry/laundromat	cilşo
market	bazar
mobile phone store	dukanê mobîl
newsstand	şitgeha nûçeyan
patisserie	pastaxane
petrol station	bîneyê benzîn
pharmacy	dermanxane
shoe shop	firoşgeha pêlav; sol
shop	firoşgeh
shopping mall	malla alışverişê
souvenir store	dûkanê hatîreyan
stationer's	nivîsemenîfiroş
supermarket	firoşgeha mezin
travel agent	pêşkarê rêwîtiyê
vegetable shop	firoşgeha sewze
watchmaker's	demjimêrçêker

gifts

bag	tûr; tîrik
box	qotî; qutî; snoq
bracelet	bazin
brooch	bros
candlestick	mûmdank
carpet	xalîçe (+ many specialist words)
a carving	naxiş
chain	zincîr
clock	saet; katjimêr
copper	sifir; paxir
crystal	bilûr; belûr

a : f<u>a</u>ther   *e* : p<u>a</u>t   *ê* : h<u>ey</u>   *i* : h<u>i</u>t   *î* : h<u>ea</u>t   *u* : p<u>u</u>t

earrings	guhar
embroidery	xerzî
enamel	mîne
gift	xelat; diyarî
gold	zêr
handicraft	şehrezayiya destî; pîşegerî
iron *metal*	hesin; asin
jade	zebûn
jewelery	gewher
kilim	ber; kilîm *(+ many specialist words)*
leather	çerm
metal	metal
modern	nûjen
necklace	gelwaz
old	kevin
painting	wêne
postcard	karta postê
pottery	swallet
ring	gustîl; gustîrk
rosary	tizbî
rug	xalîçe *(+ many specialist words)*
sculpture	heykel
silver	zîv
souvenir	diyarî; yadîgar
steel	pola
stone	kevir
traditional	nerîtî
T-shirt	firengî
vase	kase
walking stick	lûk
watch	seat
wood	dar
wooden	dare

shopping

clothes

belt	kemer; navkêl
boots	pêlav; potîn; cezme
brassiere; bra	sutyen
button	gûlik
cap	kask
cloth	cil
clothes	cil û berg
cotton	pembû
dress	cil
gloves	lepik
handbag	çenteyê destî
handkerchief	dastmal
hat	kum; şepqe
headscarf	mandil
jacket	sako; berg
jeans	cîns
jumper	saqo: blûz
leather	çerm
necktie; tie	stûben
overcoat	qapût; palto
pin	pênik
pocket	berîk; paxil; paşil
sandals	sandale
scarf	şarî
shawl	şal
shirt	kiras; kumlek; gomleg
shoes	pêlav; sol
silk	îpêk
socks	gore
suit	cil
sweater	saqo: blûz

a : f<u>a</u>ther   *e* : p<u>a</u>t   *ê* : h<u>ey</u>   *i* : h<u>i</u>t   *î* : h<u>ea</u>t   *u* : p<u>u</u>t

swimsuit	mayoya avê
tights	kirasê teng
trousers	pantolon, pantor
umbrella	sîvan; sîwan
underwear	kirasderpê
uniform	hevyek; cilên mîrî
wool	hirî
zipper	kembêç

toiletries

aspirin	aspirîn
Band-Aid	plaster
comb	şe; şeh; şene
condom	dijavisbûn (lastîk); prezarvatîf
cotton wool	pembûyê bijîşkî; pembûyê birînê
deodorant	behnenexweşbir; deodorant
hairbrush	firçeya por
insect repellant	kêzik parêz
lipstick	sorav; lêvsorker
mascara	rimel
mouthwash	xulxule
nail-clippers	neynûkçink; bizmarçink
painkillers	dardexweş
perfume	bêhnaxweş; bêhnok; parfûm
plaster	plaster
powder	toz
razor	hûzan
razorblade	dûzan; gûzan

shopping

safety pin	maşek
sanitary pad/sanitary pads	xawliya tenduristî
shampoo	şapo; şampuan
shaving cream	krêma teraşê
sleeping pills	hewên xewê; hebên xewê
soap	sabûn
sponge	hewir
sunblock cream	krêma hetavbir
tampon/tampons	tampon
thermometer	termometre
tissues	destmala kaxiz
toilet paper	kaxiza destavê
toothbrush	firçeya diran
toothpaste	krêma diran
washing powder	deterjan

stationery

Do you have any foreign publications?	Ma hûn pirtûkên biyanî hene?

ballpoint	xame
book	pirtûk
dictionary	ferheng
envelope	berg; zerf
guidebook	pirtûka rêberiye
ink	murekeb
magazine	kovar; govar
map	nexşe; xerîte
map of Diyarbakir	nexşeya Amedê

a : f<u>a</u>ther   *e* : p<u>a</u>t   *ê* : h<u>ey</u>   *i* : h<u>i</u>t   *î* : h<u>ea</u>t   *u* : p<u>u</u>t

road map	nexşeya rê; xerîteya rê
newspaper	rojname
newspaper in English	rojnameya bi zimanê Ingilîzî
notebook	defter; lênûsk; pirper
novel	roman
novels in English	romana bi zimanê Ingilîzî
piece of **paper**	pel; kaxiz
pen	pênûs
pencil	pênûs
postcard	karta postê

photography

How much is it to print these photos?	Çiqas dibe ku ew wênan çap bikin?
When will it be ready?	Kengê ev dê amade be?
I'd like a battery for this camera.	Ez dixwazim baterî ji bo vî kamera.
I'd like a memory card for this camera.	Ez karta hafizeyê ji bo vê kamerayê dixwazim.
battery	baterî
camera	kamera; wênekêş; makînaya fotoxrafê
black and white	reş û spî
colour	rengîn; rengdar
flash	çirûsk; flaş
lens	nîske; camik; lens
light meter	ronahîpîv
memory card	karta hafizeyê; karta bîre

shopping

electrical equipment/tech

adapter	bijareker; adeptor
battery	pîl; batarya
cable	kablê
CD	CD [sîdî]
CD player	lêdera CDyê [sîdî]
charger	bargeker
DVD	DVD [dîvîdî]
DVD player	lêdera DVDyê [dîvîdî]
extension cable/lead	kabla pêvek
fan	baweşîn; fan
hairdryer	porzihaker
headphones	berguhk
iron *for clothing*	otî
kettle	avgerker; çaydank; demlik
plug *electric*	fîş; swîç
portable T.V.	televîzyana guhêzbar
radio	radyo
screen	şaşe
socket *(electric)*	soket
television	televîzyon; wêneguhêz
transformer	gurer; alava diguherîne
vinyl	vînîl
voltage regulator	voltaj regulator

phones

cellphone/mobile	telefona gerok; mobîl
sim card	sîmkart
data	dane

a : f<u>a</u>ther   *e* : p<u>a</u>t   *ê* : h<u>ey</u>   *i* : h<u>i</u>t   *î* : h<u>ea</u>t   *u* : p<u>u</u>t

I'd like to buy a sim card.	Ez dixwazim sîmkart bikirim.
Does this card come with data?	Ev kart tevî daneyan tê?
How much data?	Çiqas dane hene?
It's for this phone.	Ew ji bo vê telefonê ye.

retro tech

record/l.p.	tomar; qeyd
record player	fonograf
tape-recorder	tomarker
tape *cassette*	şerît
cassette	kasêt; kaset
cassette player	kaset player
videotape	şerîta vîdyoyê
video-player	alava vîdyo

sizes

I'd like a bag to put these things in.	Ez tûreke dixwazim ku wan tiştan bikimê.
size	mezinahî
small	piçûk
big	mezin; mazin
heavy	giran
light	rohnî; ronî
more	bêtir; zêde
less	kêmtir
many	gelek

û : sh<u>oo</u>t   *c* : <u>j</u>am   *ç* : <u>ch</u>ur<u>ch</u>   *j* : lei<u>s</u>ure   *ş* : <u>sh</u>ut   *x* : lo<u>ch</u>

shopping

too much/too many	gelek pir
enough	bes
that's enough	ev bes e
also	jî
a little bit	hindikî; piçekî

colors

black	reş
blue	heşîn; şîn
brown	kehweyî
green	kesk
orange	rengpiteqalî
pink	pembeyî; soravî
purple	argon; mor
red	sor
white	spî
yellow	zer

weights & measures

Turkey, Syria, Iran and Iraq use the metric system. For reference, translations are also included for the most common imperial units.

kilometer	hezar metir; kilometir
meter	metir
centimeter	sentîmetir
mile	mîl
foot	pê
yard	yard

a : father   *e : pat*   *ê : hey*   *i : hit*   *î : heat*   *u : put*

inch	înç
tonne; ton	ton/ten
kilogram	hezr gram
gram	gram
pound	pawin
ounce	ons
liter	lîtir
half liter	nîv litr
gallon	gelen
hectare	hektar
acre	berecût

homeland and disapora

Kurdistan, 'Land of the Kurds', is the homeland of the Kurdish people. It is an area with the combined size of Germany and the UK that lies across the mountains and plains that form the intersection of the modern states of Turkey, Iran, Iraq and Syria. The Kurds are one of the largest peoples in modern times who do not have a nation state of their own.

Historically, the outward movement of Kurds was to places like Afghanistan, Lebanon, Jordan, Turkmenistan, Kazakhstan, Kyrgyzstan, Armenia, Georgia and Azerbaijan. Today, the Kurdish disapora is established in countries all over the world, notably Germany, Netherlands, Sweden, France, Belgium, UK, Austria, and Australia. Approximately 200,000 Jewish Kurds migrated to Israel.

The Turkish capital of Istanbul has become the city with the largest population of Kurdish inhabitants.

sightseeing

planning

I would like to go to ...	Ez hez dikim herim bo ...
We would like to go to ...	Em hez dikin herin bo ...
Can you take me to...	Dikarî min bibî bo ...
Can you take us to....	Dikarî me bibî bo ...

Do you have a guidebook?
sing/fam — Pirtûka te ya rêberiyê heye?
pl/pol — Pirtûka we ya rêberiyê heye?

Do you have a local map?
sing/fam — Nexşeya te ya herêmî heye?
pl/pol — Nexşeya we ya herêmî heye?

Is there a guide who speaks English?	Li vir tu rêberek ku bi Inglîzî dipeyive heye?
What are the main attractions?	Rakêşanê bingehîn çi ye?

finding out

tourist information office	buroya agahdariyê ya turîstan
places to visit	cihên serdana
list of tourist attractions	lîsteya cihên tûrîstan ji bo serdana

What time does it open?	Ev kengê vedibe?
What time does it close?	Ev kengê tê girtin?
What is that?	Ev çi ye?
How old is it?	Ev çend salî ye?

a : f<u>a</u>ther   *e* : p<u>a</u>t   *ê* : h<u>ey</u>   *i* : h<u>i</u>t   *î* : h<u>ea</u>t   *u* : p<u>u</u>t

What animal is that?	Ev çi ajal e? *or* Ev çi heywan e?
What fish is that?	Ev çi masî ye?
What insect is that?	Ev çi kêzik e?
May I take a photograph?	Ez dikanim wêne bikişînim?
What is this monument/ statue?	Ev bîrdarî/peyker çi ye?
What century is it from?	Ji kîjan sedsalê mayî?
What does that say?	Ev dibêje çi?
Who is that statue of?	Ev peykerê kê ye?
Is there an entrance fee?	Derhane heye? *or* Ketina hundir bi pere heye?
How much?	Çiqas e?

occasions

birth	zayîn; bûyîn
death	mirin
funeral	matem
marriage	zewac
festival	mîhrîcan; festîval
festival/feast day *religious*	roja olî
birthday	rojbûn

When is your birthday?	Rojbûna te kengê ye?
happy birthday!	rojbûna te pîroz be!
How old are you? *sing/fam*	Tu çend salî ye?
pl/pol	Hûn çend salî ne?

û : sh**oo**t   *c* : **j**am   *ç* : **ch**ur**ch**   *j* : lei**s**ure   *ş* : **sh**ut   *x* : lo**ch**   **103**

I am ... years old.	Ez ... salî me.

who?	kî?
what?	çi?
where?	li ku?
when?	kengê?
what time?	saet çend e?
what day?	îro çi roj e?
what date?	çi wext e?
how do I get there?	ez çawa dikarim biçim wir?
how do we get there?	em çawa dikarin biçin wir?

What's there to do in the evening?	Êvarê çi karek ji bo kirinê heye?
Is there a concert?	Konserek heye gelo?
Is there a festival?	Gelo festîvalek heye?
Is there a wedding?	Gelo cejneke dawetê heye?
Who is getting married?	Kî dizewice?
What's happening?	Çi diqewime?
Where is it happening?	Li ku diqewime?
Are there any night-clubs/discos?	Li vir bezmgeh/dîsko hene?
Where can I hear local folk music?	Ez li ku dikarim mûzîka gelêrî bibihîzim?
Are there any events for children?	Gelo rûdanek ji bo zarokan heye?
How much does it cost to get in?	Çûyina wê çiqas e?
When is the wedding?	Dawet kengê?

What time does it begin?	Ev kengê destpêk dike?
Can we swim here?	Ez dikanim li vir avjenî bikim?

meeting up

What time should we be there?	Divê em di kîjan saetê de li wir bin?
Where should we meet?	Divê em li ku derê hev bibînin?
What time will you be there?	Hûn ê di kîjan saetê de li wir bin?
We will be there.	Em ê li wir bin.
See you then.	Wê demê bi xatirê we.
I have missed my bus.	Ez otobusê xwe bihêrtim.
I have missed my plane.	Ez balafirê xwe bihêrtim.
I have missed my group.	Ez komê xwe bihêrtim.

disability access

disabled	astengdar
disability	astengdarî
access	gihanî; xwegihanî
disabled toilet	tuwaleta astengdaran
ramp	hevraz; rampa
wheelchair	kursiyê biteker; kursîka çerxkirî

---

sightseeing

I am disabled.	Ez astengdar im.
We are disabled.	Em astengar in.
Is there access for the disabled?	Gihanî ji bo astengdaran heye?
Is there a ramp?	Hevraz heye? *or* Rampa heye?
Are there facilities for the disabled?	Derfetên ji bo astengdaran hene?
Is there seating for the disabled?	Ji bo astengdaran cihê rûniştinê heye?
Is there a disabled toilet?	Tuwaleta astengdaran heye?

activities

ballet	bale
band	kom
blues	bilûz
classical music	mûzîka klasîk
concert	konser
dance club	klûba reqsê
dancer	dîlanker
dancing	govend; dans
disco	dîsko
DJ	DJ [dî-jey]
elevator	asansor
ensemble	pêkeve
entrance	têketin
escalator	pilekana zivirok
exhibition	nîşangeh; pêşangeh
exit	derketin

a : f*a*ther   *e* : p*a*t   *ê* : h*ey*   *i* : h*i*t   *î* : h*ea*t   *u* : p*u*t

festival	festîval
folk dancing	govend
folk festival	festîvala gelêrî
folk music	stran
group	kom
jazz	caz
invitation	dawetiye; vexwendname
lift	asansor; rakirin
music festival	festîvala muzîkê
musical *theater show*	rapêşiya şanoyê
musician	muzîkvan; muzîsyen
nightclub	yaneya şevê
opera	opera
orchestra	orkestra
party	şahî
play *theater*	lîstik
pop music	musîka gelêrî; pop
pub	meyxane
rock concert	konserta rockê
show	rapêşî; aheng
singer	stranbêj
singing	stran; stran gotin
take-away food	pakêt servîs
techno	tekno
theater	şano
theater festival	festîvala şanoyê
trade fair	pêşangeha bazirganiyê

places

academy	akademî
apartment	xanî; xanîk
apartment block	blokên xanîyan

archeological	kevnarî; arkeolijikal
archeology	arkeolojî
art gallery	hunergeh
bakery	nanpêjgeh
bar	meyxane
baths	hemam
beach	plaj
building	avahî
cafe	kafe
casino	kazîno; gazîno
castle	kelhe
cemetery	goristan
church	dêr
cinema	sînema
city map	nexşeya bajêr; xerîteya bajêr
clinic	klînîk
college	zanîngeh
concert hall	hola konsertê
concert	konsert
conference centre	navenda konferansê
conference	konferans
consulate	konsolosxane
embassy	balyozxane
flat (apartment)	daîre (apartment)
fort	kelhe
funfair	lûnapark
hospital	nexweşxane
house	xanî; mal
housing estate	sîte; sîteya xaniyan
industrial estate	samanê îndûstrî; erdê îndûstrî

library	pirtûkxane
main square	cadeya mezin
madrasa	medrese
market	bazar
monastery	xelwetxane; keşîşxane
monument	peyker
mosque	mizgeft
museum	mûzexane
old city	bajarê kevnar
opera house	avahiya operayê
palace	koşk
park	park; rawestgeh
playground	cihê lîstikê; qada lîstikê
Is there a playground near here?	Li nêzî vê derê qada lîstikê heye?
restaurant	aşxane; xwarinxane; çeştxane
ruins	şûnwar
school	dibistan
shop; store	dukan
shrine	tirbe
site	sîte
soft-play area	qada lîstikê ya nerm
stadium	yarîgeh; stadyûm
statue	peyker
temple	perestgeh
theater	şano
tomb	gor
saint's tomb	gora pîroz; gora ezîzî
tower	avahiya berz
university	zanko; zanîngeh
zoo	baxçeya giyaneweran

û : shoot   c : jam   ç : church   j : leisure   ş : shut   x : loch   **109**

locations

a map of Diyarbakir	nexşeya Amedê
tourist information office	buroya agahdariyê ya turîstan
city	bajar
city borough	navçeya bajêr
city centre	nav bajêr
city map	nexşeya bajêr
capital city	paytext
regional capital	paytexta herêmî
town	bajar; navenda bajêr; bajarok
village	gund
park	park
national park	parka neteweyî

a note on place

Kurds call the four parts of their homeland after the four cardinal directions:

Bakur ('north') – North Kurdistan, Turkey

Rojhilat ('east') – East Kurdistan, Iran

Başûr ('south') – South Kurdistan, Iraq

Rojava ('west') – West Kurdistan, Syria

changing money

money	pere; dirav
to change money	pere veguherîn
exchange rate	behayê guhartinê
bureau de change	buroya diwîzê

Where can I change money?	Ez li ku dikanim pere hûr kim? *or* Ez li ku dikanim pere veguherînim?
I want to change some dollars.	Ez dixwazim hindik dolaran hûr kim. *or* Ez dixwazim hindik dolaran veguherînim.
I want to change some euros.	Ez dixwazim hinik ewro hûr kim. *or* Ez dixwazim hindik ewro veguherînim.
I want to change some pounds.	Ez dixwazim hindik pawin hûr kim.
What is the exchange rate?	Behayê guhartinê çiqas e?
What is the commission?	Komisyon çi qas e?

Could you please check that?

sing/fam	Ji kerema xwe tu dikarî kontrol bikî?
pl/pol	Ji kerema xwe hûn dikarin kontrol bikin?

Could you please write that down for me?

sing/fam	Tu dikarî vî ji bo min daxînî?
pl/pol	Hûn dikarin vî ji bo min daxînin?

money

Do you have a calculator?

sing/fam	Jimêryara te heye?
pl/pol	Jimêryara we heye?

banknote/bill   banknot; not

Can you change this banknote please?

sing/fam	Ji kerema xwe, tu dikarî vê banknotê biguherînî?
pl/pol	Ji kerema xwe, hûn dikarin vê banknotê biguherînin?

The denomination is too high. Nirxê nomînal pir bilind e.

The denomination is too low. Nirxê nomînal pir kêm e.

This banknote is not good. Ev banknot ne baş e.

This banknote is ripped. Ev banknot qelaştî ye.

Do you have another? Gelo yeke din jî heye?

What are these coins? Ev pereyên hûr çi ne?

Can you change this banknote for lower banknotes? Gelo hûn dikarin vê banknotê bi banknotên kêmtir biguherînin?

Can you change these banknotes for higher banknotes? Gelo hûn dikarin vê banknotê bi banknotên zêdetir biguherîn?

Please fill in this form. Ji kerema xwe, vê formê dagire.

Please sign here. Ji kerema xwe, vê derê îmze bike.

spending money

cash	pereyê perat
card	karta
contactless	bêyî têkiliyê

Please put your card in the cardreader.

sing/fam   Ji kerema xwe, karta xwe dayîne nav xwînerê.

pl/pol   Ji kerema xwe, karta xwe dayîne nav xwînerin.

Please put your phone against the cardreader.

sing/fam   Ji kerema xwe, telefona xwe dayîne ber xwînerê.

pl/pol   Ji kerema xwe, telefona xwe dayîne ber xwînerin.

Please key your PIN in.

sing/fam   Ji kerema xwe, PIN'a xwe binivîsîne.

pl/pol   Ji kerema xwe, PIN'a xwe binivîsînin.

Please take your card out.

sing/fam   Ji kerema xwe, karta xwe rake.

pl/pol   Ji kerema xwe, karta xwe rakin.

There is a problem, do you have another card?

sing/fam   Pirsgirêkekh eye, gelo karteke te ya din heye?

pl/pol   Pirsgirêkekh eye, gelo karteke we ya din heye?

I want to transfer some money.   Ez dixwazim hinek pere veguhezînim.

money

I want to collect a money transfer.	Ez dixwazim guhestineke pere berhev bikim.
It is from ...	Ev ji aliyê ... ye.
It is this amount.	Ev qas e.

finding/using

Where is the nearest cashpoint?	Bankmatîka herî nêzîk li ku ye?
Do you have change?	
sing/fam	Gelo te guherîn heye?
pl/pol	Gelo we guherîn heye?
Can I pay contactless?	Gelo ez dikarim bêyî têkiliyê pere bidim?
Can I have a receipt?	Ez dikarim meqbûzekê bigirim?

A.T.M.	bankamatîk; bankomat; makîneya perekişandinê
banknote/banknotes	banknot
calculator	jimêryar; makineya hesabê
cashier	gencevan; xeznedar
cash machine/ cashpoint	bankamatîk; bankomat; makîneya perekişandinê
change *coins*	pereyê hûr
coins	diravên metal; pereyen metal
contactless	bêyî têkiliyê
credit card	karta krediyê

a : f<u>a</u>ther   *e* : p<u>a</u>t   *ê* : h<u>ey</u>   *i* : h<u>i</u>t   *î* : h<u>ea</u>t   *u* : p<u>u</u>t

commission	komîsyon
dollar	dolar
euro	ewro
exchange	guhertin; hûrkirin
loose change	perên madenî
money	dirav; pere
pound (sterling)	pawin
receipt	wergirname
signature	îmza

rugs

A major expression of Kurdish culture is making rugs and carpets, handcrafted in Iran, eastern Turkey, Iraq and the South Caucasus – all part of the 'Rug Belt' that stretches from Morocco to Northern India.

Skills are passed from generation to generation, and the individual design and structure of each Kurdish rug tells you which area it is from and the clans and sub-groups there who created it. Traditionally it was only women who wove rugs, their artistry evolving the striking patterns and motifs seen in this book, abstract motifs that symbolise the people, animals and plants of the mythology of the Kurdish circle of life.

Rugs were originally made by nomadic peoples who used them as protective walls and flooring for their tents, and as saddle cloths and saddle bags. Today they are prized floor coverings in our houses.

Traditional Kurdish centres include the communities of Bijar, Sanandaj (Senneh), Tabriz, Ardabil, Seraband, Qashaqai, Heriz and Khorosan. Like most crafts across the world, skills risk being lost as machine-made rugs become more common, but there are widespread efforts to revive and preserve the art of handmade rugs.

communicating

tele-etiquette

mobile phone/ cellphone	telefona gerok; mobîl
phone number	jimareya telefonê
email	e-maîl
email address	navnîşana emaîlê
social media	medyaya civakî

I would like to make a phone call.	Ez dixwazim telefon bikim.
Where is the telephone?	Telefon li ku ye?

May I use your phone?

sing/fam	Ez dikanim telefona te bi kar bînim?
pl/pol	Ez dikanim telefona we bi kar bînim?

Can I phone from here?	Ez dikanim li vir telofonek bikim?

Can you help me get this number?

sing/fam	Tu dikanî ji bo ditîna vê hejmarê alîkariya min bîkî?
pl/pol	Hûn dikanin ji bo ditîna vê hejmarê alîkariya min bîkin?

Can I dial direct?	Ez dikanim raste rast bizivirînim?
I want to call ...	Ez dixwazim ji ... telefon bikim.
What is the code for ...?	Koda ji bo ... çi ye?
What is the international dialing code?	Koda zivirandina navneteweyî çi ye?
What do I dial for an outside line?	Ji bo zivirandina devreyî xêtê divê ez çi bikim?

contacting people

message/messages	mesaj
May I speak to Mr ... ?	Ji Axayê ... re dikanim biaxêvim?
May I speak to Ms/	Ji Xanima ... re dikanim biaxêvim?
Mrs ...?	... Xanim?
May I speak to ...	Ez dikarim ... biaxivim.
Who is calling, please?	Hûn kî ne?
Who are you calling?	Hûn li kê digerin?
What is your name?	
sing/fam	Navê te çi ye?
pl/pol	Navê we çi ye?
Which number are you dialing?	
sing/fam	Tu kîjan hejmarê dizivirînî?
pl/pol	Hûn kîjan hejmarê dizivirînin?
He/She is not here.	Ew ne li vir.
Can I leave a message?	Ez dikanim mesajek bihêlînim?
Would you like to leave a message?	
sing/fam	Tu dixwazî mesajek bihêlînî?
pl/pol	Hûn dixwazin mesajek bihêlînin?
What's your number?	Hejmara te çi ye?
My number is ...	Hejmara min e ...
Sorry wrong number.	Li min biborînin, hejmar xelet e.
You have dialed the wrong number.	
sing/fam	Te telefonî nimreya xelet kiriye.

---

pl/pol	We telefonî nimreya xelet kirine.
This is not ...	Ev ne ... e./ ye.
You are mistaken.	
sing/fam	Tu di çewtiyekê de yî.
pl/pol	Hûn di çewtiyekê de ne.
This is the ... office.	Ev ne nivîsgeha... e./ ye.
This is the	Ev e ....
Hello, I need to speak to ...	Merheba, hewceyê min bi qisekirina ... re heye.
The number is ...	Hejmar .... e./ ye
The extension is ...	Ekstenşin ... e./ye
It's engaged/busy.	Telefon mijûl e.
The line has been cut off.	Hêl hate birîn. *or* Xet hate birîn.
The phone is switched off.	Telefon girtî ye.
The phone is off the hook.	Telefon girtî ye.
The battery is running out.	Pîl diqede.
The battery has run out.	Pîl xilas bûye.
There is no coverage.	Der-wergirî ye.
I have no data left.	Daneyên min neman.
Where is the nearest public phone?	Telefonxaneya gelerî ya nêziktirîn li ku ye?
May I make a call on your cellphone/mobile?	
sing/fam	Ez dikarim bi telefona te ya mobîlê telefonekê bikim?
pl/pol	Ez dikarim bi telefona we ya mobîlê telefonekê bikim?

tech terms

cable	kablo
charger	şarjker
channel *(TV)*	kanal
device	cîhaz
digital	dîjîtal
to download	dawe bikin
email	e-maîl
email address	navnîşana emailê
extension (number)	ekstenşin
handset	telefone pêkhatî
hotspot	xala girêdaniya bêkablo; hotspot
international operator	operatorê navneteweyî
keyboard	klavye
line	hêl; rêz; rîz
land line	xeta sabit
laptop	laptop
log-in details	agahîyên têketinê
modem	modem
network	tor; şebeke; tora pêwendiyê
operator	operator; mekanîk
PC	PC *[pî-sî]*
printer	çapker
radio	radyo
radio station	îstasyona radyoyê
scanner	skener
router	berhêlker
satellite phone	telefona dîvelank; telefona satelîte
tablet	tablet

communicating

tariff	tarîfe
telecommunications	ragihandin
telephone	telefon
telephone center	naveda telefonê
telex	teleks
to transfer/put through	veguhastina telefonê; girêdana telefonê
transmitter	daner; bêtêl
to upload	bar bikin
user	bikarhêner
user name	nava bikarhênerê
website	malper

interneting

wifi	wifi [way-fay]
password	şîfre
What is the password?	Şîfre çi ye?
internet	înternet
internet cafe	kafeya înternetê
session	danişîn
login	têketin
to log in	têketin
login details	agahiyên têketinê
What are the login details?	Agahiyên têketinê çi ne?
Is there wifi here?	Li vir wifi heye?
Can I use the wifi?	Ez dikarim wifi bikar bînim?
Where can I find a place to email from?	Ez li ku derê dikanim e-maîl bişînim?

a : f<u>a</u>ther   *e* : p<u>a</u>t   *ê* : h<u>ey</u>   *i* : h<u>i</u>t   *î* : h<u>ea</u>t   **u** : p<u>u</u>t

Is there an internet café near here?	Li vir kafeya înternetê heye?
Can I email from here?	Ez li vir dikanim e-maîl bişînim?
How much is it to use a computer?	Bikaranîna kompîturê çiqas e?
How much is it per session?	Her danişînek çiqas e?
How long is a session?	Danişînek çiqasî dirêj e?
Which computer do I use?	Ez kîjan kompîturê bi kar tînim?
Your session has ended.	Danişîna we qediya.
I need help with this computer.	Pêdiviya min bi alîkariyê heye derbarê vê kompîturê de.
How do you turn on this computer?	Tu kompîturê çawa vedikî?
How do I log on?	Ez çawa dikarim têkevimê?
How do I log off?	Ez çawa dikarim danişînê bigirim?
The computer has crashed.	Kompîtur naxebite.
How do I restart it?	Ez çawa dikarim ji nû ve dest pê bikim?
I don't know how to use this program.	Ez nizanim ev program çawa tê bikaranîn.
I know how to use this program.	Ez zanim ev program çawa tê bikaranîn.
I want to print.	Ez dixwazim çap bikim.
Do you have any paper?	Te qet kaxez heye?

communicating

post office

air mail	posteya esmanî
envelope	zerf; berg
letter	name
mailbox	sindoqa posteyî
parcel	kolî; pakêt; parsel
postcard	kartpostal
registered mail	nameya tomarkirî
stamp	pol; pûl

Where is the post office?	Postaxane li ku ye?
What time does the post office open?	Postaxane kengê vedibe?
What time does the post office close?	postaxane kengê tê girtin?
Where is the mail box?	Sindoqa posteyî li ku ye?
Is there any mail for me?	Li vir ji bo min tu name heye?
How long will it take for this to get there?	Di nav çend rojan de ew dê bigihîje cihe xwe?
How much does it cost to send this to ...?	Şandina vê ji ... re çiqas pere digere?
I would like stamps.	Ez hindik pûl dixwazim.
I would like to send this to ...	Ez dixwazim vê ji ... re bişînim.
I would like to send ...	Ez dixwazim ... bişînim
I would like to send a letter.	Ez dixwazim nameyekê bişînim.

a : f<u>a</u>ther   *e* : p<u>a</u>t   *ê* : h<u>ey</u>   *i* : h<u>i</u>t   *î* : h<u>ea</u>t   *u* : p<u>u</u>t

I would like to send a postcard.	Ez dixwazim kartpostalekê bişînim.
I would like to send a parcel.	Ez dixwazim pakêtekê bişînim.
Can it be signed-for delivery?	Ji bo teslîmatê dikare were îmzekirin?
When will it arrive?	Dê kengê were?

music

Kurdish pop music is a fusion of folk music with pop beats, often mixing modern and traditional instruments. The lyrics share the themes of folk music, which often focus on love, Kurdish identity and social justice.

Vocal music traditionally comes from the overlapping genres: the **dengbêj** (**deng** = 'voice'/'sound', **bêj** = 'say'), bards who sing everything from love songs to history to current affairs; and the **stranbêj** (**stran** = 'song'), minstrels or singers of popular songs. There are also the **çîrokbêj** (**çîrok** = 'story'), storytellers who tell or chant stories that celebrate and preserve Kurdish culture and history.

Today love songs, dance music, wedding and other celebratory songs are popular, while there is a long tradition of religious and mystical songs and music, notably amongst the Alevis and Yezidis. Live instrumental music is a big feature of weddings, Newroz, religious festivals and other major celebrations

Core instruments are the **def/daf** (frame drum with percussive shingles lining the inside) and the **zirne** (conical short double-reed woodwind). Other instruments include the **dûdûk** (narrow long double-reed woodwind), **tembûr** (two-course lute), and **saz** (long-necked two-course + one lower string lute). Drums include the **daburqe** (darbuka or goblet drum) and **dahol** (bass drum).

communicating

keeping in contact

Note that the phrases in this section use only the 'you' familiar form.

social media	medyaya civakî

What's your name?	Navê te çi ye?
What's your first name?	Navê te yê ewil çi ye?
What's your surname?	Paşnavê te çi ye?
How do you spell that?	Tu çawa wê dikîtînî?
What's your phone number?	Hejmara telefona te çi ye?
Here's my phone number.	Ev hejmara telefona min e.
What's your email?	E-maila te çi ye?
Here's my email.	Ev e-maila min e.
What's your address?	Navnîşana te çi ye?
Here's my address.	Ev navnîşana min e.
Which hotel are you staying in?	Tu li kîjan otelê dimînî?
I am staying at the Blue Hotel.	Ez li Blue Hotelê dimînim.
I am staying with friends.	Ez bi hevalên xwe re dimînim.
Can you call me?	Tu dikarî telefonî min bikî?
Can you text me?	Tu dikarî ji min re binivîsî?

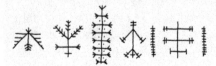

a : f**a**ther   *e* : p**a**t   *ê* : h**ey**   *i* : h**i**t   *î* : h**ea**t   *u* : p**u**t

learning

to add	serve kirin; lê zedê kirin
addition	biservekirin; lêzêdekirin
backpack	çenteyê piştê
bench	textik
biro/ballpoint pen	xame
blackboard	têxtê reş
book	pirtûk
calculation	jimartin; jimar
to calculate	jimartin
campus	kampûs
chalk	tebeşîr
childcare	lîstikvanî
class	pol
college	zanko; zanîngeh
to copy	rûnivîsîn; rûnivîsîn kirin
correct	rast
to correct	serrastkirin
to count	hejmartin
crayon	xameyê tebeşîr
culture	çand
degree	lîsans; bawername
difficult	dijwar
to divide	daveş kirin
division	beş; dabeşkirin
easy	hêsan
education	perwerde
equal	yeksan
equals	yeksan e
to equal	yeksankirin
eraser	jêbir
exam	azmûn

education

exercise book	pirtûka hînkirinê
to explain	rave kirin; şîrove kirin
faculty	zanko
felt-tip pen	felt-tîp
geography	erdnîgarî
glue	perçîmok; şirêz
grammar	rêziman
hall of residence	hola cihê mayîna xwendekaran
high school	lîse; dibistana navîn
history	mêjû; dîrok
holidays	çejn
homework	erkê mal
junior school	dibistana seretayî
kindergarten	baxçeyê zarokan
language	ziman
to learn by heart	ji ber kirin
lecture	axaftin
lecture hall	salona axaftinê
lecturer	axêverF
lesson	ders; pend
library	pirtûkxane
literature	wêje
madrasa	medrese
master's	master; lîsansa bilind
maths	bîrkarî; matematîk
memory	hiş; bîr
multiplication	lêkdan; carkirin
to multiply	lêk dan; car kirin
notebook	lênûsk; defter
notes	hûrnivîs
nursery	baxçeyê zarokan
page	rûpel
paper	pel; kaxiz

a : f<u>a</u>ther   *e* : p<u>a</u>t   *ê* : h<u>ey</u>   *i* : h<u>i</u>t   *î* : h<u>ea</u>t   *u* : p<u>u</u>t

education

to pass *an exam*	ders kirin; azmûn derbas kirin
pen	pênûs
pencil	pênûs
postgraduate	serlîsans
primary school	dibistana seretayî
professor *(lecturer)*	mamoste
professor *(full professor)*	profesor
progress	pêşveçûn; pêşketin
pupil	şagird; xwendekar
to read	xwendin
to repeat	dubare kirin
rubber *eraser*	jêbir
ruler *instrument*	cetwel
satchel	çenteyê dibistanê
school	dibistan
secondary school	lîse; dibistana navîn
semester	nîvsala perwerdehiyê
sheet *of paper*	per
slate	ferş
student *university*	xwendekar
to study	xwendin
to subtract	kêm kirin
subtraction	kêmkirin
sum	sercem
table	mase; texte
teacher	mamosta; mamoste
teacher training	perwerdeya mamosteyan
teacher training college	zanîngeha perwerdeya mamosteyan
term	sêmehîya salê
to test	azmûn kirin; ceribandin
time	dem

education

trimester	sêmehîya salê
to test	testkirin
test	test
to think	fikirîn
thought	raman
undergraduate	lîsans; xwendekarê zanîngehê; xwendekara zanîngehê
university	zanîngeh
wisdom	aqil; zanatî
wrong	xelet

festivals

Social gatherings such as weddings and religious festivals play an important role in unifying Kurdish culture.

Newroz/Nawruz is the Kurdish New Year on March 20th/21st and is a time of family and community gatherings to eat, dance and sing on the day winter turns to spring.

The majority of Kurds are Muslims and celebrate Eid al-Adha (Feast of the Sacrifice) – four days celebrating the Prophet Ibrahim's willingness to sacrifice his son to God – and Eid al-Fitr (Feast of Breaking the Fast) – when people gather for feasts marking the end of Ramadan, the month of fasting. The Kurdish for the greeting "eid mubarak" ("blessed eid") is **cejna te/we pîroz be** or **eyda te/we mibarek be**.

Alevis fast during the Ten Days of Muharram (**Rojîya Şinê** or **Rojîya Muharremê**), which ends with the festival of Ashura, remembering the martydom of the Imam Husayn. Yezidis celeberate Sersal ('Head of the Year') in April, which celebrates the day that Tawusî Melek, the Peacock Angel, first came down in the form of light to become God's guardian of the world.

a : f<u>a</u>ther   *e* : p<u>a</u>t   *ê* : h<u>ey</u>   *i* : h<u>i</u>t   *î* : h<u>ea</u>t   *u* : p<u>u</u>t

in the hall

article *written*	gotar
break *for refreshments*	navbirr; tenefûs
chair/chairs	kursî
chair (of meeting)	serok (yê civînê) *m*; serok (ya civînê) *f*
conference room	menzela kombûnê; menzela konferansê
copy	rûnivîs; bergirtin
discussion	berhevdan
forum	forûm; berhevdangeh
guest speaker	gotarbêjê mîvan
interpreter	wergêr
to interpret	şirove kirin
lanyard	ben; bend
a paper	kaxezek
spoken	devkî
platform	platform
podium	podyûm
projector	projektor; ronahîker
registration	qeyd; tomar
screen	dîmender
seat/seats	paldank
session	danişîn; seans; civîn
subject	babet
to translate	wergerandin
translation	wergeran
translator	werger; wergêr
whiteboard	texteyê spî

𝖵 𝖷 𝖴 𝖷 𝖷

conference

admin

cable	kablo
chair	kursî
computer	kompîtur
desk	mêz; texte
diary	rojnivîsk
document/documents	belge; dokument
drawer	berkêşk
file *paper/computer*	fayl
filing cabinet	dolaba dosyayan
keyboard	klavye
meeting	civîn
monitor	monîtor
paper	kaxiz
pen	pênûs
pencil	pênûs
photocopier	makîneya rûnivîsê
photocopy	rûnivîsê ronahîkî; fotokopî
printer	çapker
program	program; bername
reception	resepsiyon
report	report
ruler	cetwel
scanner	sehker; sikenir
a session chaired by ...	danişînek li serokatiya ...
speaker	gotarbêj
telephone	telefon; dûrbihîstok

a : f<u>a</u>ther   **e** : p<u>a</u>t   **ê** : h<u>ey</u>   *i* : h<u>i</u>t   *î* : h<u>ea</u>t   **u** : p<u>u</u>t

on the farm

agriculture	kiştûkal; çandin
barley	ceh
barn	axûr; kawan
canal	kanal
cattle	terş; ajal
to clear land	erdê paqij kirin
combine harvester	makîneya dirûnê
corn	genim; garis
cotton	pembo; pembû
crops	dexl
to cultivate	çînîn
earth *land*	zevî
soil	ax; xak
fallowland	beyar
farm	kêlgeh
farmer	cotkar; cotyar
farming	çandin
to feed *an animal*	çerîn; çêrîn; têr kirin
animal feed	xwedî kirin
fence	çeper; çît
fertilizer	peyîn
field	zevî
fruit	fêkî; mêwe
furrow	şûv
garden	baxçe; bîstan
gate	derî; dergeh
grass	çêrê; çer; giya
to grind	harîn
to grow *crops*	werar bûn
harvest	çinîn
hay	pûş

û : shoot **c** : *jam* **ç** : *church* **j** : *leisure* **ş** : *shut* **x** : *loch* **131**

haystack	gihayê pûç
irrigation	avdan; avdêrî
leaf	belg; berg
livestock	terş
maize	garis
manure	srgîn; zibil
marsh	meraze
meadow	mêrg; çîmen
to milk	dotin
mill	aş
miller	aşvan
millstone	kevirê aş
orchard	rez
to plant	çandin
planting	çandin
plow	gîsin; gasin
to plow	gîsin lê xistin
potato	kartol
poultry	hefîbalinde
rape seed	tovê şêlimî
to reap	çandin; dirîn
rice	birinc
root	regez; ra
rye	cehder
season	demsal
seeds	tov; toxim
to shoe a horse	nal
sickle	das
silkworms	kurmê hevreşîmî; kirmê avirmîşî
silo	sîlo; depo; embar
to sow	tov kirin
sowing	çandin

a : f<u>a</u>ther   *e* : p<u>a</u>t   *ê* : h<u>ey</u>   *i* : h<u>i</u>t   *î* : h<u>ea</u>t   *u* : p<u>u</u>t

spring *of water*	jêderka avê
straw	sap; qirşik; kagirs
tractor	rakêş; tiraktor
tree	dar
trunk of tree	gilale; gewde
vine	mêw
wheat	genim; dan
well of water	kanî; kehnî

mammals

bat	şevşevok; pîrçemek
bear	hirç
boar	nêre beraz
buffalo	gamêş; bufalo
bull	ga
calf	golik; mozik
camel	hêştir
cat	pisîk
cow	mange; çêlek
deer	ask; asik
dog	seg; kûçik
donkey	ker
elephant	fîl
ewe	mih
ferret	feret
flock	garan
fox	rûvî; rovî
gazelle	pezkûvî
goat	bizin
hedgehog	jîjo; jûjî
herd	garan
horse	hesp

countryside

lamb	berx
leopard	piling
lion	şêr
mare	canî
mole	koremişk
monkey	xirpo; meymûn
mouse	mişk
mule	hêstir; qatir
ox	ga
pig	beraz
pony	hespê biçûk
rabbit	kêvrûşk; kêrgû
ram	beran
rat	mişk; cird; xiniz
sheep	pez
sheepdog	kûçikê şivaniyê
squirrel	sivore
stallion	hesp
tiger	piling
wolf	gur

birds

bird	balinde
chick	varik
chicken/hen	mirîşk
cock/rooster	dîk
crow	qel
dove	kotir; gogercîn
duck	werdek
eagle	helû; simsiyar
falcon	baz
goose	qaz

  a : f*a*ther **e** : p*a*t **ê** : h*ey* **i** : h*i*t **î** : h*ea*t **u** : p*u*t

hawk	baz
nightingale	bilbil
owl	kund
parrot	tûtî
partridge	kew
peacock	tawûs
pigeon	kew
quail	lor; kotefir
rooster	dîk
sparrow	çûçik
turkey	elok
vulture	simsiyark; sisark

insects & amphibians

ant	gêle
bee	mêş
butterfly	perwane; perperok
caterpillar	cobirr
cockroach	sîsirk
crab	kêvjale
cricket	kulî
dragonfly	kulî; teşîrok
fish	masî
flea/fleas	kêç
fly/flies	mêş
frog	beq
grasshopper	kulî
hedgehog	jijî
hornet	moz
insect	kurmik; zêndî
lizard	gumgumok
louse/lice	speh

countryside

mosquito	kelemêş
scorpion	dûpişk
snail	şeytanok
snake	mar
spider	pîrik; pîrhevok
termite	mirg; morane
tick	tîk
viper	margîsk
wasp	zilkêtk
worm	kurm

nature

avalanche	aşît; şepe
canal	co
cave	şkeft
copse	rêl; xerz
dam	avbend
desert	çol
earthquake	erdhêj
fire	agir
flood	lehî
foothills	kuntar
footpath	pêrew
forest	daristan
glacier	bestelek; qeşayî
hill	gir
lake	deryaçe
landslide	heres
mountain	çiya
mountain pass	gelî
peak	lûtke
plain/plains	deşt

plant	helez
range/mountain range	çiyayên rêzkirî
ravine	newal; geboz
river	çem; rûbar
river bank	berav
rock	kevir
slope	nişîvî; berwar
stream	rûbarok
summit	lûtke
swamp	avgir
tree	dar
valley	dol; nihal
waterfall	rêjav
a wood	darek

weather

What's the weather like?	Hewa çawa ye?
The weather is ... today.	Îroj hewa ... e/ye.
cold	sar
cool	hunik
fresh	taze
cloudy	ewrayî
misty	mijî
freezing	seqem; cemidî
windy	bahoz
hot	germ
very hot	pirr germ
It's going to rain.	Baran dê bibare.
It is raining.	Baran dibare.
It's going to snow.	Befir dê bibare.
It is snowing.	Befir dibare.
It is very sunny.	Ronkayî ye.

elements

air	hewa
blizzard	pûk; boran; bamişt
cloud/clouds	ewr
frost	sarî
hail	zîpik; teyrok
hailstorm	bahoza zîpikan
heatwave	pêla germê
hot wind	bayê germ
ice	cemed

a : f<u>a</u>ther   *e* : p<u>a</u>t   *ê* : h<u>ey</u>   *i* : h<u>i</u>t   *î* : h<u>ea</u>t   *u* : p<u>u</u>t

midsummer	nîvê havînê
midwinter	nîvê zivistanê
mist	mij
moon	heyv; hîv
new moon	heyva nû; hîlal
half moon	heyva nîvî
full moon	heyva çardeşevî
rain	baran
season	demsal
sky	asîman; ezman
sleet	şilope; çelepe
snow	befir
snowstorm	bapêç; baroveya berfê
solstice	rojveger
star	stêr; stêrk
stars	stêrk
storm	bahoz
summer	havîn
sun	hetav
to thaw	helîn
weather	seqa; hewa
wind	ba
winter	zivistan
severe winter	zivistana dijwar
mild winter	zivistana nermok

camping

planning

Where can we camp?	Ez li ku dikanim kamp vekim?
Can we camp here?	Em dikarin li vir kampê bikin?
Is it safe to camp here?	Ji bo warbûnê? *or*
	Ev der ewle ye?
Is there danger of wild animals?	Ji ber giyanewerên kûvî re ew der xetere ye?
Is there drinking water?	Li wir ava vexwarinê heye?
May we light a fire?	Ez dikarim agir pêxwim?

ax	bivir
backpack	çenteyê piştê
bucket	avdank; dewlik
camping	kampvanî
campsite	war
can opener	tenekeveker
compass	qîblenîma
firewood	êzing
flashlight	fenera destan
gas canister	qotîka gazê
hammer	çekûç
ice axe	bivirê cemedê
lamp	lampe; çirax
mattress	doşek
penknife	kêrik
rope	weris; werîs
sleeping bag	tûrê xewê
stove	sobe; zope
tent	çadir
tent pegs	singên kon
water bottle	şûşaya avê

a : f<u>a</u>ther   *e* : p<u>a</u>t   *ê* : h<u>ey</u>   *i* : h<u>i</u>t   *î* : h<u>ea</u>t   *u* : p<u>u</u>t

getting help

Help!	Alîkarî!
It's an emergency.	Ev serdembûyî ye.

Can you help me, please?
sing/fam — Ji kerema xwe tu dikanî alîkariya min bikî?
pl/pol — Ji kerema xwe hûn dikanin alîkariya min bikin?

Do you have a telephone?
sing/fam — Li ba te telefon heye?
pl/pol — Li ba we telefon heye?

Can I use your telephone?
sing/fam — Ez dikanim telefona te bi kar bînim?
pl/pol — Ez dikanin telefona we bi kar bînim?

Where is the nearest telephone? — Nêziktirîn telefon li ku ye?

Does the phone work? — Telefon dixebite?

Get help quickly!
sing/fam — Zû alîkarî bîne!
pl/pol — Zû alîkarî bînin!

Call the police!
sing/fam — Gazî polîsan bike!
pl/pol — Gazî polîsan bikin!

I'll call the police! — Ez dê telefonê polîsan bikim!

Is there a doctor near here? — li vir bijîşkekî nêzik heye?

Call a doctor.
  sing/fam   Gazî bijîşk bike.
  pl/pol   Gazî bijîşk bikin.

Call an ambulance.
  sing/fam   Gazî guhêzoka nexweşan bike.
  pl/pol   Gazî guhêzoka nexweşan
                       bikin.

I'll get medical help.	Ez alîkarîya tibbî bighêrim.
Where is the doctor?	Bijîşk li ku ye?
Where is the hospital?	Nexweşxane li ku ye?
Where is the pharmacy?	Dermanxane li ku ye?
Where is the dentist?	Bijîşkê diran li ku ye?
Where is the health center?	Navenda tevwiza ku derê ye?
Where is the police station?	Polîsxane li ku ye?

accident

ambulance	guhêzoka neweşan
emergency department/room	servîsa rewşa lezgîn

There's been an accident!	li wir qezayek heye.
There has been a crash.	Xetaqe hebûye.
I've been in an accident.	Ez di qezaya ku de bûme.
We've been in an accident.	Em di qezaya ku de bûne.
Is anyone hurt?	Kesek birîndar heye?

This person is hurt.	Ev kes birîndar e.
There are people	Li wir mirovên birîndar hene.
injured.	
don't move!	nelive!
go away!	dûr keve!
stand back!	bi cihêxwest!
Take me to a doctor.	Min bibin ba bijîşk.
Take us to a doctor.	Me bîne ser bijîşkî.
Take him/her to a doctor.	Wî/Wê bîne ser bijîşkî.
Take them to a doctor.	Wan bîne ser bijîşkî.

theft

police	polîs
police station	qereqola polîsan; polîsxane
I've been robbed.	Ez hatim şelandin.
We've been robbed.	Em hatine sirastin.
thief!	diz!
Stop, thief!	Rabe, diz!
My ... has been stolen.	... min hate dizîn.
My bag has been stolen.	Çantaya min hat serastin.
My handbag has been stolen.	Çantaya destê min hat serastin.
My bags have been stolen.	Çentan min hatin serastin.
My keys have been stolen.	Mifteyên min hatin serastin.

emergency

My camera has been stolen.	Kamera min hat serastin.
My mobile has been stolen.	Mobîlê min hat serastin.
My tablet has been stolen.	Tabloya min hat serastin.
My laptop has been stolen.	Laptopê min hat serastin.
My money has been stolen.	Pereyê min hat dizîn.
My wallet has been stolen.	Cizdanê min hat dizîn.
My cards have been stolen.	Kartên min hatin dizîn.
My I.D. has been stolen.	Nasnameya min hat dizîn.
My passport has been stolen.	Pasaporta min hat dizîn.
My bicycle has been stolen.	Bisîklêta min hat dizîn.
My scooter has been stolen.	Skûtera min hat dizîn.
My motorbike has been stolen.	Motosîkleta min hat dizîn.
My car has been stolen.	Erebeya min hat dizîn.

lost

I have lost my bag.	Min çenteyê xwe winda kir.
I have lost my handbag.	Çenteyê min yê destî hate dizîn.
I have lost my bags.	Çenteyê min hate dizîn.

a : f<u>a</u>ther   *e* : p<u>a</u>t   *ê* : h<u>ey</u>   *i* : h<u>i</u>t   *î* : h<u>ea</u>t   *u* : p<u>u</u>t

I have lost my keys.	Min kilîtên xwe winda kirin.
I have lost my camera.	Kameraya min hate dizîn.
I have lost my mobile.	Min mobîla xwe winda kir.
I have lost my tablet.	Min tableta xwe winda kir.
I have lost my laptop.	Laptopa min hate dizîn.
I have lost my money.	Pereyê min hate dizîn.
I have lost my wallet.	Kîsê min hate dizîn.
I have lost my I.D.	Min nasnameya xwe winda kir.
I have lost my passport.	Pasaporta min hate dizîn.
I have lost my bicycle.	Min duçerxeya xwe winda kir.
I have lost my scooter.	Min skûtera xwe winda kir.
I have lost my motorbike.	Min motosîkleta xwe winda kir.
I have lost my car.	Min erebeya xwe winda kir.
My possessions are insured.	Tiştên min bisîgorte ne.
My possessions are not insured.	Tiştên min ne bisîgorte ne.

problem solving

What's the problem?	Giriftarî çi ye?

I have a problem.	Problemeke min heye.
I didn't do it.	Min nekir.
I apologise.	Ez lêborînê dixwazim.
Forgive me.	Min bibexişînin.
I didn't realise anything was wrong.	Ez lê werneqilîbûm ku pirsgirêkek heye.

û : shoot   c : jam   ç : church   j : leisure   ş : shut   x : loch   **145**

emergency

I am lost.	Ez diêşim.
We are lost.	Me winda bûn.
I have lost my group.	Min hevalên xwe winda kir.
I am ill.	Ez nexwşim.
We are ill.	Em nexweş in.
I want to contact my embassy.	Ez dixwazim bi balyozxaneya xwe re têkiliyê daynim.
I want to contact my hotel.	Ez dixwazim bi otela xwe re têkiliyê daynim.
I want to contact my consulate.	Ez dixwazim bi konsolosxaneya xwe re têkiliyê daynim.
I speak English.	Ez bi ingilîzî diaxêvim.
I need an interpreter.	Hewceyê min bi wergerekî re heye.

a : f<u>a</u>ther   *e* : p<u>a</u>t   *ê* : h<u>ey</u>   *i* : h<u>i</u>t   *î* : h<u>ea</u>t   *u* : p<u>u</u>t

being sick

pharmacy	dermanxane
pharmacist	dermansaz
clinic	klînîk
doctor	bijîşk
nurse	hemşîre
hospital	nexweşxane

I am sick.	Ez nexweş im.
My *(male)* **companion is sick.**	Hevalê min nexweş e.
My *(female)* **companion is sick.**	Hevala min nexweş e.
May I see a female doctor?	Ez dikanim bijîşkeke jin bibînim?
I have medical insurance.	Sîgorteya min ya tendurîstî heye.

check-up

How long have you been feeling sick?

sing/fam	Ji kengê ve tu xwe nexweş dihesî?
pl/pol	Ji kengê ve hûn xwe nexweş dihesin?

How long have you had this problem?

sing/fam	Ev problema ji kengê ve tu dikişînî?
pl/pol	Ev problema ji kengê ve hûn dikişînin?

health

Please undress.
sing/fam	Ji kerema xwe, xwe tazî bike.
pl/pol	Ji kerema xwe, xwe tazî bikin.

Please take your shirt off.
sing/fam	Ji kerema xwe, kurtikê xwe ji xwe bike.
pl/pol	Ji kerema xwe, kurtikê xwe ji xwe bikin.

Please sit here.
sing/fam	Ji kerema xwe li vir rûne.
pl/pol	Ji kerema xwe li vir rûnin.

Please lie down here.
sing/fam	Ji kerema xwe, xwe li vir dirêj bike.
pl/pol	Ji kerema xwe, xwe li vir dirêj bikin.

Where does it hurt?	Ku derê diêşe?
It hurts here.	Ev der diêşe?

diagnosis

I have been vomiting.	Ez vedireşiyam.
I feel dizzy.	Serê min gêj dibe.
I can't eat.	Ez nikanim bixwim.
I can't sleep.	Ez nikamin razêm. *or* Ez nikanim rakevim.
I feel worse.	Ez xwe nebaş dihesim. *or* Hêst dikim.
I feel better.	Ez xwe baş hêst dikim.

Do you have diabetes?
sing/fam	Derdşekira te heye?
pl/pol	Derdşekira we heye?

a : f<u>a</u>ther   *e* : p<u>a</u>t   *ê* : h<u>ey</u>   *i* : h<u>i</u>t   *î* : h<u>ea</u>t   *u* : p<u>u</u>t

Do you have epilepsy?	Tepa te heye? *or* Zerika te heye?
Do you have asthma?	Bêhntengîya te heye?
I have diabetes.	Derdşekira min heye.
I have epilepsy.	Tepa min heye. *or* Zerika min heye.
I have asthma.	Bêhntengiya min heye.
I'm pregnant.	Ez ducan im.

ailments

I have a cold.	Ez cemidî me.
I have a cough.	Kuxika min heye.
I have a headache.	Serê min diêşe.
I have concussion.	Mêjiyê min dileqe.
I have a pain.	Êşa min heye.
I have a pain in my chest.	Sînga min diêşe.
I have a pain in my arm.	Milê min diêşe.
I have a pain in my leg.	Lingê min diêşe.
I have a pain in my stomach.	Zikê min diêşe.
I have a sore throat.	Gewrika min kul e.
I have a temperature.	Taya min heye.
I have an allergy.	Alerjiya min heye.
I have an infection.	Min enfeksiyon girtiye.
I have an itch.	Xwirîna min heye.
I have backache.	Piştêşa min heye.
I have constipation.	Hinavgirtiya min heye.

health

I have diarrhea.	Zikçûniya min heye.
I have a fever.	Taya min heye.
I have hepatitis.	Hepatita min heye.
I have indigestion.	Nagivêriya min heye.
I have influenza.	Înfilowenza min heye
I have a heart condition.	Nexweşiya dil li min heye.
I have 'pins and needles'.	Hîşa tezînî li min heye.
It is numb here.	Ev der teviziye.
I have stomach ache.	Zikê min diêşe.
I have a fracture.	Derekî min şikestiye
My ... is fractured.	... min şikest.
My wrist is broken.	Zendê milê min şikest.
My arm is broken.	Milê min şikest.
My ankle is broken.	Zendê lingê min şikest.
My leg is broken.	Lingê min şikest.
My ribs are broken.	Parsûyên min şikestin.
I have toothache.	Diranê min diêşe
You have a cold.	Tu sermayê ketiye.
You have a cough.	Kuxika te heye.
You have a headache.	Serê te diêşe.
You have concussion.	Tu hejka mejî derbas dikî.
You have a pain.	Êşa te heye.
You have a sore throat.	Gewrika te kul e.
You have a temperature.	Taya te heye.
You have an allergy.	Alerjiya te heye.
You have an infection.	Enfeksiyona te heye.

a : f<u>a</u>ther   *e* : p<u>a</u>t   *ê* : h<u>ey</u>   *i* : h<u>i</u>t   *î* : h<u>ea</u>t   *u* : p<u>u</u>t

You have backache.	Piştêşa te heye.
You have constipation.	Hinavgirtiya te heye.
You have diarrhea.	Zikçûyina te heye.
You have fever.	Taya te heye.
You have hepatitis.	Hepatîta te heye.
You have indigestion.	Nagivêriya te heye.
You have influenza.	Înfilowenza te heye.
You have a heart condition.	Dilêşa te heye.
You have stomach ache.	Zikêşa te heye.
You have a fracture.	Îkestiyeka te heye.
Here.	Va ye.
Your wrist is broken.	Destê te wenda ye.
Your arm is broken.	Te bazirê te wenda ye.
Your ankle is broken.	Kênê te wenda ye.
Your leg is broken.	Qere te wenda ye.
Your ribs are broken.	Goma te wenda ye.
You have toothache.	Diranêşa te heye.

medication

I have medical insurance.	Ez ewlehiya tibbî me.
I don't have medical insurance.	Min ewlehiya tibbî tune ne.
I take this medication.	Ez vi dermani distînim.
I need medication.	Hewceya min bi derman heye.
I need medication for ...	Ez hewceyî dermanim heye ji bo...

health

What type of medication is this?	Ev çi celeb derman e?
How many times a day must I take it?	Divê rojê çend caran ez vî dermanî bigirim.
How long must I take it?	Divê heta kengê vî dermanî ez bigirim.
When should I stop?	Dema min qet bike?
I'm on antibiotics.	Ez antîbiyotîkan bi kar tînim.
I have an allergy.	Min alerjiyek heye.
I'm allergic to ...	Ez ji... re alerjî me. *or* Alerjiya min li ... heye.
I am allergic to nuts.	Alerjiya min hemberî gwîzê heye.
I'm allergic to antibiotics.	Alerjiya min ji antîbiyotîkan re heye.
I'm allergic to penicillin.	Alerjiya min ji penîsîlînê re heye.
antibiotics	antîbîotîk
penicillin	penîsîlîn
I have been vaccinated.	Ez hatim emfluansayê kirin.
I have my own syringe.	Şirinqeya min bi xwe heye.
Is it possible for me to travel?	Ez dikanim derkevim rêwîtiyê?
stroke	felc
I have had a stroke.	Ez hatim felc kirin
You have had a stroke.	Te hatî felc kirin.
heart attack	êrişê dilê
I have had a heart attack.	Ez hatim êrişê dilê kirin.
You have had a heart attack.	Te hatî êrişê dilê kirin.

a : f<u>a</u>ther   *e* : p<u>a</u>t   *ê* : h<u>ey</u>   *i* : h<u>i</u>t   *î* : h<u>ea</u>t   *u* : p<u>u</u>t

health words

AIDS	AIDS
alcoholic	serxweş; meyvexwar; meybengî
alcoholism	meybengîtî; meyvexwarîtî
amputation	birîn
anemia	kêmxwînî
anesthetic	bêhişker
anesthetist	bêhişker; pencker
antibiotic	antibiyotîk; zîndedij
antiseptic	dijgenî; antîseptîk
aspirin	aspirîn
blood	xwîn
blood group/blood type	giroya xwînê
blood pressure	xwînpestên
low blood pressure	xwînpestênê nizm
high blood pressure	xwînpestênê bilind
blood transfusion	xwînguhaztin
bone	hestî
cancer	penceşêr
cholera	reşyaneve; zikêş
clinic	tîmargeh; nexweşxane
cold/head cold	serma
Covid	Covid
cramps	firk; kramp; qolinc
dental surgery *place*	şifaxaneya diran
dentist	bijîşkê diran
diarrhea	hinavêş
dizzy	sergêjî
I feel dizzy.	Gêja min diçe.
Do you feel dizzy?	Gêja te diçe?

health

drug *medical*	derman
drug *narcotic*	kêdêr; narkotîk
epidemic	peta; şof
fever	ta
food poisoning	bijahrêketina xurek
I ate this food	min ev xurek xwar
flu	grîb
frostbite	sirbirî; teneşeyîbûn
germs	mîkrob; zîndîlok; dirme
heart attack	qutik
heat stroke	lêdanek germê
HIV	HIV
hygiene	tendirustî
infection	vegirtin
insect bite	geztina kêzik
this insect bit me	ev kezik min gez kir
itching	xurîn
jaundice	bayê zer; zerokî
limb/limbs	endamê laşî
maternity clinic	klînîka mêzan *f*
maternity hospital	nexweşxaneyê mêzan *f*
medicine *drug*	derman
medicine *science*	bijîşkî; tip
mental health	tenduristiya derûnî
migraine	mîgren
mosquito bite	geztina kelemêş
needle	derzî
nurse	nexweşnêr
operating theater/room	operasyonxane
surgical **operation**	operasyon
oxygen	oksîjen
painkiller/painkillers	êşbirr; êşkuj
physiotherapy	pîsîkoterapî

a : f<u>a</u>ther   *e* : p<u>a</u>t   *ê* : h<u>ey</u>   *i* : h<u>i</u>t   *î* : h<u>ea</u>t   *u* : p<u>u</u>t

prescription	reçete
rash	qalik
shrapnel	şarapnel
sleeping pills	hewên xewê
smallpox	xurîk
snake bite	gezina mar
this snake bit me	ev mar min gezt
stethoscope	bihîstoka bijîşk; stethoskop
sunstroke	tavgez
surgeon	birînsaz; neşterdar
act of **surgery**	birînkarî
syringe	şirinqe
thermometer	germpîv
tiredness	westan
torture	îşkence
tranquillizer	êşbirr
venereal disease	nesaxiya zayendî
virus	vîrûs
vomiting	vereşîn

eyesight

optician	berçavkvan; berçavkfiroş

I have broken my glasses.	Min berçavika xwe şkest.
Can you repair them?	Tu dikanî wê çak bikî?
I need new lenses.	Min hewceyê lensên nû heye.
When will they be ready?	Ew dê kengê amade be?

---

health

How much do I owe you?	Ez çiqas deydar bûm?

glasses	berçavk
sunglasses	berçavka rojê
contact lenses	kontak lens
contact lens solution	solûsyana kontak lensê

vocative case

The vocative case is used when you're addressing someone. You add **-o** at the end of masculine words and **-ê** at the end of feminine ones. This isn't a fast rule and there are variant endings.

It is most commonly used when, instead of Mr./Mrs./Ms./Miss/Sir/Madam, you call men and women older than you, whether they are related or not, 'uncle' and 'auntie' respectively. Sometimes you may call elderly women 'mother'. Anyone of your age group you can call 'brother', 'sister' or 'cousin', and anyone younger you call 'nephew' or 'niece'.

xalo / **apo** / **amo** / **mamo** – uncle!
xaltî / **xaltîkê** / **metê** / **metikê** – auntie!
dayê / **yadê** / **dadê** – mother!
bira / **keko** – (*elder*) brother!
    birê min – my brother!
xwişkê – sister!
    xweha min / **xwişka min** – my sister!
pismam / **mixaletî** – cousin! *m*
keçmam / **mixaletî** – cousin! *f*
birazî / **xwarzî** – nephew!
birazê / **xwarzê** – niece!
hevalo *m* / **hevalê** *f* / **heval** *m/f* – friend!
    hevalê hêja *m* / **hevala hêja** *f* – dear friend!

a : f<u>a</u>ther   *e* : p<u>a</u>t   *ê* : h<u>ey</u>   *i* : h<u>i</u>t   *î* : h<u>ea</u>t   *u* : p<u>u</u>t

natural and manmade disasters

The regions where Kurds live in the Middle East suffer seismic shocks and often devastating earthquakes. Floods and wildfires also have an damaging effect on people and the environment. These are also areas where conflicts leave the deadly legacy of minefields and other explosive devices and munitions that maim and kill civilians long after. This section is designed to be used by people who work in relief aid and related sectors.

disaster	karesat; kambaxî
natural disaster	karesata sirûştî
drought	hişk; sovî
earthquake	erdhêj
famine	xela
flood	lehî
wildfire	agirê nayê kontrolkirin

on the ground

Can you help me?

| *sing/fam* | Tu dikanî alîkariya min bikî? |
| *pl/pol* | Hûn dikanin alîkariya min bikin? |

Can you speak English?

| *sing/fam* | Tu dikarî bi ingilîzî bipeyivî? |
| *pl/pol* | Hûn dikarin bi ingilîzî bipeyivin? |

Could you fetch the main person in charge?

| *sing/fam* | Ji min re berpirsyarê mezin biîne? |
| *pl/pol* | Ji min re berpirsyarê mezin biînin? |

---

relief aid

Who is in charge?	Kî berpirsiyar e?
What's the name of this town?	Navê vî bajarokê çi ye?
How many people live here/there?	Çend kes li vir/li wir dijîn?
What's the name of that river?	Navê vî rûbarê çi ye?
How deep is it?	Ev çiqas kûr e?
Is the bridge still standing?	Pirr hêjî li ser xwe ye?
Is the bridge down?	Pirr hilweşiye?
Where can we ford the river?	Em dê li ku rûbar derbas bibin?
Is the road blocked?	Rê girtiye?
Is there another way?	Rêyeke din heye?
What is the name of that mountain?	Navê vî çiyayê çi ye?
How high is it?	Ev çiqas bilind e ?
Is it safe?	Ev ewle ye?
Show me.	
sing/fam	Nîşanê min bike.
pl/pol	Nîşanê min bikin.

earthquake

tremor/tremors	lerizîn
earthquake	erdhej
after-shock	erdheja dûajo
after-shocks	erdhejên dûajo

a : f<u>a</u>ther   e : p<u>a</u>t   ê : h<u>ey</u>   i : h<u>i</u>t   î : h<u>ea</u>t   u : p<u>u</u>t

Is there anyone in charge here?	Li vir kesekî berpirsiyar heye?
Is there anyone injured?	Kesekî birîndar heye?
Is there anyone trapped?	Kesek ketiye davê?
Someone is trapped here.	Kesek li vir asê maye.
How many survivors are there?	Çend kesên rizgarbûyî hene?
Where?	Li ku?
Can you show me?	
sing/fam	Tu dikarî nîşanî min bidî?
pl/pol	Hûn dikarin nîşanî min bidin?
How many are missing?	Çend kes winda ne?
Who?	Kî?
What are their names?	Navên wan çi ne?
Keep quiet!	Bêdeng bimînin!
Can you hear a sound?	
sing/fam	Tu dengekî dibihîzî?
pl/pol	Hûn dengekî dibihîzin?
I can hear a sound.	Ez dengekî dibihîzim.
Do not move.	Nelive.
Under that building.	Di bin wê avahiyê de.
Can you help me clear the rubble?	
sing/fam	Tu dikarî ji min re bibî alîkar ku kavilan rakim?
pl/pol	Hûn dikarin ji min re bibin alîkar ku kavilan rakim?
Danger!	Talûke!
It's going to collape.	Dê hilweşe.

*û : sh**oo**t*   **c** *: **j**am*   **ç** *: **ch**urch*   **j** *: lei**s**ure*   **ş** *: **sh**ut*   **x** *: lo**ch***   159

Help!	Hawar!
Help me!	Alîkariyê min beke!
Is there electricity?	Kareba heye?

Do you have a torch/flashlight?

sing/fam	Gelo fenera te ya destan heye?
pl/pol	Gelo fenera we ya destan heye?

Can you fetch a torch/flashlight?

sing/fam	Gelo tu dikarî fenerekê bînî?
pl/pol	Gelo hûn dikarin fenerekê bînin?

Shine it there.

sing/fam	Wê derê bibiriqîne.
pl/pol	Wê derê bibiriqînin.

lifting equipment	ekîpmana rakirinê; alavên jordebir
sniffer dog	kûçikê narkotîkê; segê lêgerîna tiryakê

food distribution

feeding station	xwedîkirinxane

How many people are in your family?

sing/fam	Di malbata te de çend kes hene?
pl/pol	Di malbata we de çend kes hene?
How many children?	Çend kes zorok in?

You must come back ...

sing/fam	Divê tu ... vegerî.
pl/pol	Divê hûn ... vegerin.

this afternoon	vê paşnîvrojê
tonight	vê şevê
tomorrow	sibê; sube
the day after tomorrow	dusube
next week	hefteya din; hefteya tê

There is water for you.

sing/fam	Ev av ji bo te ye.
sing/fam/pl/pol	Ev av ji bo twe ye.

There is grain for you.

sing/fam/	Ev dendik ji bo te ye.
pl/pol	Ev dendik ji bo we ye.

There is food for you.

sing/fam	Ev xurek ji bo te ye.
pl/pol	Ev xurek ji bo we ye.

There is fuel for you.

sing/fam	Ev sotemenî ji bo te ye.
pl/pol	Ev sotemenî ji bo we ye.

Can you form a queue?	Ji kerema xwe pêlkê tijî bikin?
here/**there**	li vir/li wir

road control

roadblock	çeperê rê; rêgîro
road barrier	bariyera rê
customs	gumrik
border	sînor
car registration	têkera erebê

û : sh<u>oo</u>t *c* : <u>j</u>am *ç* : <u>ch</u>urch *j* : lei<u>s</u>ure *ş* : <u>sh</u>ut *x* : lo<u>ch</u> **161**

relief aid

Stop!
sing/fam	Raweste!
pl/pol	Rawestin!

Please show your I.D. — Ji kerema xwe nasnameya xwe nîşan bide.

Here is my I.D. — Ev nasnameya min e.

Please give me your car papers. — Ji kerema xwe belgeyên ereba xwe bide min.

Here are my car papers. — Ev belgeyên ereba min in.

You can go. — Hûn dikarin bigerin.

Please take your car here.
sing/fam	Ji kerema xwe ereba xwe li vir bistînî.
pl/pol	Ji kerema xwe ereba xwe li vir bistînin.

Park here.
sing/fam	Li vir park bike.
pl/pol	Li vir park bikin.

Please turn off your engine.
sing/fam	Ji kerema xwe motora xwe revnekî.
pl/pol	Ji kerema xwe motora xwe revnekin.

We need to search your vehicle.
sing/fam	Me hewce ye ku ewlehiya ereba te bîkînin.
pl/pol	Me hewce ye ku ewlehiya ereba we bîkînin.

Go!
sing/fam	Here!; Biçe!
pl/pol	Herin!; Biçin!

a : f<u>a</u>ther   *e* : p<u>a</u>t   *ê* : h<u>ey</u>   *i* : h<u>i</u>t   *î* : h<u>ea</u>t   *u* : p<u>u</u>t

Who are you?
    sing/fam   Tu kî yî?
    pl/pol   Hûn kî ne?

Keep quiet!
    sing/fam   Ker be!
    pl/pol   Ker bibin!

You are right.
    sing/fam   Tu rast î.
    pl/pol   Hûn rast in.

You are wrong.
                         Tu şaş î. *or* Tu xelet î.
    pl/pol   Hûn şaş in.

What's that?   Ev çi ye?

I am ready.   Ez amade me.

I am in a hurry.   Zûka min heye.

Well done.   Baş.

Thank you.   Spas.

That's all.   Ev qas e.

no entry	derbasbûn nîne
emergency exit	derketina tengaviyê
straight on	rasteras
turn left	çep vegere
turn right	rast vegere
this way	ev rê
that way	ew rê

road repair

Is the road passable?   Ev rê tê darbaskirin?
Is the road blocked?   Ev rê hatiye girtin?

relief aid

We are repairing the road.	Em rê çak dikin.
We are repairing the bridge.	Em pir çak dikin.
We need ...	Hewceyê min bi ... re heye.
wood	êzing
rocks	kevir
gravel	bestik
sand	xîz
fuel	sotemenî
Lift!	Hilgire!
Lift it up!	Bilind bike!
Drop it!	Berde!
Pull!	veş!
Now!	aniha
up	bilind
down	kêm
sideways	lîbera ser
All together!	Hemû bi hevre!

mine clearance

mine/mines	mîn
minefield	deverê mînê
to lay mines	mîn çandin
to hit a mine	mîn gerîn
to clear a mine	mîn pakij kirin
mine detector	sehkera mîne
mine disposal	havêtina mîn
unexploded ordnance	guleya neteqî

   a : f<u>a</u>ther   *e* : p<u>a</u>t   *ê* : h<u>ey</u>   *i* : h<u>i</u>t   *î* : h<u>ea</u>t   *u* : p<u>u</u>t

Are there any mines near here?	li nêzikê vir tu mîn hene?
What type are they?	Çi celeb mîn heye?
anti-vehicle	dîj-awaza veguheztin
anti-personnel	dijxweyitî
plastic	plastîk
magnetic	magnetîzî
What size are they?	Mezinahiya wan çiqas e?
What color are they?	Rengê wan çi ye?
Are they marked?	Ew bi nîşankirî ne?
How?	Çawa?
How many mines are there?	Çiqas mîn li wir in?
When were they laid?	Ev li ku tê sehkirin?
Can you take me to the minefields?	
sing/fam	Tu dikanî min bibî deverên mînan?
pl/pol	Hûn dikanin min bibin deverên mînan?
Are there any booby traps near there?	Li nêzikê wir davên bûbî heye?
Are they made from grenades?	Ma ew ji granatan hatin çêkirin?
Are they made from high explosives?	Ma ew ji anîkarên bilind hatin çêkirin?
Or something else?	An jî tiştên din?
Are they in a building?	Ew di avahiyê de ne?
on paths?	li ser rêguzerê
on roads?	li ser rê
on bridges?	li ser pirê
or elsewhere?	an jî derekî din

relief aid

Can you show me?
sing/fam   Tu dikanî nîşanî min bikî?
pl/pol   Hûn dikanin nîşanî min bikin?

Stay where you are!
sing/fam   Tu li ku ye bisekine!
pl/pol   Hûn li ku ye bisekinin!

Don't move!
sing/fam   Nelive!
pl/pol   Nelivin!

Don't go near that!
sing/fam   Nêzikê wir neçe!
pl/pol   Nêzikên wir neçin!

Don't touch that!
sing/fam   Destê xwe pêneke!
pl/pol   Destê xwe pênekin!

useful terms

ambulance	guhêzoka nexweşan
barbed wire	telên niklokî
bomb	bombe; bomba
bomber	bombavêj
bomblet	bomblet
bullet	gule
cluster bomb	koma bomba
medical care	alîkariya tenduristiyê; lênêrîna bijîşkî
missile	moşek
missiles	moşekan
people	mirov
refugee camp	kampa mişetiyan; kampa penaberan

    a : f<u>a</u>ther   *e* : p<u>a</u>t   *ê* : h<u>ey</u>   *i* : h<u>i</u>t   *î* : h<u>ea</u>t   *u* : p<u>u</u>t

refugee/refugees	penaber
relief aid	arikarî
sack	tûrik; torbe
shell *missile*	qalik
shelter	ewlegeh
unexploded ammunition	cebilxaneya netekî
unexploded bomb	bombaya neteqî
unexploded ordnance	guleya neteqî

tools

you may need these

binoculars	dûrbîn
brick	kelpûç;
	xişt
brush	teraş;
	firçe
cable	têl;
	werisê
	metalî
cooker	sobe
drill	kolîn
eyeglasses	berçavk
gas bottle	şûşeya
	gazê
hammer	çekûç;
	kutek
handle	destik;
	çembil
hose	hov
insecticide	dermanê
	kêzikan
ladder	derince
machine	makîne
microscope	mîkroskop
measuring	zîvala
tape	pîvandinê
nail/nails	bizmar;
	neynûk
padlock	mifte
paint	boyax
pickax	bivir
plank	texte

a : f<u>a</u>ther   e : p<u>a</u>t   ê : h<u>ey</u>   i : h<u>i</u>t   î : h<u>ea</u>t   u : p<u>u</u>t

plastic	naylon
pliers	pense
rope	weris
rubber	lastik
rust	jeng
saw	mişar
scissors	cawbir
screw/ screws	wîda
screwdriver	tornawîda
spade	pêmere
spanner	mifteya somin
string	rêz
sunglasses	berçavika hetavê
telescope	teleskop
tool/tools	amûr
toolbox	qûtîka amûran; boksa alavan
varnish	vernîk
wire	tel
wrench	mifteya somin

car hire

car hire company	kompaniya kirêkirina erebeyan
Where can I rent a car?	Ez li ku dikanim guhêzokek kirê bikim?
with a driver	digel ajotkar
Where can I rent a car with a driver?	Li ku dikarim erebek bi serîlêz dihilînim?
How much is it per day?	Rojane bihaya wê çiqas e?
How much is it per week?	Hefteyane, bihaya wê çiwas e?
Is the petrol tank full?	Depoya petrolê tijî ye?
The petrol tank is not full.	Depoya petrolê ne tijî ye.
The petrol tank is full.	Depoya petrolê tijî ye.

filling up

petrol station/ gas station	rawestegeha petrolê
Where is the nearest petrol station?	Rawestegeha petrolê ya nêziktirîn li ku derê ye?
Fill the tank please.	Ji kerema xwe tankê tijî ke?
Can you top up the oil?	Ma dikarîdîr çi dîlka?
Can you put air in the tires?	Ma dikarîdîr hawayê bikeve çilî?
Can you charge the battery?	Ma dikarîdîr batîryayê barkirin?

How much is it?	Bi çiqas e?
Where do I pay?	Ez pere li ku bidim?

breakdown

mechanic	mekanîk
My car has broken down.	Otomobîla min xera bûye.
Our car has broken down.	Otomobîla me xera bûye.
There is something wrong with my car.	Tiştekî çewt li otombîla min qewimiye.
There is something wrong with this car.	Tiştekî çewt li vê otombîlê qewimiye.
I have a puncture/ flat tire.	Tekerê erebeya min qul bûye.
I have run out of petrol.	Petrola min qedî.
Our car is stuck.	Otombîla min di cihê xwe de ma.
We need a mechanic.	Hewceyê me bi mekanîk re heye.
Can you tow us?	
sing/fam	Tu dikanî ji me re bikişînî?
pl/pol	Hûn dikanin ji me re bikişînin?
Where is the nearest garage?	Guhêzgehek/geracek nêziktirîn li ku ye?
Can you help start the car by pushing?	Gelo hûn dikarin alîkariyê bidin ku otomobîl bi dehfdanê were şixulandin?

Can you help jumpstart the car?	Gelo hûn dikarin ji bo şixulandina otomobîlê alîkariyê bidin?
Start the car now!	Otomobîlê yekser bişixulîne!
There's been an accident.	Li vir qezayek qewimî.
My car has been stolen.	Otombîla min hate dizîn.
Call the police.	Bangî polîsan bikin. *or* Gazî polîsab bikin.

car terms

Can I park here?	Ez dikanim li vir guhêzoka xwe rawestinim..
Are we on the right road for. . . ?	Ji bo çûyina ... em di riya rast de ne?

accelerator pedal	lezker
air	ba; hewa
anti-freeze	antîfîrîz
battery	baterî
brake	fren
bumper	tampon
car insurance	sîgortaya otomobîlê
car papers	kaxezên otomobîlê
car park	otopark
car registration	qeyda otomobîlê
clutch	girtek
driver	ajokar
driver's license	ehliyet
engine	motor
exhaust *pipe*	eksoz

fan belt	qayîşa fanê
fender	berteker
gas *petrol*	benzîn
gas pedal	lezker
gear	vitês
gear stick	destikê vitêsê
hood	nixava guhêzokê
indicator light	ronahiya îndîkatorê
inner tube	lûleya hundir
jack	jak
jump leads	kabloya teqwiyeyê
keys	mifte
I have lost my car keys.	Min mifteya otombîla xwe wenda kiriye.
license plate	plaka
mechanic	mekanîk
neutral gear	fitesa vala; fîtesa boş
oil	neft
oil can	dondank
parking lot	rawestehega otombîlan
passenger/passengers	rêwî
petrol	benzîn
pipe	borî
radiator	radyator
reverse gear	pêçewane
seat	rûneştek
driver's seat	paldanka ajokar
passenger seat	paldanka rêwiyan
back seat	paldanka paşîn
speed	bez
steering wheel	sukan
tank	tank

tire/tyre	çerx
spare tire	çerxa alîkarî
tow rope	têla otombîl
trailer	romork
trunk/boot	bagaj
windshield/windscreen	camapêşîn
windshield wipers	malaştekên camên pêşîn

newroz

Newroz Perez be! *Happy New year!*

Bringing together the family, community and culture of Kurds worldwide is the festival of Newroz or Nawruz, the Kurdish New Year – celebrated on the 20th/ 21st of March.

'Newroz' means 'new day', symbolizing the renewal of spring's arrival after winter and the victory of light over darkness. It dates back thousands of years to the Zoroastrian culture of Kurdistan and Ancient Iran, and is celebrated by neighboring peoples who share this heritage, such as the Persians, Azerbaijanis, Turks and Afghans.

Newroz falls on the spring equinox when day and night are equal. Preparations start weeks before the day: homes are cleaned, new clothes bought and traditional Kurdish dishes prepared. Streets are decorated with flags, banners and lights.

On Newroz day, families dress up in colorful clothing to feast and dance. They light bonfires symbolizing winter's end and spring's arrival – people jump over the fire in a ritual of renewal and leaving darkness behind. Children go from house to house collecting candy and decorated eggs. There is storytelling about Kurdish history and legends, music and singing. People also join in traditional activities such as wrestling and tug-of-war during festivities that, in some areas, can last many days.

game and match

Who won?	Kî serkeft?
Who lost?	Kî têk çû?
What's the score?	Pêkan çi ye?
Who scored?	Kê avêt?

athletics	yariyên werzişî
backgammon	nerd; tewla
ball	gog
basketball	basketbol
board	texte
champion/champions	qehreman
checker	kevir
chess	kişk; sentrenc
court	qada
cricket	kirîkit
dice	zar
division	lîg; beşa
field	qada
football *soccer*	goga pê
goal	gol
goalpost	dîreka kelehê
golf	golf
half time	navbera dewreyê
hockey	kaşû
horse racing	hespbez
horse riding	hesp ajotin
league	lîg
linesman	hekemê cîgir *m*; hekema cîgir *f*
match	maç
football match	maça futbolê

piece	kevir
pitch	qada
referee	nabêj
rugby	regbî
skiing	şemitandin
sports ground	qada sporê
squash	sikwaş
stadium	yarîgeh
supporter	alîgir
supporters' club	klûba alîgiran
swimming	ajne; avjenî
team	tîp
tennis	tenîs
track	pîst
winter sports	werzîşên zivistanê
water sports	werzîşên avê
wrestling	gulaş

European Championship	Qaremanikya Ewropayê; Şampiyona Ewropayê
Champions League	Lîga Qaremanan; Ligê Şampiyonan
World Cup	Kûpaya Cîhanê

ankle	gozek; gûzk
arm/arms	pî; mil
back	pişt
beard	rih; rî
blood	xwîn
body	gewde; laş
bone	hestî
bottom	jêr; bin
breast *chest of male or female*	sîng
breast/breasts *female*	memik
chest	pêsîr
chin	çene; erzînk
ear	guh
elbow	enîşk
eye	çav
eyebrow	birû
eyelids	palikên çavan
face	rû
finger/fingers	pêçî; tilî
foot/feet	pê; pî; ling; nig
genitals	endamên zayendî
hair	por
hand/hands	dest
head	serî
heart	dil
hips	kemax
jaw	erzînk; çem
kidney	gurçik
knee	çong; çok
leg/legs	ling; nig; çîm; çîq; pîjaq
lip/lips	lêv
liver	kezeb; cerg

body

lung	kezeba spî
mustache	simbêl
mouth	dev
nail *of finger/toe*	neynûk
navel	navik
neck	gerden
nose	poz
rib/ribs	parsû
shoulder/shoulders	sermil
skin	çerm
stomach	zik; ûrk
throat	gewrî
thumb	tiliya beranî
toe/toes	tilî; pêçî
tongue	ziman
tooth	diran
teeth	diran; didan
vein	reh; demar
waist	newq
womb	malpiçûk
wrist	zend

a : f<u>a</u>ther   *e* : p<u>a</u>t   *ê* : h<u>ey</u>   *i* : h<u>i</u>t   *î* : h<u>ea</u>t   *u* : p<u>u</u>t

time words

century	sedsal
decade	dehsal
year	sal
month	meh; hîv
week	hefte
day	roj
hour	saet; katjimêr
minute	deqe; deqîqe
second	duyemîn; saniye; çirik
dawn	berbang
sunrise	rojhilatin
morning	beyan
daytime	sibeh
noon/afternoon	nîvroj
evening	êvar
sunset	rojava
night	şev
midnight	nîvê şevê
this morning	îroj
now	aniha
tonight	îşev
yesterday morning	duho sibehê
yesterday afternoon	duho nîvrojê
yesterday night	duho êvarê
tomorrow morning	sibeh
tomorrow afternoon	sibehê nivrojê
tomorrow night	sibehê şevê
in the morning	di serê sibehê de
in the afternoon	di nîvrojê de
in the evening	di evarê de

time

four days before	çar roj bêtir berê
three days before	sê roj bêtir berê
the day before yesterday	pêr
yesterday	duho
today	îroj
tomorrow	sibe
the day after tomorrow	dusibe
three days from now	sêsibe
four days from now	çarsibe
last week	hefteya çû
this week	vê hefteyê
next week	hefteya tê
last year	par
this year	îsal
next year	sala tê
past	borî
present	niha
future	dahatû

What date is it today? Îroj çi ye? *or* Îroj kîjan roj e?

clocks

clock	saet
watch; wristwatch	saeta destan

What time is it? Saet çend e? *or*
Katjimêr çend e?

a : f<u>a</u>ther   *e* : p<u>a</u>t   *ê* : h<u>ey</u>   *i* : h<u>i</u>t   *î* : h<u>ea</u>t   *u* : p<u>u</u>t

time

It is ... o'clock.	Saet ... e/ye. *or*
	Katjimêr ... e/ye.

It is one o'clock.	Saet yek e.
It is two o'clock.	Saet dudu ye.
It is three o'clock.	Saet sê ye.
It is four o'clock.	Saet çar e.
It is five o'clock.	Saet pênc e.
It is six o'clock.	Saet şeş e.
It is seven o'clock.	Saet heft e.
It is eight o'clock.	Saet heşt e.
It is nine o'clock.	Saet neh e.
It is ten o'clock.	Saet deh e.
It is eleven o'clock.	Saet yanzdeh e.
It is twelve o'clock.	Saet diwanzdeh e.

It is noon.	Nîvro ye.
It is midnight.	Nîvê şevê ye.

It is quarter to ten.	Saet çaryek bo deh e.
It is quarter past ten.	Ew saetî dek e.
It is half past ten.	Ew saetî deh û nîv e.

days of the week

Monday	duşemb
Tuesday	sêşemb
Wednesday	çarşemb
Thursday	pêncşemb
Friday	înî; heynî
Saturday	şemb
Sunday	yekşemb

û : shoot   c : jam   ç : church   j : leisure   ş : shut   x : loch   **181**

time

months

Kurdish has different sets of names for the months. The first column below is the modern Middle Eastern calendar, the second column is the old Semitic months with traditional Kurdish names replacing May and July, and adding to the existing names for February, March, August and September.

January	janvîye; januar	çileya paşîn; çile
February	fevrîye	sibat; şibat; reşeme
March	mars; marş	adar; avdar
April	aprîl	nîsan
May	mê	gulan
June	jûen	hezîran
July	jûîya	tîrmeh
August	ût	tebax; ab; gelawêj
September	september	îlon; eylûl
October	oktober	çiriya pêşîn; cotmeh
November	november	çiriya paşîn; mijdar
December	desember	çileya pêşîn; berfanbar

*The ancient or **mad** Kurdish solar calendar begins on **Newroz/Nawruz** (New Year), which falls on March 21st, the first day of spring. Each month's name describes the weather, agriculture or other activities during its weeks. The traditional calendar begins on the founding of the kingdom of the Medes after they beat the armies of the Assyrian Empire at the Battle of Nineveh in 612 BC. Newroz 2024 therefore is the start of the Kurdish year 2636. The **mad** calendar is still used (with modern variants in brackets):*

1. **xakelêwe** (*modern:* **adar**)
2. **gulan**
3. **cozerdan**

a : father   e : pat   ê : hey   i : hit   î : heat   u : put

4. **pûşper**
5. **xermanan** (*modern:* **tîrmeh**)
6. **gelawêj**
7. **rezber**
8. **khazalawar** (*modern:* **kewçêr**)
9. **sermawez**
10. **befranbar/berfanbar**
11. **rêbendan**
12. **reşemî**

*In many areas, people refer to the months by number,
where January = first (**yekê**) month (**meh-a**), February =
second month, and so on.*

January	meha yekê
February	meha duyan
March	meha sêyan
April	meha çaran
May	meha pêncan
June	meha şeşan
July	meha heftan
August	meha heştan
September	meha nehan
October	meha dehan
November	meha yazdehan
December	meha dozdehan

*The Kurdish forms of the 12 lunar Islamic months with their
Arabic forms in brackets are as follows:*

muharrem (Muharram)
sefer (Safar)
rebiyulewel (Rabi'al-Awwal)
rebiyulahir (Rabi'al-Thani)

time

cemaziyulewel (Jumadal-Awwal)
cemaziyulahir (Jumadal-Thani)
recep (Rajab)
şaban (Sha'ban)
ramazan (Ramadan)
şewal (Shawwal)
zilkade (Zul-Qa'da)
zilhicce (Zul-Hijja)

seasons

spring	bihar
summer	havîn
autumn	payîz
winter	zivistan
harvest time	demê cotkarî

horoscope

Aries	beran
Taurus	ga
Gemini	cêwî
Cancer	kevjal
Leo	şer
Virgo	simbil
Libra	mêzîn
Scorpio	dûpişk
Sagittarius	kevan
Capricorn	karik
Aquarius	dewlçî; satil
Pisces	masî

a : f<u>a</u>ther   *e* : p<u>a</u>t   *ê* : h<u>ey</u>   *i* : h<u>i</u>t   *î* : h<u>ea</u>t   *u* : p<u>u</u>t

0	sifir; nîne		
1	yek	31	sih û yek
2	du; dudu	32	sih û û dudu
3	sê; sisê	33	sih û sisê
4	çar	34	sih û çar
5	pênc	35	sih û pênc
6	şeş	36	sih û şeş
7	heft	37	sih û heft
8	heş(y)t	38	sih û heşt
9	neh	39	sih û neh
10	deh	40	çel
11	yandeh	41	çel û yek
12	diwanzdeh	42	çel û dudu
13	sêzdeh	43	çel û sisê
14	çardeh	44	çel û çar
15	panzdeh	45	çel û pênc
16	şanzdeh	46	çel û şeş
17	heftdeh	47	çel û heft
18	heşteh	48	çel û heşt
19	nozdeh	49	çel û neh
20	bîst	50	pênce
21	bîst û yek	51	pênce û yek
22	bîst û dudu	52	pênce û dudu
23	bîst û sisê	53	pênce û sisê
24	bîst û çar	54	pênce û çar
25	bîst û pênc	55	pênce û pênc
26	bîst û şeş	56	pênce û şeş
27	bîst û heft	57	pênce û heft
28	bîst û heşt	58	pênce û heşt
29	bîst û neh	59	pênce û neh
30	sih	60	şêst

61	şêst û yek	81	heştê û yek
62	şêst û dudu	82	heştê û dudu
63	şêst û sisê	83	heştê û sisê
64	şêst û çar	84	heştê û çar
65	şêst û pênc	85	heştê û pênc
66	şêst û şeş	86	heştê û şeş
67	şêst û heft	87	heştê û heft
68	şêst û heşt	88	heştê û heyşt
69	şêst û neh	89	heştê neh
70	heftê	90	nod
71	heftê û yek	91	nod û yek
72	heftê û dudu	92	nod û dudu
73	heftê û sisê	93	nod û sisê
74	heftê û çar	94	nod û çar
75	heftê û pênc	95	nod û pênc
76	heftê û şeş	96	nod û şeş
77	heftê û heft	97	nod û heft
78	heftê heyşt	98	nod û heyşt
79	heftê û neh	99	nod û neh
80	heştê	100	sed

200	dused	500	pêncsed	800	heyşsed
300	sêsed	600	şeşsed	900	nehsed
400	çarsed	700	heftsed		

1,000	hezar
10,000	deh hezar
50,000	pênce hezar
100,000	sed hezar
1,000,000	mîlyon
10,000,000	deh mîlyon
1,000,000,000	mîlyar

a : f<u>a</u>ther   *e* : p<u>a</u>t   *ê* : h<u>ey</u>   *i* : h<u>i</u>t   *î* : h<u>ea</u>t   *u* : p<u>u</u>t

112 – one hundred and twelve   sed û diwazdeh
150 – one hundred and fifty   sed û pêncî
199 – one hundred and ninety-nine   sed û nûd û neh

ordinal numbers

first	yekemîn
second	duwemîn
third	sêyemîn
fourth	çaremîn
fifth	pêncemîn
sixth	şeşemîn
seventh	heftemîn
eighth	he(y)ştemîn
ninth	nehemîn
tenth	dehemîn
eleventh	yanzdeh
twelfth	duwanzdeh
thirteenth	sêzdeh
fourteenth	çardeh
fifteenth	panzdeh
twentieth	bîstemîn
once	yek car
twice	du car
three times	sê car
one-half	nîv
one-third	sêyek
one-quarter	çaryek
two-thirds	sisê da dido

vital verbs

to be	bûn
to be born	li civîna
to give birth	zayîn
to buy	kirîn
to carry	hilgirtin; rakirin
to come	hatin
to cook	pehtin
to cut	çûn
to die	mirin
to drink	vexwarin
to drive	ajotin
to eat	xwarin
to fall	ketin; daketin
to finish	çûkî kirin
to fly	qedandin
to get	wergirtin; standin; bûn
to give	dan; bexşîn
to go	çûn
to grow	mezin bûn
to have	hebûn
to hear	bihîstin
to help	alîkarî kirin; alî kirin
to hit	lêxistin; lêdan
to kill	kuştin
to know *someone*	nas kirin
to know *something*	zanîn
to learn	hîn bûn; fêr bûn

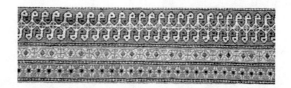

a : f<u>a</u>ther   *e* : p<u>a</u>t   *ê* : h<u>ey</u>   *i* : h<u>i</u>t   *î* : h<u>ea</u>t   *u* : p<u>u</u>t

vital verbs

to live	jîn; jiyîn
to live in *dwell*	li… jîn
to love	hez kirin; evînî kirin
to meet	civîn
to pick up	rakirin; hilgirtin
to read	xwendin
to run	revîn; bezîn
to see	dîtin; nêrîn
to sit	rûniştin
to sleep	razan; nivistîn; raketin
to smell	behn kirin
to speak	peyivîn; qise kirin
to stand	rawestîn; rabûn
to start	dest pê kirin
to stop	rawestîn
to take	standin; wergirtin
to talk	axaftin; peyivîn
to taste	tamijîn; tam kirin
to teach	hîn kirin; rave kirin
to throw	avêtin
to understand	ji nav bûn
to wake up	rakirin; hişyar kirin
to walk	meşîn
to want	xwestin
to watch	temaşe kirin; dîtin
to work	xebitîn; şuxulîn; kar kirin
to write	nivîsîn

opposites

beginning—end	destpêk—dawîn
clean—dirty	pakij—gemarî
comfortable—uncomfortable	rihet—nerihet
fertile—barren *land*	aram—neerzan
happy—unhappy	dilşad—xemgîn
life—death	jîn—mirin
friend—enemy	heval—dijmin
modern—traditional	hezar—qedandin
modern—ancient	mûder—kevneşopî
open—shut	vekirî—girtî
wide—narrow	fireh—teng
high—low	dirêj—kin
peace—violence/war	aşitî—şer
polite—rude	mûder—kevnarî
silence—noise	bêdeng—girêç
cheap—expensive	erzan—bihadar
hot/warm—cold/cool	germ—sar
health—disease	tenduristî—nexweşî
well—sick	sax—nexweş
night—day	şev—roj
top—bottom	ser—bin
backwards—forwards	paşve—pêşve
back—front	paş—pêş
dead—alive	mûna—rengînî
near—far	nêzik—dûr

a : f<u>a</u>ther   *e* : p<u>a</u>t   *ê* : h<u>ey</u>   *i* : h<u>i</u>t   *î* : h<u>ea</u>t   *u* : p<u>u</u>t

opposites

left—right	çep—rast
inside—outside	mirî—jiyan
in—out	li nav—li der
up—down	jor—jêr
yes—no	erê—na
here—there	vir—wir
soft—hard	di nav—der
easy—difficult	hêsan—dijwar
quick—slow	zû—hêdî
big—small	nerm—qels
tall—short *people*	mezin—piçûk
tall—short *things*	bilind—nizm
strong—weak	xurt—lawaz
success—failure	serkeftin—binkeftin
young—old	ciwan—pîr
new—old	nû—kevn
question—answer	pirs—bersiv
safety—danger	êrya; asayiş—xetere
good—bad	baş—xerab
true—false	rast—çewt
truth—lie	rastî—derew
well—badly	baş—xerab
light—heavy	şîrîn—qelî
light—dark	ron—tarî
light—darkness	ron—tarî

cuisine

Kurdish food and drink are connected to the tradition of hospitality, where large multi-course meals bring family, friends and guests together. Weddings and festivals like Newroz (New Year) showcase the best of Kurdish cuisine, where the secret is to use local ingredients in season. While there are cuisines specific to each part of Kurdistan, here are some of the staples common to all:

Meat is prepared in stews, kebabs or roasted for festive meals. Popular dishes include **qawirma** (slow-cooked lamb served with rice), and **kofte** (kebabs of minced meat). Common soups are **şorbe nîşka** (lentil soup), and **şorbe mast** (yogurt soup). **Mast** (yogurt) and **caciq** (tzatziki) are common dips.

Rice is served in different forms like **şilê/birinc** (plain white rice), **şilê zer** (saffron rice) and **biryanî** (rice with spices). **Nan** (bread) comes in a range of local variants and is an essential part of every meal. **Lahmacun** is thin pizza topped with meat and served with salad of parsley, onion, cucumbers and tomatoes.

Beans and aubergines/eggplant are found in all sorts of dishes, while **pel** or **yaprax** is the Kurdish dolma (vine leaves stuffed with rice, dill, garlic, onions and lamb). **Kutilk** are small dumplings made of bulgur wheat stuffed with meat and spices. There are multiple types of Kurdish cheese including the common **penîr** (brine white cheese), often eaten with **zeytûn** (black olives), **çîçal** (braided cheese), and **lork/lorik** (cottage cheese).

Desserts and sweets include **baklawa**, a pastry made with layers of filo, nuts and syrup, and **kuleça**, a pastry filled with dates or nuts. A common drink at meals is **Mastaw** or **dew**, made from yogurt and water it can be salted), and **çay** (black tea) is drunk at any time. And when in season, watermelon is essential at every table!

a : f<u>a</u>ther   *e* : p<u>a</u>t   *ê* : h<u>ey</u>   *i* : h<u>i</u>t   *î* : h<u>ea</u>t   *u* : p<u>u</u>t

ENGLISH–KURMANJI
ÎNGLÎZÎ-KURMANCÎ

a

ability şiyan *f*

able: to be able karîn; şiyan

about *approximately* qederê; qiyasê; *regarding* di derheqa; *surrounding* hawirdor

above jor; silal

academic *noun/adjective* akademîk *m/f*; danişgayî *m/f*

academy zanîngeh *f*; akademî *f*

accent aksan *f*; devok *f*

accelerator *pedal* lezker *m*

access derbasbûn *f*; **disabled access** seqetan derbasbûn *f*; **do you have access for the disabled?** ji bo kûdan derbasbûn heye? / ji bo seqetan derbasbûn heye?

accident qeda *m/f*; qeza *m/f*

accommodation hêwirge *f*

according to gor

account hesab *m*

accountant jimêryar *m/f*; deftardar *m/f*

acre hektar *m*

actor/actress şanoger *m/f*

adapter bijareker *m*; adepter *m*

addition biservekirin *f*; lêzêdekirin *f*

address navnîşan *m/f*

administration fermandarî *f*

administrator kardar *m/f*

advertising agehdarî *f*

advisor şîretkar *m/f*; şêwirdar *m/f*

affairs *political/diplomatic* karûbar *m/pl*; **international affairs** karûbarên navneteweyî *pl*

afraid tirsane; **I am afraid** ez ditirsim

after paş; piştî; **the day after** sibe; **the day after next** dusube

afternoon nîvroj *m*; **good afternoon!** paş nivro!

after-shock/after-shocks paşhejîn *m*

again dîsa; cardin

age sal *f*

agency ajans *f*

ago berî niha; pêşda

agreement *consent* qayîlî *f*; *pact* peyman *f*

agriculture kiştûkal *f*; çandinî *f*

agronomist agronomist *m/f*

aid arîkarî *f*; **humanitarian aid** arîkariya mirovî *f*; **first aid** arîkariya yekem *f*

aid worker karkerê/a hawarê *m/f*

AIDS AIDS *f*

air hewa *f*; ba *m*

air-conditioner; air-conditioning klîma *f*

air force hêzên asmanî *pl*; hêza hewayî *f*

air mail posteya esmanî *f*
airplane balafir *f*; firoke *f*
airport balafirgeh *f*; firokexane *f*
airport tax baca balafirgehê *f*
air raid êrîşa esmanî *f*
alcohol alkol *f*; mey *m*; **I don't drink alcohol** ez mey venaxwim *or* ez alkol venaxwim
alcoholic serxweş; meyvexwar; meybengî
alcoholism meybengîtî *f*; meyvexwarîtî *f*
alive sax; jîndar; zêndî
all gişk; her; **that's all!** ev qas e!; **all together!** hemû bi hev re!
allergic alerjîk; **I'm allergic to nuts** ez ji qwîzan re alerjîk im
allergy gir *m*; hestiyarî *f*; alerjî *f*
allow îzin dan
almond/almonds behîv *f*
almost hema hema
alone tene; tek
alphabet alfabe *f*
already ji xwe
also jî
although herçend
always her; herdem
a.m. b.n. (= berî nivro)
ambassador balyoz *m/f*
ambulance guhêzoka newexşan *f*
ambush *verb* kemîndanîn
America Emrîka *f*
American Emrîkî
ammunition cebilxane *f*; **unexploded ammunition** cebilxaneya neteqî *f*
among di navbera ... da
amount çap; mixdar; qas; qeder

amputate jêkirin
analysis analîz *f*
ancestors kal û bav *pl*
and û
anemia kêmxwînî *f*
anesthetic anesteziya *f*
anesthetist bêhişker *m*; pencker *m*
angel melek *m*
angle kunc *m*; goşe *m/f*
angry xeyîdî; sil; **I am angry** ez xeyîdî me
animal heywan *m/f*
ankle gozek *m*; gûzek *m*
another yekî din; **another chair** kursîyeke din *f*; **another cup** fîncaneke din *f*; **another glass** piyaleke din *f*; **another plate** maseyeke din *f*
answer *noun* bersiv *f*; *verb* bersiv dan
ant gêle *f*
anti-aircraft gun çeka dijbalafir *f*
antibiotics antibiyotîk *f*
anti-freeze antîfrez *f*
anti-personnel mine mina antîpersonel *f*
antiseptic antîseptîk; dijgenî
anti-tank mine mîna dij-tank *f*
anti-vehicle mine mina dijî wesayîtan *f*
anyone kes
anything çi
anywhere herder
apartment xanî *m*; xanîk *m*
apartment block bloka xanîyan *f*
apologize: I apologize! ez lêborînê dixwazim!
app app *f*
appear xuyan

apple sêv *f*

appendicitis apandîsît *f*

appliances: electrical appliances alavên elektrîkê *pl*

application sepandin *f*; serlêdan *f*

application form forma sepandinê *f*; forma serlêdanê *f*

approximately qederê; qiyasê; êmê

April nîsan *f*

Aramaic Aramî; Suryanî

Arab Ereb

Arabic Erebî; **do you speak Arabic?** tu dikanî bi Erebî bipeyivî?; **I speak Arabic** ez bi Erebî dipeyivim

archeological kevnarî; arkeolijikal

arch kevan *m/f*

archeology arkelojî *f*

architect mîmar *m*

architecture mîmarî *f*

area dever *f*; aqar *m/f*

area code koda telefonê *f*

arena govek *f*

arm qol *m*; pîl *m*

Armenia Ermenîstan *f*

Armenian *person* Ermen; *thing* Ermenîkî

armored zirxkirî; zirêkirî

armored car zirîpoş *f*

arms çek *m/f*

army artêş *f*; leşker *m*

army camp leşkergeh *f*

arrange rêkxistin

arrest zeft kirin; girtin

arrivals gihîştin *f*

arrive gihan; gihîştin

art hiner *m/f*

art gallery hunergeh *f*

artery demar *m*

article *written* gotar

artificial limb endamên protez *m*

artillery topxane *m*

artist hunermend *m/f*

as herwekî

ashamed şermezar

ashtray xwelîdanek *f*

ask pirsîn

aspirin aspirîn *f*

assassin mêrkuj *m*

assassination kuştin *f*

assault êrîş *m*

assembly *meeting* civangeh *f*; civat *f*

asthma astim *f*

Assyrian Asûrî; File; Suryanî

asylum penaberî *f*; penaxwazî *f*; **to seek asylum** ji bo mafê penaberiyê; **asylum seeker** penaxwaz *m/f*

at li; **at home** di malê da; **at the next corner** li goşeya din; **at the traffic lights** li ronkayiyên trafîkê

athlete pelewan *m/f*

athletics yariyên werzişî *pl*

atlas atlas *f*

A.T.M. bankamatîk *f*; bankomat *f*; makîneya perekişandinê

attack êrîş *f*; hucûm *f*; *verb* êrîş kirin

aubergine bacanê reş

August ab *f*

aunt *maternal* xaltî *f*; *paternal* met *f*

Australia Awistraliya *f*

Australian Awistralyayî

Austria Awistriya *f*

Austrian Awistrî

author nivîskar *m/f*

autonomous serbixwe; xweser

autonomy otonomî *f*;
serbixweyî *f*

autumn payîz *f*

avalanche aşît *f*

aviation firîn *f*; hilfîrîn *f*

Avromani Hewramî

awake hişyar

ax bivir *m/f*

azan azan *m*

Azerbaijan Azerbaycan *f*

Azerbaijani Azerbaycanî
Azerbaijan

Azeri Azerî *Iran*

baby şîrmêj *m/f*

back paş *f*; pişt *m/f*

backache: I have a backache
piştêşa min heye

backgammon nerd *f*; tewla *f*

backpack çente *m*

backwards paşve

bacteria bakterî *m*

bad bed; nebaş

Badini Badînî

bag tûrik *m*;

baggage barxane *f*; **excess
baggage** bagajê zêde *m*

baggage counter desgeha
çente *f*

bagpipes meşk *f*

Bahrain Behreyn *f*

Bahraini Behreynî

bake patin

baked *food* xwarinê pêxistinî *m*

baker nanpêj *m*

bakery nanpêjgeh *f*; firne *f*

balcony berbank *f*; telar *f*

ball gog *f*

ballet balet *f*

balloon pifdank *f*

ballpoint pênûs *f*; qelem *m/f*

Balochi Belûçî

banana muz/moz *f*

band music kom *f*

band-aid plaster *f*

bandit rêbir *m*

Bangladesh Bangladeş *f*

Bangladeshi Bangladeşî

bank benk *f*; banq *f*; **river bank**
bar *f*

banker bankvan *m/f*

banknote banknot *m/f*

banquet ziyafet *m*

bar meyxane *f*

barbed wire telên niklokî *pl*;
strîtêl *pl*

barber sertiraş *m*

barbecue barbîkû *m*

bargaining bazar *f*

bark *noun: tree* qaşil *m/f*; *verb*
reyîn

barley ceh *m*

barn embar *f*

barren bêber

barricade çeper *f*

barrier asteng *f*; **road barrier**
bariyer *f*

base bin *m*; **military base**
baregeha leşkerî *f*

basement serdab *f*

basil rihan *f*

basin: wash basin şikev *f*

basket edil *f*; zembîl *f*

basketball beskitbol *f*;
   basketball court qada
   beskitbolê *f*

bat *animal* şevşevok *m*;
   pîrçemek *f*

bath germav *f*; hemam *f*

bathe hemamiş kirin

bath house hemam *f*

bathroom serşok *m*; germav *f*;
   lavatory avdestxanî *f*

battery pîl *f*; batarya *f*

battle ceng *f*

bayonet singû *f*

bazaar bazar *f*

be bûn

beans lowî *f*; lobî *f*; fasolî *f*

bear hirç *m/f*

beard rih *f*; rî *f*

beat *overcome* serkeftin

beat *hit* lêdan

beautiful bedew; cindî; ciwan

beauty bedewtî *f*; ciwanî *f*

because ji ber ko; çimkî;
   because of ji ber; bi xêra

become bûn; lêhatin

bed nivîn *m/f*; text *m*; **double
   bed** nivîna dumirovan *f*

bedroom razanxane *f*

bee mêş *f*

beef goştê ga û mange *m*

beehive kewar *m/f*

beer avceh *m/f*; bîra *f*

beetle kezik *f*

beetroot silq *f*

before *preposition* ber; berî;
   pêş; *adverb* pêşda

begin dest pê kirin

beginner naşî *m/f*

beginning destpêk *f*

Behdini Behdînî

behind ber

Belgian Belçîkî

Belgium Belçîka *f*

bell zengil *m/f*

below jêrîn

belt kemer *f*; navkêl *f*

bench textik *f*

bend *noun: in road* çivane *m/f*;
   verb çemandin

beside/besides tenişta; ji ... der

best ji hemîyan çetir

better baştir; **I feel better** ez
   hêzdarîzim.

between di navbera ... da

bicycle duçerx *f*

bicycle repair shop tamîrgeha
   duçerxeyê *f*

big mezin; mazin

bigger mezintir

bill barname *f*; fatûre *f*; hesab
   m; *banknote* banknot *m/f*

binoculars dûrbîn *f*

bilingual duzimanî

bilingualism duzimanîtî *f*

biography serhatî *f*

bird balinde *m/f*; tewal *m/f*

biro pênûs *f*; qelem *m/f*

birth zayîn *f*; bûyîn *f*; **place of
   birth** cihê zayînê *m*; **to give
   birth** zayîn

birth certificate nasnama zayînê *f*

birthday rojbûn *f*

biscuit bîskuwît *f*

bit: a little bit hindikî; piçekî

bite *noun* **insect bite** geztina
   kêzik *f*; *verb* geztin; **this
   insect bit me** ev kezik min
   gez kir; **this snake bit me** ev
   mar min gezt

bitter tûj; tal

black reş

blackboard têxtê reş *m*

black market bazara reş *f*

blanket bataniye *f*

bleed xwînbûn

bleeding xwînbûn *f*

blind kor

blister peq *f*

blizzard bager *f*; bakuzîrk *m/f*

block deste *f*; **apartment block** bloka apartmanê *f*; *verb* asteng kirin; **the road is blocked** rê tê girtin; **the toilet is blocked** tuwalet tê astengkirin

blood xwîn *f*; **blood group/blood type** giroya xwînê *f*; **blood transfusion** xwînguhaztin *f*; **blood pressure** xwînpestên *m*; **high blood pressure** xwînpestênê bilind *m*; **low blood pressure** xwînpestênê nizm *m*

blossom gupik *f*

blow *wind* hatin

blow up *inflate* nepixandin; *explode* biteqînin

blue heşîn; şîn

boar nêre beraz *m*

board *of wood* dep *m/f*; texte *m*

boarding pass pasora binivîsînê

boat keştî *f*

body gewde *m*; laş *m*; beden *m/f*

bodyguard piştmêr *m*

boil *noun* qunêr *f*; *verb* kelandin

boiled *food* xwarinê kevî *m*

bomb bomba *f*; bombe *f*;

unexploded bomb bombaya neteqî *f*

bombardment bombebarandin *f*

bomb disposal îmharkirina bombeyan *f*

bomber *person* bombebaranker *m/f*; *plane* balafira bombavêj *f*

bombing bombebarandin *f*

bomblet bomblet *f*

bon voyage! oxir be!; ser rast be!

bone hestî *m*

bonfire kûrme *f*

bonnet *of car* kapo *f*

book pirtûk *f*; kitêb *f*

bookshop pirtûkfiroş *f*

boot/boots potîn *m/f*; pûtîn *m/f*; pêlav *f*; cezme *f*

boot *of car* sindoqa pişte *f*

booth: ticket booth biletgeha *f*; biletgeh *f*; **cashier's booth** qezaqeh *f*; buharî *f*

border sînor *m*; tixûb *m/f*; hed *m*

border control kontrola sînor *f*

border crossing deriyê sînor *m*

border guard parêzvanê sînor *m*

born: where were you born? tu li ku hate dinyayê? / hûn li ku hatine dinyayê?; **I was born in ...** ez li ... hatime dinyayê

borrow deyngirtin

Bosnia and Herzegovina Bosna Hersek *f*

Bosnian Bosnî

boss şef *m*

both herdu

bottle şûşe *f*; **a bottle of water**

şûşeyeke av *f*; **bottle of beer** şûşeyeke bîrê *f*; **bottle of wine** şûşeyeke şerab *f*

bottle-opener vekirina şûşê *f*

bottom jêr *f*; bin *m*

bowl tas

box qotî *f*; qutî *f*; snoq *m/f*

boxing boks *f*

boy kur *m*; lawik *m*

boyfriend yar *m*; dergistî *m*

bracelet bazin *m/f*

brake/brakes fren *m*

brave azad; camêr; delir

bread nan *m*

break *noun: for refreshments* navbir *m/f*; tenefûs *m/f*; *verb* şkênandin

break down *car* nekerîn; neçalîn; **our car has broken down** otombîla me xera bûye

break the fast *Ramadan* fitar kirin

breakfast taşte *f*; nanê sibê *m*

breast memik *m/f*

breath bîn *f*

breed dol *f*

breeze sir *f*; ba *m*

brick kelpûç *m*; xişt *m*

bride bûk *f*

bridegroom zava *m*

bridge pir *f*; pird *f*

bring anîn; înan

Britain Brîtaniya *f*

British; **Briton** Brîtanî

broadcast *noun* weşînek *f*

broken şikestî; *& see* **break**

brooch pelik *f*

broom gêzî *f*; avlêk *m*

brother bira *m*; *older brother* kek *m*

brothers and sisters xwişk û bira *pl*

brown kehweyî

bruise birîna şin *f*

brush firçe *m/f*

bucket avdank *f*; dewlik *f*

Buddhism Budîzm *f*

Buddhist Bûdahî; Bûdayî

buffalo gamêş *m*; mêgamêş *f*; bufalo *m*

build ava kirin

building avahî *m*; avayî *m*

bulb: light bulb ampûl *f*

Bulgaria Bulgaristan *f*

Bulgarian Bulgarî

bull ga *m*

bullet gule *f*; berik *m/f*

bumper *of car* bampêr *f*; dêmper *f*

bureaucracy bûrokrasî *f*

bureau de change buroya diwîzê *f*

burn sotin; şewitandin

burst bizdîn

bury binax kirin

bus bas *f*; otobos *f*; otobûs *f*

bus station rawestgeha basê *f*; rawestgeha otobûsê *f*

bus stop rawestgeha basê *f*; rawestgeha otobûsê *f*

bush devî *m/f*

business bazar *f*; bazir *f*; **show business** karê şanoyê

business card karta karsaziyê *f*

business class çîna karsaziyê *f*

businessman bazirgan *m*; tucar *m*

businesswoman bazirgan *f*; tucar *f*

business person bazirgan *m/f*; pîşeger *m/f*

busy

busy mijûl; **I am busy right now** ez niha mijûl im; **the phone is busy** telefon mijûl e

but lê belê

butane canister tenûrê butanê *m*

butcher's shop goştfiroş *f*

butt *of rifle* serik

butter rûn *m*; nîvişk *m*

butterfly perwane *f*; perperok *f*

buy kirîn

by di… ra; pê

C

cab taqsî *f*

cabbage kelem *m/f*

cabin kol *f*

cabinet *box* dolab *f*; *political* civata wezîran *f*

cable têl *m/f*; werisê metalî *m*

café qawexane *f*

cake kuloç *m*

calculate jimartin

calculation jimartin *f*; jimar *m/f*; hesab *m*

calculator jimêryar *m/f*; makineya hesabê *f*

calf *leg* belek *m*; *cow* golik *m/f*; mozik *m/f*

call gazî kirin; **call the police!** bangî polîsan bikin!; **what are you called?** navê te çi ye? / navê we çi ye?; **I am called …** navê min … e/ye; *& see* **telephone**

calm rihet

callus deq *f*

camel hêştir *m*

camera kamera *m/f*; wênekêş *m/f*; makînaya fotoxrafê *f*

camomile beybûn *f*

camouflage xwe veşartin

camp war *m*; zome *f*; **where can we camp?** ez li ku dikanim kamp vekim?

campfire kûrme *f*

camping kamp *m/f*

campsite wargeh *m*

can *verb* karîn; *noun: tin* teneke *f*; qotî *f*

can opener tenekeveker *m/f*

Canada Keneda *f*

Canadian Kenedî

canal cû *f*; kendav *m/f*

cancel betal kirin; **the flight is canceled** firin tê betalkirin

cancer penceşêr *f*

candle/candles mûm *f*; find *m*

candlestick mûmdank *f*

candy şekir *f*

canister kûz *m/f*

cannon top *f*

cap kumik *m*

capital *city* paytext *m/f*; *money* sermaye *m/f*

capsize qulibîn

capsicum guncik *m/f*

captain serok *m*; *military* sirkar *m*

car erebe *f*; otombîl *f*; tirimpêl *f*; makîne *f*

car papers pelên erebê *pl*

carpark parka erebê *f*

car registration têkera erebê *f*

car parts store dûkanê parçeên erebê *m*

caravan *line* karwan *m/f*; *vehicle* karavan *m*

caravanserai xan *f*

card perik *m/f*
care miqatî *f*; sexbêrî *f*
careful fesal
cargo bar *m*
carpenter dartiraş *m*; zerat *m*
carpet xalîçe *f*
carpet maker nekerî *m/f*
carriage *of train* karêt *f*
carrier bag *plastic bag* tûrik *m*;
  poşet *m*; **do you have a
  carrier bag?** tûrikê we heye?/
  poşetê we heye?
carrot gizêr *m/f*
carry hilgirtin; rakirin; birin
carton karton *f*
case *grammatical* rewş *f*; awa *m*
cash pere *pl*
cashier gencevan *m/f*; xeznedar
  m/f
cashier's booth qezaqeh *f*;
  buharî *f*
cash machine/cashpoint
  bankamatîk *f*; bankomat *f*;
  makîneya perekişandinê;
  parêzar *f*
casino kazîno *m/f*; gazîno *m/f*
cask kefî *m*
cassette kasêt *f*; kaset *f*
castle kelhe *f*; kela *f*
casualty birîndar *m*
cat pisîk *f*
catch girtin
catch: to catch a cold bi stamê
  ketin; **to catch a fish** masî
  girtin
caterpillar cobir *f*
cathedral metranxane *f*
Catholic Katolîk
cattle terş *f*; ajal *m*
Caucusus Kafkaz *f*

cauliflower gulkelemî *m/f*
cause eger *f*
cave şkeft *f*
CD CD [sîdî] *f*
CD player CD [sîdî] lîzker *m*; CD
  [sîdî] playir *m*
ceasefire agirbestin *f*
cedar wurz *f*
ceiling arik *m/f*
celebration cejin *f*
cellar serdab *f*
cell phone telefona gerok *f*;
  mobîl *m/f*
cemetery goristan *f*
censor sansûr kirin
censorship sansûr *f*
center *point* naverast *f*; *building*
  navend *m*; **community
  center** navenda civakî *f*
centipede şeyê mar *m*
central navîn
central office fermangeh *f*
century sedsal *f*
ceramics seramîk *f*
cereal *grain* zad *m*; **breakfast
  cereal** nanên beyanî *pl*
certain misoger; **I am certain** ez
  dilovanim
certainly helbet
chador çadir *f*
chain zincîr *f*
chair kursî *m/f*
chairman serkar *m*
Chaldean File *m/f*; Suryanî *m/f*;
  Mexîn *m/f*
chalk tebeşîr
chamber ode *f*; **underground
  chamber** zindan *m/f*
champion pelewan *m*; leheng
  m

change

change guhartin; **I want to change some dollars** ez dixwazim hin dolaran biguherînim; *noun* **loose change** perên madenî *pl*

channel *of water* cû *f*; *of TV* kanala televîzyonê *f*

character boke *m*

charcoal rejî *f*

chapter sax *m/f*; *of the Quran* sûret *m*

charge *noun* bihayî *f*; qîmet *f*; **what is the charge?** *money* çiqas qîmet e?; **who is in charge?** kî li ser karê ye?; *verb* heqê xwe standin; *a device* bardankirin, barkirin; **I need to charge my phone** ez hewceyî bardankirina telefonê me

charger barder *m*; barkir *m*

charger cable kablê barkirinê *m*

charity xêr *m/f*; xêrxwazî *f*; *Islamic* sedeqe *f*

charity *organisation* xeyrîyeyî *f*; orgîzana xeyrî *f*

chase qewrandin

chat *verb* suhbet kirin; *noun* suhbet *f*

cheap erzan

cheaper erzantir

check *noun: of bank* çek *m*; *receipt/bill* fatora *f*; *verb* berçav kirin; kontrol kirin; **could you please check it again?** ji kerema xwe tu dikanî ji nû ve lêbinêrî? / ji kerema xwe hûn dikanin ji nû ve lêbinêrin?; **please check the oil of the car** ji kerema xwe donê otomobîlê kontrol bikin

checker *of board game* kevir *m*

check-in desk desgeha rastkirinê *f*

check out *verb: from hotel* derketin; veqetîn; *noun:* **what time is check-out?** derketin kengê ye?; **check-out is at 10am** derketin di 10ê sibehê de ye

checkpoint nuqteya kontrolê

cheek alek *f*

cheers! noş!

cheese penîr *m*

chef aşpêj *m*

chemist *pharmacist* dermansaz *m/f*

chemistry kîmya *f*

chemist's *pharmacy* dermanxane *f*; dermanfiroş *f*

Cherkez *person* Çerkez; *thing* Çerkezî

cherry gêlaz *f*; **sour cherry** belalûk *f*

chess kişk *f/pl*; şentrenc *f*

chest *of body* pêsîr *f*; *container* sindoq *m/f*

chew cûtin

chewing gum benîşt *m*

chick cûcik *m/f*

chicken mirîşk *f*

chickpeas nok *m/f*

chief serek *m*

chief of staff serokê erkanî *m*

child zaro/zarok *m/f*

childcare çavdêriya zarok *f*

children zarok *pl*

chin çene *f*; erzînk *f*

China Çîn *f*

Chinese Çînî

choir koro *f*

a : f*a*ther   *e* : p*a*t   *ê* : h*ey*   *i* : h*i*t   *î* : h*ea*t   *u* : p*u*t

choke xeniqîn; **he/she is choking** ew dixeniqe

cholera weba f; kolêre f

choose bijartin

Christian Xirîstiyan; File

Christianity Filetî f

church dêr f

chutney meftînî

cicada kulî f

cigarette sigare f; sixare f

cigarette papers kaxezên sixareyê pl

cinammon darçîn f

cinema sînema

Circassian person Çerkez; thing Çerkezî

circle xelek f

circumflex kumik m

citizen hevwelatî m/f

citizenship hemwelatîbûn f

city bajêr m

city center navenda bajêr f

city hall şaredariya bajêr

city map nexşeya bajêr f

civil rights mefên jiyarî pl

civil servant fermanber m/f

civil war birakujî f

civilian sifîl m/f

civilization medenîyet f

clap çepik dan

class education pol f; social çin m/f

classroom dersxane f

classical klasîk

clay herî f

clean adjective pakij; pak; verb paqij kirin; noun çarşev f; **clean sheets** çerçeva pak pl; çarşeva pak pl

clear safî; sayî; **that is clear** ew eşkere ye; verb paqij kirin; **to clear land** erdê paqij kirin; **to clear mines** mîn pakij kirin

clever aqiljîr

cliff zinar m/f

climate hewa f

climate change guherîna avûhewayê f; guhertina klima f

climb hilkişîn

climber çiyager m/f; hilkişer m/f

climbing hilkişîn f

clinic tîmargeh f; nexweşxane f; klînîk f

clock saet f; katjimêr f

close adjective nêzîk

close verb girtin; **what time does it close?** saet di çendan de tê girtin?

closed girtî

closet dolab f

cloth qumaş m

clothes cil f/pl

clothes dryer makîna zuhakirinê f

clothes shop firoşgeha kinc f

cloud ewr m/f

cloudy ewrayî

clove qerefîl f

clown qeşmer m

club klûb f; **football club** klûba futbolê f; **night club** klûba şevê f

cluster bomb koma bomba f

clutch of car debriyaj f

coach bus bas f; otobos f; trainer koç m/f; rahêner m/f; carriage karêt f

coal rejî f

coalition hevgirî f

coast perav f

coat hewran m

cobra kobra f

cock/cockerel dîk m

cockroach sîsirk f

cocoon qawe f

code kod f; **area code** koda herêmî f; **country code** koda welatî f

coder koder m/f; kodçêker m/f

coding kodkirin f

coffee kehwe f; **coffee with milk** kehweya bi şîr f

coffee cup fîncan f

coffee pot cimcime m

coin polik f; **coins** diravên metal pl; pereyên metal pl

cold adjective sar; **cold water** ava sar; noun sarî f; **I am cold** li min sar e; **it is cold** weather sar e; **head cold** serma f; **I have a cold** min serma girtiye

colleague hevkar

collect berhev kirin

college zanîngeh f; dibistan f; university zanko f

colonization kedxwarî f

colonizer kedwxar m

color reng m

comb şeh m; şene m/f

combine harvester makîneya dirûnê f

come hatin; **come in!** kerem ke! / kerem kin!

comedian qeşmer m/f

comedy qeşmerî f

comfortable rihet

command verb ferman kirin

commerce danûstandin f; ticaret f

commission money komîsyon f; **what is the commission?** komîsyon çi ye?

communications ragihandin f; komunîkasyon f

community civak f

community centre navenda civakî f

companion heval m/f

company firm kompanî f; şîrket f

compare berhev dan

comparison qiyas f

compartment çavik f

compass qîblenîma f

compatible hinkufê hev

compensation cirm f

competition event lec f

complain gazin kirin; gazinde kirin

complaint gazin f; gazinde f

complete temam

complicated aloz

composer bestekar m/f

compulsory pewîst

computer kompîtur f

comrade oldaş m

concert konsert f; **concert hall** hola konsertê f

concussion mejîleqî f; hejka mejî f

condemn tawanbarkirin; gunehbarkirin

condition rewş; **in good condition** di rewşeke baş de; **in bad condition** di rewşeke xirab de

condom kandom f

conference konferans f

conference hall salona

konferansê f

conference room menzela kombûnê f; menzela konferansê f

conflict dubendî f

confusing sergêjker

congratulations! aferîn!

connection peywendî f

conquer bindest xistin; dagîr kirin

consent qayîlî f

conservation parastin m/f

constipation gîretî, konstîpasyon f

constitution qanûn m; zagon m

consul konsolos m/f

consulate balyozxane f

consultant rawêjkar m; şîretkar m

contact ketin têkilîyê; **I want to contact my embassy** ez dixwazim bi balyozxaneya xwe re têkiliyê daynin

contact lens solution solûsyana kontak lensê

contact lenses kontak lens m/f

contagious kotî

container transport konteyner f

container lorry kamyona konteyner f

container park parka konteyner f

container port bendergeha konteyner f

contest lec f

continue berdewam bûn

control teselî f; **border control** kontrola sînor

conversation suhbet f

convoy karwan m

cook noun aşpej m; verb pehtin

cooker sobe f

cool hunik; hênik

co-operation hevkarî f

copper sifir m/f; paxir m/f; mîş m/f

copse rêl f; xerz f

copy noun rûnivîs m/f; bergirtin m/f; verb rûnivîsîn; rûnivîsîn kirin

coriander gijnîj f

cork tepedor f

corkscrew girtina depedorê f

corn genim m; garis m

corner goşe m/f

correct adjective rast

corruption gendelî f; rizîbûn f

cost verb: mesref f; verb: **how much does this cost?** bihayê vê çiqasî ye?

cottage cheese penêrê parzinandî m

cotton pembo m; pembû m

cotton wool pembûyê bijîşkî m; pembûyê birînê m

cough verb kuxîn; **I have a cough** ez bi zekemê ketime

council meeting konse m; municipality şaredarî f

count verb hejmartin

country welat m

countryside kewşan m

coup d'etat wergerîn m/f; gerdîş m/f

course educational kûrs f; **of course** helbet

court sports meydanê lîstikê m/f; law dadgeh f; **basketball court** qada beskitbolê f

courtyard hewş f

cover

cover nixamtin
Covid Covid *f*
cow mange *f*; çêlek *f*
crab kêvjale *f*
craft/crafts senet *f*
craftsman senetkar *m*; pîşekar *m*
crane *machine* vînç *f*
crash *noun* qeza *f*
crash *verb* xerabûn; *noun:* **car crash** qezaya erebeyê *f*
crayon xameyê tebeşîr
crazy dîn
cream nivîşk *m*; **sour cream** xame *f*
create afirandin
credit kredî *f*
credit card karta krediyê *f*
crew taxim *f*
cricket *insect* kulî *f*; *game* kirîkit *m/f*
crime tawan *f*; guneh *f*
criminal tawankar *m/f*
crisis tengavî *f*
crops dexl *m*; dexl û dan *m*
cross derbaz bûn
crossing bihur *m/f*
crossroads xaçerê *f*
crow qel *m/f*; qijik *f*
crowd gel *m*
crowded qerelalix
crown taj *m/f*
crude xam
cruel bêrehm
cry bihecîn
crystal bilûr *f*; belûr *f*
cucumber xiyar *m*; arûm *m/f*
cuisine pêjgeh *f*
cultivate çînîn

cultural çandî
culture çand *f*
cumin zîre *f*
cup tas *f*; fîncan *f*
cupboard dolab *f*
cupola qube *f*
curds çortan *pl*
cure derman kirin
currency derbasdarî *f*
current ceryan *f*
curtain/curtains çît *m*; perde *f*
cushion balgih *m/f*
custom adet *m/f*
customer birkirçî *m/f*
customs *border* gumrik *f*
cut birîn; **the water has been cut off** av hatiye birîn
Czech Çêk
Czech Republic Komara Çêkê *f*

d

dagger xencer *f*
daily hero
dairy berhemên şîrî; bane *f*
dairy products qatix *m*
dam avbend *f*
damage *noun* zirar *f*; *verb* zirar gihandin
damaged: to be damaged ziyan gihîştin
damp nemdar
dance/dancing *noun* dans *m/f*; sema *f*; *traditional* govend *f*; *verb* reqisîn; *traditional* govend girtin
dancer lîstikçî *m*; *traditional* govendgêr *m/f*
dancing dans *m/f*; sema *f*

a : f<u>a</u>ther   *e* : p<u>a</u>t   *ê* : h<u>ey</u>   *i* : h<u>i</u>t   *î* : h<u>ea</u>t   *u* : p<u>u</u>t

danger xetere *f*; talûke *f*;
   danger! xetere!/talûke!

dangerous xedar; tewekel

Danish Danîmarkî

dark *adjective* tarî; reş; *noun*
   tarîban *f*

darkness tarîban *f*

data zanyarî *f*

date *day* mêjû *f*; dîrok *f*; *fruit*
   xurme *f*; **date of arrival**
   mêjûya gehiştinê; **date of
   birth** mêjûya zayînê; dîroka
   zayînê; **date of departure**
   mêjûya derketinê; **what date
   is it today?** îroj çi ye?

daughter keç *f*; keçik *f*

dawn berbang *f*

day roj *f*; **the day before
   yesterday** pêr; **the day after**
   dotira rojê; **the day after
   tomorrow** dusibe

daytime sibeh *m*

dead mirî

deaf ker

deafness kerayî *f*

dear ezîz

death mirin *f*

debt deyn *m/f*

decade dehsal *f*

December çileya pêşîn *f*

decide biryar dan

decision biryar

deep kûr; **how deep is it?**
   kûrahiya wê çiqasî ye?

deer ask *f*; asik *f*

defeat *noun* paşdabirin *f*; şikest
   m/f; *verb* şikandin; revandin

defend parastin

defender berevan *m/f*

defense bergirî *f*

degree *temperature* pile *f*;
   academic lisans *f*;
   bawername *f*

delay paşdeavêtin *f*; derengî *f*

delayed gîro; **to be delayed**
   awiqîn; **the plane is delayed**
   balafir ketiye derengiyê

delicious tamdar; bitam; xweş

deliver teslîm kirin

delivery teslîm *m*

democracy demokrasî *f*

democratic demokratîk

demonstration *showing*
   pêşandan *f*; *political*
   xwenîşandan *f*

demonstrator/demonstrators
   xwenîşander *m/f*

Denmark Danmarkî

dentist diransaz *m/f*; bijîşkê
   diranan *m*; bijîşka diranan *f*

dentist's *surgery*
   muayenexaneya diransaz *f*

deodorant behnenexweşbir *f*;
   deodorant *f*

depart lêxistin çûn

department beş *f*

department store firoşgeh *f*

departure/departures derketin
   f; rêketin *f*

depopulated xir û xalî

deport terhîl kirin

deportation terhîl *m/f*

deposit *financial* emanet *f*

depot embar *f*

describe nitirandin

desert çol *f*

design dîzayn *f*

designer neqşkêş *m/f*; dîzaynker
   m/f

desk mase *f*; texte *m*

dessert şîranî *f*; paşîv *f*
destroy herifandin; pelixandin
detainee dîl *m/f*
detergent deterjan *f*
detonation teqîn *f*; peqîn *f*
develop berfirehkirin
development berfirehî *f*
devil şeytan *m*
diabetes nesaxîya şekirî *f*
diabetic diyabetî
diagnosis têderxistin *f*
dialect zarava *m*
dialing code koda peywendîkirinê *f*
diaper paçik *m/f*
diarrhea hinavêş *f*
dice zar *f*
dictator zordar *m*; sitemkar *m*
dictatorship stemkarî *f*
dictionary ferheng *f*
die *verb* mirin
diesel dîzel *m*
diet parêz *f*
different cihê; cuda
difficult dijwar
dig kolan
digital dîjîtal
dill şiwît *m/f*
dining car vagona xwarinê *f*
dining room xwaringeh *f*
dinner şîv *f*
diplomat dîplomat *m/f*
diplomatic dîplomatîk
diplomatic ties pêwendiyên dîplomatîk *pl*
direct rast; **can I dial direct?** gelo ez dikarim rasterast telefon bikim?
direction alî *m*

director rêvebir *m*
dirty gemarî; qirêjî; nepak
disability astengdarî *f*; **I have a disability** min astengdariyek heye
disabled astengdar; kûd; seqet; nivîşkan
disappointed xiyalşkestî
disaster karesat *f*; kambaxî *f*; bela *f*; **natural disaster** karesata sirûştî *f*
disc qurs *m*
disco dîsko *m/f*
discover vedîtin
discuss berhevdan
discussion berhevdan *f*
disease nexweşî *f*
disembark daketin
dish firaq *m/f*
disk qurs *m*
displaced person kesê mişextkirî *m/f*; **displaced persons/people** mirovên mişextkirî *pl*
displacement mişext *m/f*
dislocated: to be dislocated xelyan
display *exhibit* pêşangeh *f*
dispute nakokî *f*
distance dûrî *f*
distant dûr
distribute dabeş kirin
distribution belavkirin *f*
district tax *f*; dever *m/f*
ditch cew *f*
diversion *road* beralîbûn *f*
divide *maths* dabeş kirin
division beş *m/f*; *maths* dabeşkirin *f*; *football* lîg *f*
divorced hevberdayî *m/f*;

veqetiyayî *m/f*; **I am divorced** ez ji hevsera xwe veqetiyam *m*; ez ji hevserê xwe veqetiyam *f*

dizzy gêj; **I feel dizzy** ez hesta sergêjbûnê dikim

DJ DJ [dî-jêy] *m/f*

do kirin; **what do you do?** tu çi karî dikî? / hûn çi karî dikin?

doctor bijîşk *m/f*

document belge *m*

documentary *film* belgefîlm *f*

dog seg *m*; kûçik *m*

doll bûk *f*

dollar dolar *m*

domestic flight firîna navxweyî *f*

dome qube *f*

donkey ker *m/f*

door derî *m*

door lock kilîka derî *f*

double dupat; **double bed** nivîna dukesî *f*; **double room** odeya dukesî *f*

dough hevîr *m*

dove kotir *m/f*; gogercîn *m/f*

down jêr

downhill *slope* nişêv *f*

download dawe bikin

downstairs qata xwarîn

downstream serjêr

dozen derzin *f*

dragonfly kulî *f*; teşîrok *f*

drain ziwakirin *f*

drainpipe şirik *f*

draw *a picture* şikil kirin

drawer berkêşk *f*

drawing şikin *m*; resim *m/f*

dream xewn *f*

dress cil *m/f*

dressed: to get dressed lixwekirin

dressmaker dirûnker

dryer: clothes dryer makîna zuhakirinê *f*

drill kolîn

drilling kunkirin *f*

drilling rig dîrek *m*

drink *noun* vexwarink *f*; *verb* vexwarin

drinking water ava vexwarinê *f*

drive *verb* ajotin

driver ajotvan *m/f*; **lorry driver/truck driver** ajovanê kamyonê *m*; **HGV driver** ajovanê HGV *m*

driving license bawernameya ajovaniyê *f*

drone xwefirr *f*

drop xistan; **drop it!** berde!

drops: eye drops dilopa çavan *f*

drought hişk *f*; sovî *f*

drug *medical* derman *m*; *narcotic* kêdêr *m*; narkotîk *f*

drug addict bengiyê hişberê *m*; bengiya hişberê *f*

druggist dermanfiroş *f*

drugstore dermanxane *f*

drum def *f*

drunk serxweş

dry hişk

duck werdek

during di pêvajoya … de

dust xubar *f*

Dutch Holendî

duty: customs duty baca gumrigê *f*

dye boyax *f*

dynamo dînam *f*

dysentery naveş *f*

e

each herkes
each other hev
eagle helû *m*; simsiyar *m*; elîh *m*
ear guh *m*
earlier pêştir
early zû
earn qazanc kirin
earnings me'aş *m/f*
earring/earrings guhar *m/f*
earth *land* zevî *m*; **the Earth** erd
   f
earthquake erdhêj *f*; erdhejîn *f*
east *noun* rojhilat *m*
east/eastern *adjective* rojhilat
Easter hêkesor *f*
easy hêsan
eat xwarin
economics aborî *f*
economist aborînas *m/f*
economy aborî *f*
edible xwarinbar
editor servîskar *m/f*
educate perwerde kirin
education perwedehî *f*
egg hêk *f*
eggplant bacanê reş *m/f*
Egypt Misir *f*
Egyptian Misrî
eiderdown purt *f*
eight heşt; heyşt
eighteen heşteh; hîjdeh
eighth heştemîn; heyştemîn;
   heyşta
eighty heştê; heyştê
elbow enîşk *f*
elder *adjective* mezin; *noun*
   maqûl *m*

elect hilbijartin
election/elections hilbijartin *f*
elector dengder *m/f*
electric elektrîk
electrical goods store firoşgeha
   tiştên elektrîkê *f*
electricity kehrebe *f*; elektrîk
   m/f
elephant fîl *m*
elevator asansor *f*
eleven yandeh; yanzdeh
email e-name *f*; e-mail *m/f*;
   email address adresa e-
   nameyê *f*; **to send an email**
   e-nameyê şandin
embark siwarbûn
embassy balyozxane *f*
embroidery neqiş *m/f*
emergency awarte *f*
emergency exit derketina
   tengaviyê *f*
emergency services xizmetên
   awarte *pl*
empire orke *f*
employ ragirtin
employee karmend *m/f*
employment peywir *f*
empty vala
enamel mîne *f*
end dawîn *f*; axirî *f*; *verb*
   qedandin
enemy dijmin *m/f*
energy tên *m/f*
engagement *ceremony* nîşan *f*
engine mator *f*
engineer endezyar *m/f*
England Îngilîstan *f*
English *person* Îngilîz; *thing*
   Îngilîzî; **do you speak**
   English? tu dikanî bi Îngilîzî

bipeyivî?/ hûn dikanin bi
Îngilîzî bipeyivin?

enough bes; **that's enough** ev
bes e

enquiry pirsyar *f*

enter ketin

entertain mijûl kirin

entertainer mijûlker *m/f*

entertainment mijûlahî *f*

entrance têketan *f*; derîk *m*

envelope berg *m/f*; zerf *m/f*

environment jîngeh *f*

epidemic peta *f*; epîdemî *f*

epilepsy tep *f*

equal eyn

equality wekhevî *f*

equipment kel û pel *m/f/pl*;
espab *f*

eraser jêbir *f*

error xelet *m/f*

escape revîn

especially nemaze

espionage destkisî *f*

essay nivîsar *f*

essential fer

estimate texmîn *f*

estimate texmîn krin

ethnic cleansing tevkuştina
nîjadî *f*

ethnic minority kêmayetiya
nîjadî *f*; kêmayetiya etnîkî *f*

Euphrates *river* Ferat *m*

euro ewro *m/f*

Europe Ewropa *f*

European Ewropayî

European Union Yekîtiya
Ewropayê *f*

evacuate vala kirin

evening êvar *m/f*; **good
evening!** êvar baş!; **this
evening** îşev

event bûyer *f*

ever qet

every hemu; her; herçî

every day her roj; hero

everybody/everyone tev

everything tev

everywhere li hemî erda

evidence belge *f*

ewe mih *f*; mî *f*

exactly dirust

exam azmûn *f*; îmtîhan *f*

examination *medical* lênihêrîna
bijîşkî *f*

examine *medical* lênihêrîn

example minak *f*

excavation vekolîn *f*

excellent pak; taze

except for ji ... der

excess baggage çenteyê zêde *m*

exchange *place: currency* pere-
veguhertin *f*; *verb* guhertin;
hûrkirin

exchange rate nirxa pere-
veguhertinê *f*; **what's the
exchange rate?** nirxa pere-
veguhertinê çiqasî ye?

execution *punishment*
bidarvekirin *f*

excluded awartekrî; derxistî

excuse me! *sorry!* li min
biborînin!; min bibexşînin!

exempt xelas

exercise *physical* temrîn *f*

exercise book pirtûka hînkirinê *f*

exhaust car eksoz *f*

exhibition nîşangeh *f*; pêşangeh
f

exile *noun: action/situation*
mişext *f*; sirgûn *f*; *verb* sirgûn
kirin

---

exit

exit derketin *f*; **emergency exit** derketina tengaviyê *f*
expect çaverê bûn
expel qewrandin
expensive bihadar
expert pispor *m/f*; şareza *m/f*
explain rave kirin; şîrove kirin
explanation şîrove *f*
explode pekandin
exploit keda xelqê xwarin
exploitation kedxwarî *f*
explosion teqîn *f*
explosives teqemenî *f*
expo pêşangeh *f*
export/exports hinarde *f*
exporter hinardeker *m/f*
export/exports hinardekirin *f*
express *adjective* zûzû; *verb* raderbirîn *f*
express train trena lezgîn *f*
extend rakişandin
extension *number* ekstenşin *m/f*
extra jêzêde; pitir; **an extra blanket** bataniyeyek jêzêde *m/f*
eye çav *m*
eyeglasses berçavk *m*
eyesight bînahî *f*

f

face rû *m*
fact berçavî *f*
factory karxane *f*; pavlike *f*
factory worker karkerê karxanê *m*; karkera karxanê *f*
failure binkeftin *f*
faint *verb* nehiş ketin

fake qelp
falcon baz *m*
fall *noun: autumn* payîz *f*; *verb* ketin; daketin; **to fall asleep** ketin xewê; **to fall sick** pîketin
fallowland beyar *f*
false çewt; xelet
family eyal *m/f/pl*; malbat *f*; binemal *m/f*
famine xela *f*
famous binavûdeng
fan *electric* perwane *f*; *supporter* fan *m/f*; **football fan** alîgirê fûtbolê *m* / alîgira fûtbolê *f*; **football fan club** klûba alîgirên fûtbolê *f*
fan belt qayîşa fanê *f*
far dûr; **how far is the hotel?** dûrahiya hotêlê çiqasî ye?; **is it far?** ev dûr e?; **it's not far** pir ne dûr e.
fare kirê *f*; **what is the fare?** kirê çiqas e?
farm kêlgeh *f*; mezre *f*
farmer cotkar *m*; cotyar *m*
farming çandin *f*
Farsi Farsî; **do you speak Farsi?** tu dikanî bi Farsî bipeyivî?
fashion mode *f*
fast *noun* rojî *f*; *verb* rojîgirtin; *adjective* zû; **breaking fast** *of Ramadan* fitar *f*
fat *noun* çivir *m/f*; *adjective* qelew
father bav *m*
fatigue westan *f*
faucet *tap* mislik *m*
fault *wrong action* binas *f*; *defect* qusûr *f*
fear tirs *f*; xof *f*
feast şayî *f*

a : f<u>a</u>ther   *e* : p<u>a</u>t   *ê* : h<u>ey</u>   *i* : h<u>i</u>t   *î* : h<u>ea</u>t   *u* : p<u>u</u>t

feast day *religious* roja olî

feather bask *m*

February sibat *f*

federation federasyon *f*

federal federal

feed *verb* debirandin; *an animal* çêrîn; têr kirin; *noun* **animal feed** xwereka ajelan *f*

feeding station xwedîkirinxane *f*

feel hest kirin

feet *see* **foot**

felt kulav *m/f*

felt-tip pen felt-tîp *m/f*

female *noun/adjective* mê *f*

fence çeper *f*

fender berteker *f*

fennel rizyane *f*

fenugreek şembelûle *f*

ferment germixîn

ferret bûkink *f*; feret *f*

ferry bor *f*

fertile land bijûn

fertilizer peyîn

festival festîval *f*; *religious* cejna olî; **film festival** festîvala fîlman *f*; **folk festival** festîvala gelêrî *f*; **music festival** festîvala mûzîkê *f*; **theatre festival** festîvala şanoyê *f*

feud neyarî *f*

fever ta *f*

few kêm

fiance; fiancee dergistî *m/f*; desgirtî *m/f*

field zevî *f*

fifteen panzdeh

fifth pêncemîn; pêncem; pênca

fifty pênce

fig hejîr

fight şerkirin

fighter lêşker *m*

file *paper/computer* fayl *f*

fill tiji kirin; **to fill up** têkirin; **fill this form in** vê formê dagire

film fîlm *m*

filmmaker fîlmger *m/f*

filter *noun* parzûn *f*; **water filter** parzûna avê *f*; *verb* parzinandin;

filtered parzûnkirî

final *adjective* paşîn; *noun: sports* dawî *f*; fînal *f*; **semi-final** nîv-fînal *f*

finance darayî *f*

financial diravî

financial services xizmetên darayî *pl*

find dîtin

fine *adjective* baş; *noun* cerîme *f*; cirm *f*; **I'm fine, thanks** baş im, spas

finger pêçî *f*; tilî *f*

finish *verb* xelas kirin; *noun: sports* bidawîhatin *f*

fire agir *m*

fireplace pixêrîk *f*

firewood êzing *m*

fireworks agirbazî *f*

firm *company* kompanî *f*

first yekem; pêşîn

first class yekem çîn; yekem sinif

fish *noun* masî *m/f*; *verb* masîgirtin

fish roe/fish eggs xerz *m*

fishing masîgirtin *f*

fit *adjective: healthy* saxî; *verb* gihîştin

five pênc

fix çê kirin

flag al *f*; ala *f*; bêraq *f*
Flanders Flanderz *f*
flash çirûsk *f*; flaş *m/f*
flashlight pîl *f*
flat *adjective* dûz; *apartment* qat *f*
flea/fleas kêç *f*
flee revîn
Flemish Flamanî; Flanderî
flight *journey* firîn *f*; **internal flight** firîna navxweyî *f*; **international flight** firîna navneteweyî *f*
flight number hejmara firînê *f*
flock *of sheep* garan *m/f*
flood lehî *f*
floor erd *m/f*; *storey* qat *m/f*
florist's shop/stall dikana gulan *f*
flour ard *m*
flower gul *f*
flu grîb *m/f*
flush *verb* alikar kirin; **the toilet won't flush** tuwalet alikar nabe
fly *verb* firîn; *noun:* **fly/flies** mêş *f*
fog mij *m/f*
foggy mijdar
folk *adjective* gelêrî; *noun* gel
folk dancing govend *f*
folk music mûzîka gelêrî *f*
follow şopandin
food xurek *m*
food poisoning bijahrêketina xurek *f*
foolish aqilsivik
foot pê *m*
football goga pê *m/f*
football fan alîgirê fûtbolê *m /* alîgira fûtbolê *f*
football fan club klûba alîgirên fûtbolê *f*
foothills kuntar *m/f*
footpath peyarêk *f*
for ji bo; **for example** meselen
forbid qedexe kirin
forbidden qedexe; *Islamic* heram
ford bihur *m/f*
foreign bîyanî; xerîb
foreigner xerîb *m/f*
forest daristan *f*
forever hetahetayî
forget ji bîra ... kirin
fork çengal *f*
form *shape* şikil *m*; *paper* forma *m/f*
fort kelhe *f*
fortnight du-hefte
forty çel
forum forûm *f*; berhevdangeh *f*
forwards pêşve
foundation *institution* sazî *f*
fountain şadîrewan *f*
four çar; **four days before** çar roj bêtir berê; **four days from now** çarsibe
fourteen çardeh
fourth çaremîn
four-wheel drive vehicle ereba bi çarçerekî *f*
fox rûvî *m*; rovî *m*
fracture *noun* şikest *f*; *verb* şikestin
fragile şikênbar
France Fransa *f*
fraud xap *f*
free *adjective* azad; *gratis* belaş; **is this seat free?** gelo ev kursî

belaş e?; *verb* rizgar kirin; aza kirin

free of charge belaş

freedom rizgarî *f*; azadî *f*

freeze cemidîn

freezer *fridge* qeşagir *f*

freezing *weather* cemidî

French Fransî

french fries kartolên qelandî *pl*

fresh taze; **fresh fish** mahsiyê nû *m*; mahsiye taze *m*

Friday în *f*; înî *f*; heynî *f*; cumê *f*

fridge sarinc *m/f*; sarker *m/f*

fried *food* xwarinê qelîtî *m*

friend heval *m/f*

frog beq *m/f*

from ji; li; **from Turkey** ji Tirkiyeyê; **where are you from?** tu ji ku derê ye? / hûn hi ku derê ne?; **I am from ...** ez ji ... me

front pêş *f*; **in front of** di pêşiyê da

frontier sînor *m*

frost sarî *f*

frostbite qerrimîn *f*

frostbitten: frostbitten hands pêyên qerrimî *pl*; **frostbitten feet** destên qerrimî *pl*

frozen cemidî

fruit fêkî *m/f*; mêwe *m*; **fruit juice** ava fêkî *f*; **dried fruit** kaçkaçk *f*

fry qelandin

fuel sotemenî *f*

fuel dump valakirina ardûyê *f*

full tijî; **full moon** heyva çardeşevî *f*; **I am full up** ez têr bûm *or* ez tijî bûm

funding çavkaniyên darayî *pl*

funeral matem *f*

funny pêkenî

furrow *in ground* şûv *f*

future *noun* dahatû *f*

g

gallon galon *f*

gallop çargavî kirin; xar kirin

game lîstik *f*; **football game** lîstika fûtbolê *f*

game board texte *m*

gang cerd *f*; nijde *f*

gangster gangester *m/f*

garbage gileş *f*; zibil *f*

garden baxçe *m*; bîstan *m*

garlic sîr *f*

garrison binkeya leşkerî *f*

gas gaz *f*; **gas bottle** şûşeya gazê *f*; **gas canister** qotîka gazê *f*

gas pedal *of car* lezker *m*

gas pipline boriya gazê *f*

gate dergeh *m/f*; dev *m*

gazelle pezkûvî *m/f*; ask *f*; xezal *f*

gear *of car* gêrge *f*

gender *grammatical* zayend *f*

general *noun* general *m*; *adjective* giştî

generation cîl *f*; nifş *m/f*; govek *f*

genitals endamên zayendî *pl*

genocide qirrkirin *f*

geography erdnîgarî *f*

Georgia Gurcistan

Georgian *person* Gurc; *thing* Gurcî

German Elmanî; Almanî

Germany Elmanya *f*; Almanya *f*

germs mîkrob *f*; zîndîlok *m/f*; dirme *m/f*

get wergirtin; standin; bûn

get up *to rise* rabûn; *to wake up* ji xew rabûn

ghee rûn *m*; nîvişk *m*

gherkin ecûr *m/f*

ghost qeretû *m/f*

giant hût *m*

gift dayîn *f*; diyarî *f*; xelat *m/f*; pêşkêş *f*

ginger zencefîl *f*

girl keç *f*; keçik *f*

girlfriend yar *f*; dergisti *f*

give dan; bexşîn

give birth zayîn

glacier bestelek *f*; qeşayî *f*; seholge *f*

glass *material* şûşe *f*; *drinking* piyale *f*; **a glass of water** piyaleke av *f*

glasses berçavk *m*; çavik *f*

global warming germahiya giştî *f*

glove lepik *m*

glue perçîmok *m/f*; şirêz *f*

go çûn; **go!** here!/biçe!; **go straight ahead** raste rast biçe/bimeşe; **let's go!** bila em biçin!; **go to bed** raketin; **go down** dahatin; **go in** têketin; **go out** derketin; **go up** derketin

goal gol *m*

goat bizin *f*

gold zêr *m*

goldsmith zêrînger *m/f*

golf golf *m*

good baş; qenc

good bye! bi xatirê te! / bi xatirê we!; *response* oxir be

good luck! serkeftî bî!

goods mal *m*

goose qaz

Gorani Goranî

gourd kundir *m/f*

government fermanrewayî *f*; hikumet *f*; hukumat *f*

governor mîr *m*; walî *m*

governate wîlayet *f*

grade *rank/mark* pile *f*; *school year* dersxane *f*

grain cereal zad *m*

gram gram *f*

grammar rêziman *m/f*

grandchild nevî *m/f*

grandfather bapîr *m*

grandmother ecî *f*

grape/grapes tirî *m/f*

grass çêrê *f*; çer *f*; giya *m*

grasshopper kulî *m*

grateful spasdar; **I am grateful** ez spasdar im

gratis belaş; bêpere

grave *noun* gor *m/f*; mexber *m/f*

gravel bestik *m*

gray bor; boz

great mezin; gumreh

greater mezintir

greatest herî mezin

Greece Yûnan *f*

Greek Yewnanî; Rom

green kesk

greengrocer sewzefiroş *f*

greeting silav *f*

grenade narîncok *f*

grey bor; boz

grill *noun: for cooking* xaçirgan *m/f*; *verb* biraştin

grilled *food* xwarinê grill kirî *m*

grind harîn

grinder destar *m*

ground ax *f*; xwelî *f*; erd *m/f*

group bir *m/f*; cimaet *f*; grûb *f*

grow mezin bûn; *crops* werar bûn

guard *noun* mifirdî *m*; nobetdar *m*; pawan *m*; **border guard** sînorvan *m*; *verb* pawandin

guerrilla gerîla *m/f*; pêşmerge *m/f*

guest mêvan *m/f*; **guest speaker** gotarbêjê mêvan

guesthouse mêvanxane

guide beled *m*; rêber *m/f*

guidebook pirtûka rêberiye *f*; rêber *f*

guitar gitar *f*

gum/gums pidî *f*; **chewing gum** benîşt *m*

gun tifeng *f*; *pistol* debance *m*

gun barrel loleya tifengê *f*

gynecologist pisporê jinan *m* / pispora jinan *f*

h

hair *a hair* mû *m*; *hair on head* por *m*; *animal hair* tûk *f*

hairbrush firçeya por *f*

haircut: I'd like a haircut ez dixwazim porê xwe tiraş bikim

hairdresser sertiraş *m/f*

hairdresser's salon salûna kuafûrê *f*

hair dryer porzihaker *m*

hajj hec *f*; **to go on hajj** çûne hecê

hajji hecî *m*

half *noun* nîv *m*

half-time nîv-demî *f*

halva helwa *f*

hammer çekûç *m*; kutek *m*

hand dest *m*

handbag çeltik *m*

handbook rêber *f*

handful baq *m*

handicraft şehrezayiya destî *f*; pîşegerî *f*

handle destik *m/f*; çembil *m*

handset telefonê pêkhatî *m*

handsome cindî

hang daliqandin

hangover mendehûş *m/f*; **to have a hangover** mendehûşbûn; **I have a hangover** ez mendehûş im

happen qewimîn

happy dilşad; bextiyar; **I am happy** ez dilşad im

harbor bender

hard *difficult* bi zehmet; dijwar; *not soft* hişk

hard to find qetlazî

hardware store firoşgeha xirdewat *f*

harmful zirar

harp çeng *f*

harvest *noun* xerman *m*; *verb* çinîn

hat kum *m/f*; şepqe *f*

hatred rik *f*

have hebûn

hawk qereqûş *m*

Hawrami Hewramî

hay pûş *m*

haystack gihayê pûç *m*
hazard talûke *f*
hazelnut bindeq/findeq *f*
he ew; wî
head ser *m*; serî *m*
head person mezin *m*; serek *m*; fermandar *m*
head of state serokdewlet *m/f*
headache: I have a headache serê min diêşe
headdress *men's* cemedanî *f*; *women's* çarik *m/f*
headphones berguhk *f*
headquarters qerargeh *f*; fermangeh *f*
headscarf egal *f*
heal sax bûn
health tenduristî *f*; saxî *f*
healthcare çavdêriya tenduristiyê *f*
healthy sax
hear bihîstin
hearing bihîstin *f*
heart dil *m*
heart attack krîza dil *f*; **I have a heart condition** nexweşiya dil bi min re heye
heat germî *f*
heating germkirin *f*
heat stroke germateya pêşayî *f*
heatwave pêla germahiyê *f*
heavy giran
hedgehog jijî *m/f*
height bilindahî *f*
helicopter helîkopter *f*; firok *f*
hello! merheba!
help *noun* alîkarî *f*; *verb* alîkarî kirin; **help!** hawar!; **help me!** alîkariyê min beke!; **can you help me?** tu dikarî alîkariya

min bikî?
hen varik *f*
hepatitis zerik *f*
her ew/wê
herb gîya *m*
herd *of cows* garan *f*; *of horses* kerî *m*
hers wê
here li vir; vir
heritage kelepûr *m*
hero gernas *m*
herself xwe
HGV driver ajovanê HGV *m* / ajovana HGV *f*
HGV lorry kamyona HGV *f*
hide veşartin
high dirêj; bilind; **how high is it?** bilindahiya wê çiqasî ye?
highlander çîyayî *m/f*
high school lîse *f*; dibistana navîn *f*
highway cade *f*
hijack revandin
hijacker keleşê hewayê *m*
hiking çiyagerrî *f*
hill gir *m*
him wî; ew
himself xwe
Hindi Hîndî; Hîndkî
Hindu Hindû
Hinduism Hindûîzm *f*
hip kemax *f*
hire ragirtin; **where can I hire a bicycle?** ez li ku dikarim duçerxeyekê kirê bikim?; **where can I hire a bicycle/car?** ez li ku dikarim erebeyekê kirê bikim?
his wî
historian dîroknas *m/f*

history mêjû *f*; dîrok *f*

hit *verb* lêdan; lêxistin; **to hit a mine** mîn gerîn

hit song strana hît *f*

HIV HIV *f*

hockey hokî *f*

hold girtin

hole qul *f*

holiday/holidays cejin *f*; *Islamic* eyd *f*; **school holidays** betlaneyên dibistanê *pl*

home mal *f*

homeland niştîman *f*

homeless derodero

homework erkê mal *m*

honey hingiv *m*

honor şeref *f*

hood *head covering* nixava guhêzokê *f*; *of car* kapo *f*

hook çiqil *m/f*; **fish hook** şewk *f*

hope *noun* hêvî *f*; *verb* hêvîdar bûn

horizon aso *f*

horizontal asoyî

horn *animal* strû *m*; *car* qorne *f*; *music* nefir *m*

hornet moz *f*

horse hesp *m/f*; **horse racing** hespbez *m/f*; **horse riding** hesp ajotin *f*; **horse and cart** hesp û erebeya duçerx *f*

hose *water* şiling *m/f*

hospital nexweşxane *f*

hospitality mêvanî *f*

hospitality industry pêşesaziya mêvandariyê *f*

host mazûban *m/f*

hostage gerewe *m/f*; rehîne *m/f*

hostile şerût

hostel otêla piçûk *f*

hot germ; **very hot** gellekî germ; **hot water** ava germ; **I am hot** ez germ im; **it is hot** *weather* hewa germ e

hotel otêl *f*; **hotel industry** pîşesaziya otêlê *f*

hound kûçik *m*

hour saet *f*; katjimêr *f*; **half hour** nîvsaet *f*

house xanî *m*; mal *f*

household mal *f*

how? çawa?; çi tor; **how much/many?** çiqas?; çend qeder?; **how near?** çiqas nêzik?; **how far?** çiqas dûr?; **how are you?** tu çawa yî? / hûn çawa ne?

however digel vî çendî

human *adjective* mirovî

human being bende *m/f*

human rights mafên mirovayî *pl*

humanitarian mirovdostane

humanitarian aid alîkariya mirovayî *f*

humid nemdar

humor henek *f*

humorous pêkenokî

hundred sed

hunger birçîtî *f*

hungry birçî; **I'm hungry** ez birçî me

hunt *noun* nêçîr *f*; *verb* nêçîrkirin

hunter nêçîrvan *m*

hurry: I am in a hurry zûka min heye

hurt *adjective* birîndar; *verb* zirar gihandin; **where does it hurt?** kî derê diêşe?; **it hurts here** ev der diêşe; **this person is hurt** ev kes birîndar e

---

husband mêr *m*
hut hol *f*
hygiene tendirustî *f*
hygienic paqijî
hypodermic syringe şirinqe *f*

I ez; min
I.D. nasname *f*
I.D.P. *see* **internally displaced person**
ice cemed *m/f*; **ice ax** bivirê cemedê *m*; **ice cubes** befir *f*
ice-cream dondurme *m/f*; dundirme *m/f*
Id-al-Fitr Cejna Remezanê *f*
Id-al-Qurban Cejna Qurbanê *f*
idea fikir *f*
identity card nasname *f*
if eger; **if possible** ku pêkan be
iftar fitar *f*
ill nexweş; **I am ill** ez nexweş im
illness nexweşî *f*
image wêne *f*
imam mele *m*; mela *m*; seyda *m*
immediately pêra-pêra
import/imports hawirde *f*
import *verb* hawirde kirin
importer îdxalker *m/f*
important girîng; **it's important** ev girîng e
impossible nepkan
improve baştirkirin *f*
in li; nav; di... de; **in Turkey** li Tirkiyeyê; **in front of** li pêş; **in the morning** di serê sibehê de; **in the afternoon** di

nîvrojê de; **in the evening** di evarê de
inaccessible negeştî *m/f*
included têdexistî
income hasil *f*
increase zêde kirin
independence serxwebûn *f*
independent serbixwe; **independent state** dewleta serbixwe *f*
India Hind *f*; Hindistan *f*
Indian Hindî
indicator lights glopên nîşander *pl*
indigestion kêşeya gewaşê *f*
industrial estate/park bajaroka pêşeyî *f*; erdê îndûstrî *m*
industry pêşesazî *f*
heavy industry pêşesaziya giran *f*
light industry pêşesaziya sivik *f*
infancy pitikî
infant pitik *m/f*
infected tûşbûyî *m/f*
infection enfeksyon *f*
infectious kotî
influenza flû
information agahî *f*; agehî *f*
information office pirsgeh *m/f*
inhabitant akincî *m/f*
injure zirar gihandin
injured birîndar
injury birîn *f*; zirar *f*
ink murekeb *m/f*
inner tube boriya hindirîn *f*
innocence bêgunehtî *f*
innocent bêguneh
inoculate derzî lêdan

insane dîn

inscription nivîsk m/f

insect kurmik m/f; zêndî m/f;
  insect bite geztina kêzik f;
  insect repellent kêzik parêz
  m/f; mêşkuj f

insecticide dermanê kêzikan m

insert xistin

inside (of) di... da;

inside out berevajî

inspect seh kirin

inspection pişkinîn f

inspector pişkiner m/f

instead di ber; **instead of** di
  berdêla

institute enstîtû f

instruct ders gotin

instructions temî f

instructor rahêner m/f

instrument amûr f; **musical
  instrument** amûra mûzîkê f

insurance bîm m; sîgorta f;
  medical insurance sîgorteya
  bijîşkî f; **travel insurance**
  sîgorteya rêwîtiyê f

insurance company kompaniya
  sîgorteyê f

insurance policy rêbaznameya
  sîgorteyê f

insured sîgortekirî; **my
  possessions are insure**d
  darayîya min sîgortekirî ye

interest hewas f; financial
  berjewendî f

interesting balkêş

interior hindûr m

internal derûnî

internally displaced person
  awareyê hundirîn m; awareya
  hundirîn f

internally displaced people
  awareyên hundirîn pl

international navneteweyî

international affairs karûbarên
  navneteweyî pl

international code koda
  navneteweyî f

international flight firîna
  navneteweyî f

internet înternet m/f

internet café kafeya înternete f

interpret şiro vekirin

interpreter tercimeçî m/f

interpretation şîrove f

interval navber f

interview hevpeyvîn f

into nav

introduce dan nasîn

invade dagîr kirin

invader dagîrker m

invasion dagîrkirin f

invention dahênerî f

inventor dahêner m/f

invest razandin

investigation lêkolîn f

invitation vexwendin f

invite vexwendin

invited vexwendî

Iran Îran f

Iranian person Îranî m/f; Ecem
  m/f; Faris m/f; thing Îranî;
  Farsî

Iraq Îraq

Iraqi Îraqî

Ireland Îrlanda

Irish Îrlandî

iron hesin m; asin m; adjective
  hesinî; for clothes otî f

irrigation avdan m/f; avdêrî f

irritated: to be irritated *skin* hawkirin; **I am irritated** *mood* ez behicî me

Islam Îslam *m/f*

Islamic Îslamî

Israel Îsraîl *f*

Israeli Îsraîlî

it ew; wê/wî

I.T. teknolojiya agehdarî *f*

Italian Îtalî; Îtalkî

Italy Îtalya *f*

itch; itching xurîn *f*; gir *m*; **I have an itch** ez dixurim

its wê/wî

itself xwe

j

jack *for car* jak *m/f*

jacket sako *m/f*; berg *m*

jade yeşim *m*

jail girtîgeh *f*

January çileya paşîn *f*

Japan Japon *f*

Japanese Japonî

jar cer *m/f*

jasmine nefel *f*

jaundice bayê zêr *m*; zêrokî *f*

jaw erzînk *f*; çem *f*

jazz caz *m/f*

jeans cîns *m/f*

Jew; Jewish Cihû

jewel gewher *m/f*

jeweler gewherfiroş *m/f*

jewelry gewher *m/f*

jihad cîhad *m/f*

job kar *m/f*

join *a group* gihîştin

joint *noun: of body* movik *f*; *adjective* hevpar

joke henek *f*

Jordan Urdun *f*

Jordanian Urdunî

journalism rojnamevanî *f*

journalist rojnamevan *m/f*

journey rêwîtî *f*; sefer *f*

Judaism Cihûtî *f*

judge dadger *m/f*; dadwer *m/f*

jug kedûn *m*

juice av *f*

July tîrmeh *f*

jump bazdan

jump leads *car* kabloya teqwiyeyê *f*

junction duriyan *f*

June hezîran *f*

junior ciwan *m/f*

junior school dibistana seretayî *f*

just now taze

justice dadmendî *f*

k

kebab kebap *m/f*

keep ragirtin

ketchup sosa bacansorê *f*

kettle avgerker *m/f*; çaydank *m/f*; demlik *m/f*

key kilîl *f*; mifte *f*

keys kilîd *m*

kick çivt lêdan

kidnap revandin

kidnapper keleş *m/f*

kidney gurçik *f*

kilim mafûr *f*

kill kuştin

killer mêrkuj *m/f*; kuşjyar *m/f*

kiln hêtûn *f*

kilogram hezar gram *m/f*; kîlo *f*

kilometer hezar metir *m/f*; kîlometr *m/f*

kind dilovan; **what kind?** çi cûre?

kindergarten baxçeyê zarokan *m*

king şah *m*

kiosk kiyosk *f*

kiss maçkirin

kitchen aşxane *f*

knead stiran

knee çong *m/f*; çok *m/f*

kneel daqûl bûn

knife ker *f*

knot girê *f*

know *someone* nasîn; naskirin; *something* zanîn; **I know** ez zanim; **I don't know** ez nizanim; **do you know him/her?** gelo tu wî/wê nas dikî?

knowledge zanyarî *f*

known: well-known navdar

kofte kofte *f*

kohl kil *m/f*

Kurd Kurd *m/f*; **the Kurds** Kurd *pl*

Kurdish Kurdî; **do you speak Kurdish?** tu dikanî bi Kurdî bipeyivî? / hûn dikanin bi Kurdî bipeyivin?

Kurdistan Kurdistan *f*

Kurmanji Kurmancî

Kurmanji speaker/Kurmanji speaking Kurmancîaxêv *m/f*

Kuwait Kuweyt *f*

Kuwaiti Kuweytî

labour xebat *f*; *childbirth* zarokanîn *f*

lack nebûn *f*

ladder derince *m/f*

ladies/gents *toilets* xanim/zilam

lake deryaçe *m/f*; gol *f*

lamb berx *m/f*; *meat* goştê berxê *m*

lamp lampe *f*; çirax *f*

land erd *m/f*

landmine *see* **mine**

landslide heres *m/f*

lane kûçe *f*

language ziman *m*

laptop *computer* laptop *f*

large mezin

larger mezintir

last dawîn; paşîn; **last week** hefteya çû; **last year** par

late dereng; **the bus is late** otobûs ketiye derengiyê

later paşê; **see you later!** em ê hevûdin dûre! / paşê bibînin!

laugh kenin

laundry cilşo *f*; *place* cilşoxane *f*

laundry service xizmeta cil û berg şuştinê *f*

lavash lavaş *m/f*

lavatory avdestxane *f*

law dad *m/f*; *a law* qanûn *f*; **law court** dadgeh *f*

lawyer parêzger *m/f*; ebûqat *m/f*

lay mines mîn çandin

laziness teralîtî *f*; tiralîtî *f*

Laz *person* Laz; *thing* Lazî

lazy tembel

leader serek *m*; serok *m*; rêber *m*

league *football* lîg f

leaf belg *m*; berg *m*

leak *verb* teşenekirin; **the toilet is leaking** tuwalet xerab e; **there is a leak** xerabî heye

lean pesartin

learn fêr bûn; hîn bûn; **to learn by heart** ji ber kirin

leather çerm *m/f*

leave berdan

Lebanese Lubnanî

Lebanon Lubnan f

lecture gotar f

leek kurad f

left çep; **on the left** çep; li çep

left-wing çepgêr

leg ling *m*; nig *m*

legend efsane f

leisure industry pîşeya şahiyê

lemon leymon f

lend deyndan f

length dirêjahî f

lens nîske *m/f*; camik *m/f*; lens *m/f*; **contact lenses** lenzên pelandinî *pl*

lentils nîsk f

leopard piling *m*

less kêmtir

lesson ders f; pend *m/f*

let hiştin

letter name f

level *adjective* dûz; *noun* ast *m/f*

lever qerase *m/f*

liberate azad kirin; rizgar kirin

liberated rizgar

liberation rizgarî f; serbestî f

liberty azadî f; serbixweyî *m/f*

Libra mêzîn f

library pirtûkxane f

lice *see* **louse**

lid derxwîn *m/f*

lie derew f; **to lie down** serê xwe danîn

lieutenant efserê yekstêr *m*

lieutenant-colonel serheng *m*

lieutenant-general sertîp *m*

life jîn *m/f*

lift *noun* asansor f; *verb* hilgirtin; **lift!** hilgire!

light *noun* rohnî f; ronî f; *adjective: not heavy* şîrîn; *not dark* ron; **light bulb** ampûl *m/f*; **light meter** ronahîpîv *m/f*; **to light a fire** agir girtin f; **may we light a fire?** ez dikarim agir pêxwim?; **do you have a light?** ma tu çira heye?

lighter çakmak *m*

lightning birûsk f

like ecibandin; **I like ...** ez ... hez dikim; **I don't like ...** ez ... hez nakim; **I would like ...** ez dixwazim ...; **like this** weke vêya; **like that** weke wêya

likely: it is likely diqet e; **it is not likely** ne diqet e

limb endam *m*

lime leymon f

limit sînor *m*; **time limit** molet f

line hêl *m/f*; rêz f; rîz f

linen caw *m*

linesman hekemê cîgir *m*; hekema cîgir f

linguist zimanzan *m/f*

linguistics zimanzanî f

lion şêr *m*

lip/lips lêv f

lipstick sorav *m*; lêvsorker *m*
liquid ron *m*
list lista *f*
listen guhdarî kirin
listener guhdar *m/f*
liter lîtir *m/f*
literature wêje *f*; edebiyat *f*
little piçûk; **a little bit** hebekî
live *adjective* zindî; **live broadcast** blaveya rastî *f*
live *verb* jîn; jiyîn; **to live in** jîn; rûniştin
liver kezeb *f*; cerger *m/f*
livestock heywanet *m*; *cattle* terş *m*
lizard gumgumok *f*
load *noun* bar *m*; *verb* bar kirin
loan qer *m*
local heremî
locate bicihkirin
location cîh *m*
lock *noun* qifil *f*; **door lock** derî girtin; derî bi kilîlê girtin; *verb* qifil dan
locomotive lokomotîf *m*
log in têketin
log-in têketin *f*
log-in details agahîyên têketinê *f/pl*
long dirêj
look mêzekirin
to look for gerîn
loom tevn *m/f*; tewer *m/f*
loose change piranîç *f*
loot talan kirin
lorry kamyon *f*
lorry driver ajovanê kamyonê *m* / ajovana kamyonê *f*
lose winda kirin; wenda kirin; *sports* dorandin; **I have lost**

my key min mifteya xwe winda kir
lost winda; wenda; **I am lost** ez winda me
a lot pir
loud bilind
louse/lice speh *f*
love *noun* evîn *f*; *verb* hezkirin
low kin
low blood pressure tensîona jêrîn *f*
lower house *of assembly* mala jêrîn *f*
LP LP [el-pî] *m/f*
luck bext *m*
lullaby lorî *f*
lunch firavîn *f*
lung kezeba spî *f*
luxury setenet *f*

m

machine makîne *f*
machine gun topa xwekar *f*
madrasa medrese *f*
mafia mafîa *f*
magazine kovar *f*; govar *f*
magic sêr *f*
magnetic megnêtîk *m*
mail posta *f*
mailbox sindoqa posteyî *f*
main serî *m*
main office fermangeh *f*
main square cadeya mezin *f*; meydana mezin *f*
maize garis *m*
major-general serhêz *m*
majority piranî *f*; pitiratî *f*
make çê kirin; **to make peace** aştî çêkirin

make-up makiyaj *m/f*
malaria malarya *f*; ta û lerz *f*
male nêr
mammal heywanê memîl *m*
man mêr *m*
manager rêvebir *m/f*
mango embe *m*
manual *book* rêber *f*
manual worker karî kêmî *m*
manufacturing senet *f*
manure sergîn *m/f*; zibil *f*
manuscript destnivîs *f*
many gelek; **how many?** çend?
map nexşe *f*; xerîte *f*; **a map of Diyarbakir** nexşeya Amedê *f*
marble mermer *m*
March adar *f*
mare hesp *f*
marital status rewşa zewacê *f*
marjoram catirî *f*
market bazar *f*
marketing bazargerî *f*
marriage zewa *f*
married zewicî; zewicandî; **I am married** ez zewicî me; ez zewicandî me; **not married** nezewicî; **I am not married** ez ne zewicî me
marrow *vegetable* qaqares *f*
marsh meraze *m/f*
martyr giyanbeşx *m/f*; şehîd *m/f*
mascara rimel *m*
mask rûpoş *f*
massacre *noun* komkujî *f*; *verb* qir kirin
master *expert* osta *m/f*
mat hesîr *f*; qisîl *f*
match *sports* maç *m/f*
match/matches *fire* kibrit *m*

material qumaş *m*
maternity hospital; maternity clinic nexweşxaneyê mêzan *m/f*; klînîka mêzan *f*
maths bîrkarî *f*; matematîk *m/f*
matter: it doesn't matter ne xem e; ne girîng e
mattress şilte *m/f*; doşek *f*
mausoleum mozol *m*
maximum gelek gelek
May gulan *f*
may I? ma dikarim?
maybe belkî
mayor şaredar *m/f*
me ez; min
meadow mêrg *f*; çîmen *m*
meal nan *m*; xwarin *f*; xurek *m*
mean: what does this mean? ma ew çi wate ye?; **I mean...** ango... *or* ye'nî...
meaning me'na *f*
measles sorik *f*
measure pîvan
measurement qeys *f*
meat goşt *m*
mechanic makîneajo *m/f*; mekanîk *m/f*
medal nîşan *f*
media medya *f*; **social media** medyaya civakî *f*
medical tibbî *m*
medical insurance ewlehiya tibbî *f*
medication derman *m*; **this is my medication** ev dermanê min e
medicine *medication* derman *m*; *science* tibb *m*
meet *verb* civîn
meeting civîn *f*

melody nexme *f*; newa *f*

melon gundor *f*

member endam *m/f*

member of parliament endamê parlamanê *m* / endama parlamanê *f*; **members of parliament** endamên parlemanê *pl*

memory hiş *m/f*; bîr *f*

mend çê kirin

mental illness nexweşiya derûnî *f*

menu menû *f*; reşlîsta xwarinê *f*

mercenary çaş *m*; xwefiroş *m*

merchandise mal *m*

merchant bazirgan *m*; tucar *m*

Mesopotamia Mezra Bohtan *f*

message peyam *m/f*

metal metal *m*

meter *unit* metir *m*; *instrument* meter *m/f*

method rêbaz *f*

mice mişk *pl*

microscope mîkroskop *f*

middle *noun* naverast *f*; *adjective* navîn; **in the middle** nav navî

Middle East Rojhilata Navîn *f*

midnight nîvê şevê *m*

midsummer nîveka havînê *f*

midwife ewlîk *f*

migrant misext *m/f*

migrate koç kirin

migration koç *m/f*

mild nerm; **mild winter** zivistanê nerm *m*

mile mîl

military *adjective* leşkerî; *noun* **the military** leşker *m*; **military camp** leşkergeh *f*;

military commander serfermandar *m*; **military school** xwendegeha leşkerî *f*; **military university** zankoya leşkerî *f*

militia milîs *m*

milk *noun* şîr *m*; *verb* dotin

milk products şîremenî *f*

mill aş *m*

miller aşvan *m/f*

millet herzin *m*

million mîlyon *m/f*

millstone kevirê aş *m*

minaret minare *f*

mind bal *f*; zên *f*

mine *of me* min *m*; *noun: in ground* kan *f*; *explosive* mîn *f*; **anti-personnel mine** mîna dij-leşker *f*; **anti-tank mine** mîna dij-tank *f*; **anti-vehicle mine** mîna dîj-awaza veguheztin *f*; **magnetic mine** mîna magnetîzî *f*; **plastic mine** mîna plastîk *f*; **to clear a mine** mîn pakij kirin; **mine detector** sehkera mîne *f*; **mine disposal** havêtina mîn *f*

minefield deverê mînê *m*

mineral mineral *f*

mineral water ava binerdê *f*; ava mîneral *f*

mining industry pîşesaziya madenê *f*

minister wezîr *m/f*; şalyar *m/f*

ministry wezaret *f*; şalyarî *f*

Ministry of Agriculture Wezareta Cotkarî *f*; Wezareta Çandiniyê *f*

Ministry of Defense Wezareta Parastinê *f*

Ministry of Education Wezareta Perwerdehiyê *f*

Ministry of ...

Ministry of Energy Wezareta Enerjiyê *f*

Ministry of Finance Wezareta Darayî *f*

Ministry of Foreign Affairs Wezareta Karûbarên Derve *f*

Ministry of Health Wezareta Tenduristiyê *f*

Ministry of Home Affairs Wezareta Karên Hundir *f*

Ministry of Justice Wezareta Dadê *f*

Ministry of Technology Wezareta Teknolojiyê *f*

Ministry of Tourism Wezareta Gezelî *f*; Wezareta Turîzmê *f*

Ministry of Trade Wezareta Bazirganîyê *f*

Ministry of Transport Wezareta Veguhastinê *f*; Wezareta Gihandinê *f*

Ministry of Works Wezareta Avadaniyê *f*

minority kêmayetî *f*; **minority vote** reya kêmayetî *f*

mint pûng *f*

minute deqe *f*

mirror neynik *f*

miscarriage: to have a miscarriage ber xwe kirin

miss *fail to connect* ji destan; **I have missed my bus** ez ji otobûsa xwe mam; **I have missed my plane** ez ji balafira xwe mam; **I have missed my group** ez ji koma xwe mam

Miss xatûn *f*

missile/missiles mûşek *f*

missile launcher mûşekhavêj *f*

missing berza; winda

mist mij *m/f*

mistake xelet *m/f*; çewtî *f*; **to make a mistake** xeletî kirin

misty mijî

misunderstand tebellîs kirin

mix têkil kirin

mobile phone telefona gerok *f*; mobîl *m/f*

model nimûne *m*

modem modem *m/f*

modern nûjen

mole *animal* koremişk *m*

moment bîstek *f*; deqe *f*

monastery dêr *f*

Monday duşemb *f*

money dirav *m/f*; pere *m or pl*

monkey xirpo *m/f*; meymûn *f*

month meh *f*; hîv *f*

monument peyker *m/f*

moon heyv *f*; hîv *f*; **new moon** heyvê nû *m*; **half moon** heyva nîvî *m*; **full moon** heyvê tevî *m*

more bêtir; zêde; **more or less** kêm zêde; pir û hindik

morning beyan *m/f*; sibe *f*; **this morning** îroj; **tomorrow morning** sibê sibehê; **in the morning** sibehê; **good morning!** sibê baş!

mortar *weapon* hawin *f*

mosque mizgeft *f*

mosquito kelemêş *f*; **mosquito bite** geztina kelemêş *f*; **mosquito net** tora pêşûyan *f*; torek kelemêş *f*; **mosquito repellent** dermanê mêş û kermêşan *m*

most here

moth belantîk *f*

mother dê *f*; dayik *f*

mother tongue zimanê zikmakî

---

a : f<u>a</u>ther   *e* : p<u>a</u>t   *ê* : h<u>ey</u>   *i* : h<u>i</u>t   *î* : h<u>ea</u>t   *u* : p<u>u</u>t

motorbike duçerxa agirîn f
motorway cade f
mound gir m
mountain çîya m; **mountain pass** gelî m
mountain range xilxile m
mourning şîn f
mouse/mice mişk m
moustache simbêl m/f/pl
mouth dev m
mouthwash xulxule m/f
move livîn; **don't move!** nelive!
movie fîlm f
Mr. mîr
Mrs. xanim
Ms. xanim; xatûn
much gelek; **not much** ne pir; **how much?** çiqas?; **how much is it?** çiqas e?
mud herî f
mudslide çayorî
muezzin muezîn m
mulberry tû f
mule hêstir m/f; qatir m/f
mullah mela m
multiplication lêkdan f; carkirin f
multiply lêk dan; car kirin
municipal şaredarî
municipality şaredarî f
munitions cebil m/f; cebe m/f
murder merkujî f;
murder noun kuştin m; verb kuştin
murderer mêrkuj m/f
muscle ezmûn m
museum mûzexane f
mushroom karî f; kiyark f

music mûzîk f
musician mûzîkvan m/f
Muslim misilman m/f
must viyan
mustache simbêl m/f/pl
mustard xerdel
my min
myopia şevkorî f
myopic şevkor
myself xwe

n

nail metal bizmar m; **fingernail/fingernails** neynûk f
nail clippers neynûkçink f
nail file pêlker m
nail polish şibxa nînoka f
namaz nimêj f
name nav m; deng m/f; girêç m/f; **what's your name?** navê te çi ye? / navê we çi ye?; **my name is ...** navê min ... e/ye
napkin desmala kaxiz f
nappy paçik m/f
narrow teng
nation netewe m/f; dewlet f
national neteweyî
nationality neteweyetî f
natural xwezayî f
natural disaster karesata sirûştî f; bobelata xwezayî f
nature siruşt m/f; tebîet m/f; xweza f
nature reserve qada xwezayê f
nausea vereşî f
nauseous: to be nauseous xelîn
navy keştîgel m/f
near nêzik; **is it near?** ev nêzik e?

nearby nêziktir

nearly teyê bigota

necessary pêwîst; lazim; **it's necessary** ew pêwîst e; **it's not necessary** ew ne pêwîst e

neck gerden *m*; stû *m*

necklace gelwaz *m/f*; toq *m*

necktie stûben *m/f*

nectarine teraqî *f*

need/needs hewcetî *f*

need *verb* hewcê... bîn; **I need** ez hewceyî me; **I don't need** min hewce ne.

needle derzî *m*

negative neyînî

negotiator hevdîtkar *m/f*; mizakireker *m/f*

neighbor cînar *m/f*

neighborhood mihel *f*

neither ... nor ne ... ne

nephew *brother's son* birazî *m*; biraza *m*; *sister's son* xwarzî *m*

nerve reh *f*

nest hêlîn *f*

Nestorian File *m/f*

net tor *m/f*

Netherlands Holanda *f*

neutral alînegir

neutral gear/drive fitesa vala *f*; fîtesa boş *f*

never qet

new nû; **new moon** heyva nû *f*; hîlal *m/f*

New Year Nawruz/Newroz *m/f*; *January 1st* Sala Nû *f*

New Year's Day sersal *f*

New Zealand Zelanda Nû *f*

news nûçe *f*

news agency nûçegeh *f*

newspaper rojname *f*; **newspaper in English** rojnameya bi zimanê Ingilîzî *f*

next nik; nêzik; **next week** hefteya tê; **next year** sala tê

next to tenişta

NGO (non-governmental organization) en-cî-o [rêxistina nehikûmî] *m/f*

nice xweş

niece *brother's daughter* birazî *f*; biraza *f*; *sister's daughter* xwarzî *f*

night şev *f*; **good night!** şevbaş!; **yesterday night** şevê dirojê

tonight îşev; **tomorrow night** şevê sibehê

nightclub yaneya şevê

nightingale bilbil *m/f*

nightmare mêrdezime *m*

nine neh

nineteen nozdeh

ninety nod

ninth nehemîn

no na; nexêr; **no entry** darbasbûn nîne; **no longer/no more** nema; **no smoking** nê jî birin; **no sugar please** ne şekir ji kerema xwe

noise girêç *m/f*; xirecirr *f*

noisy girêçî; bideng

noon nîvroj *f*

no one/nobody kes

noise deng *m*; hose *f*

noisy bi hose

nomad koçer *m/f*

nomadic koçerî

nomadic group obe *f*

noon nîvro *m/f*

nor: neither ... nor ne ... ne

normal normal
north bakur *m/f*
north/northern bakurî
Northern Ireland Îrlenda Bakurî *f*

Norwegian Norwecî
nose poz *m*; difn *m/f*
nosebleed riskyan *f*
not ne; na-; **not at all!** spas xweş!; ne tiştek e!; **not enough** ne bes
note/banknote banknot *m/f*
notebook defter *f*; lênûsk *f*; pirper *m/f*
nothing tutişt
notice *noun* nûçe *f*; *verb* ragihandin
noticeboard sêpana nûçeyan *f*
nought sifir *m*
noun nav *m*
novel roman; **novels in English** romana bi zimanê Ingilîzî
November çiriya paşîn *f*
now aniha
nowhere tu cîyada
nuclear power hêza gerdîleyî *f*
nuclear power station îstasyona hêza gerdîleyî *f*
number hejmar *f*
numbness teztezînk *f*
nurse nexweşnêr *m/f*; perestar *m/f*; hemşîre *m/f*
nursery nûzageh *f*
nut/nuts çerez *f*

oak mazî *f*
obligation wezîfe *f*; *religious* ferz *f*

observer: official observer nimazerê fermî *m*; nimazera fermî *f*
obvious diyar
occasion helkeft *f*
occupation *job* kar; *of a country* işgal *m/f*
occupier dagîrker *m*
occupy dagîr kirin
occupying forces hêzên işgalkirinê *pl*
occur qewimîn
o'clock: it is ... o'clock saet ... e/ye; katjimêr ... e/ye
objective armanc *m/f*
October çiriya pêşîn *f*
of ji
offer pêşkêş kirin; **special offer** teklîfa taybet *f*; **do you have any special offers?** gelo teklîfeke we ya taybet heye?
office desgeh *f*; nivîsgeh *f*; nivîşxane *f*; **office worker** karmend *m/f*; karkerê desgehê *m* / karkera desgehê *f*; **central office** fermangeh *f*
officer efser *m*
official *noun* rêzim *m/f*; *adjective* fermî
often tim
oil *cooking* rûn *m*; dûhn *m*; *petroleum* neft *f*; *car* şîr; **olive oil** zeyt *m/f*
oil can qutiya şîrê *f*
oil pipeline kembera şîrê *m*
oil refinery palavgefa niftê *f*
ointment melhem *f*
okay *adjective* baş; **is everything okay?** her tişt baş e?; **okay!** baş!
okra bamya

old

old *people* pîr; *things* kevn; **old city** bajarê kevnar *m*; **how old are you?** tu çend salî ye? / hûn çend salî ne?; **I am ... years old** ez ... salî me

olive zeytûn *f*

olive oil zeyt *m/f*

on li; ser; **on time** di demê xwe de

once yek car

one yek; **one another** hev; **one by one** yeko-yeko

one-way street kolana bi yek alî rê *f*

one-way ticket pisoleya yekrê *f*

onion pîvaz *f*; **spring onion** pîvazterk *f*

only tek

onto li

open *adjective* vekirî; *verb* vekirin

opera house salona operayê *f*

operating theater/room operasyonxane *f*

operation *surgical* operasyon *f*; emeliyat *f*

operator operator *m/f*; mekanîk *m/f*

opponent neyar *m/f*; dijmin *m/f*

opposite li hember

opposition dijî *m/f*; dijayetî *m/f*; **political opposition** berxwedan siyasî *pl*

or an jî; yan

orange *noun* pirteqal *f*; porteqal *f*; *adjective* rengpirteqalî

orchard rez *m*

order *noun* ferman *f*; *verb* ferman dan; **to order a meal** siparîşa xwarin; **we would like to order now** ez

dixwazim niha siparîş bikim

ordinary xadîmî *m*

ordnance: unexploded ordnance guleya neteqî *f*

organization *entity* heyet *f*

organize rêkxistin

origin esil *m*

original xwerû

orphan binevî *m/f*

Orthodox Christian Xiristiyanê Ortodoks

other din; mayîn

ounce ons *f*

our me

ourselves xwe

out li der

outside der

oven êtûn *f*; ocax *m/f*; *bread oven* tendûr *f*

over hindav serê

overcoat qapût *m/f*; palto *m/f*

overtake derbaskirin

overturn qulibin

owl kund *m*

own xwedî bûn

owner xwedî *m/f*

ox ga *m*

oxygen oksîjen *m/f*

p

pack *bundle* paket *f*

package pêçek *f*

pad *tablet* tablet *f*

padlock kilîla pedê *f*; qifil *f*

page rûpel *f*

pain êş *f*; **I have a pain** ez êşek me.

painkiller êşbir *m/f*; êşkuj *m/f*

paint *noun* boyax *f; verb: walls*
boyaxkirin; *pictures*
nîgarekişandin

painting *picture* şikil *m*

pair cot *m*

Pakistan Pakistan *f*

Pakistani Pakistanî

palace koşk *f*

pale zêr

Palestine Filistîn *f*

Palestinian Filistînî

pan *cooking* tawe *f*

paper *substance* pel *f;* kaxiz *m;*
newspaper rojname *f; article*
belge *f;* **a piece of paper** rokî
rovî *m;* **cigarette paper(s)** pel
m/f

parachute paraşût *f*

paradise bihuşt *f*

paralyzed pîyanî *f*

parasite kedxwar *m*

parcel beste *m/f;* parçeyî *m/f*

parsley bexdenûs *f*

parents dê û bav *pl*

park *noun* park *m/f;* rawestgeh
m/f; verb sekinandin; **can I
park here?** ma dikarim li vir
park bikin?

parking lot *carpark* rawestehega
otombîlan *f*

parliament parleman *m/f;*
member of parliament
endamê parlamanê *m /*
endama parlamanê *f;*
members of parliament
endamên parlemanê *pl*

parliament building avahîya
parlamento *f*

parrot tûtî *m/f*

part beş *m/f*

participate beşdar bûn

participant beşdar *m/f*

participation beşdarî *f*

partner hevbeş *m*

partnership hevkarî *f*

partridge kew *m/f*

party *political* partî *f; event* şahî

pass: to pass an exam ders kirin;
azmûn derbas kirin; **to pass
the ball** topê veguhastin; *&
see* **mountain pass**

passion play *Shiite* tazîye *f*

Passover cejna şkeva *f*

passport geşname *m/f;*
paseport *f;* **passport number**
hejmara geşnameyê *f*

password şifre *f;* **what is the
password?** şifre çi ye?

past borî

pastry qoçik *f*

pasta hevîr; paste

pasture çêre *m/f*

path dirb *f*

patient *adjective* bînfireh; *noun:
in hospital* nexweş *m/f*

patrol pasvan *m/f*

pay *noun* heqyat *f; verb* peredan

payment xerc *m/f;* qest *m/f*

pea/peas bezelye *f;* polik *pl*

peace aşîtî *f*

peace-keeping troops artêşa
aşîtî *f/pl*

peace talks axaftina aşîtîyê *f*

peach xox *f;* erûk *m/f*

peacock tawûs *m/f*

peak *mountain* lûtke *f*

pear hermê *f*

pediatrician doktorê zarokan *m /*
doktora zarokan *f*

pediatrics pediatrî *f*

peel qalik kirin

pelvis qewîz *m*
pen pênûs *f*; qelem *m/f*
penalty *football* penaltî *m*
pencil pênûs *m*
penicillin penîsîlîn *m*
penknife kêrik *f*
people mirov *m*; xelq *m*
pepper *capsicum/sweet pepper* îsot *f*; bîber *f*; **black pepper** bîber reş *m/f*; **red pepper** bîber sor *m/f*; felfel *m/f*
per cent ji sedî; selef *m*
perfect tekûz
perform bicihanîn
performance bicihanîn *f*
performer bicihîner *m*
perfume bêhnaxweş *m*; bêhnok *m*; parfûm *m*
perhaps belkî
period *time* dem *m/f*; *menstrual* cîl *pl*
permission destûr *f*; îzin *f*; rêdan *f*
permit *noun* destûr *f*; *verb* rêdan
permitted *Islam* helal
persecution te'darî *f*
Persian *person* Ecem *m/f*; Faris *m/f*; Îranî *m/f*; *thing* Farsî; Îranî
person kes *m/f*
personal kesane; şexsî
personnel *military* personel
persuade yeqîn kirin
pet ajalê navmalî *m/f*
petition arîze *f*
petrol benzîn *m/f*
petroleum neft *f*
pharmacist dermansaz *m/f*
pharmacy dermanxane *f*; dermanfiroş *f*

phone *noun* telefon *m/f*; *verb* telefonkirin
phonetics dengnasî *f*
photo *see* **photograph**
photocopier makîneya rûnivîsê *f*
photocopy fotokopî *f*
photograph *noun* wêne *m/f*; sûret *m*; *verb* wêne girtin
photographer wênekar *m/f*
photography wênegirtin *f*
physicist fîzîkzan *m/f*
physics fîzîk *f*
physiotherapy pîsîkoterapî *f*
piano piyano *f*
pick *verb* bijartin
pick up *verb* hilgirtin; rakirin
pickax bivir *m/f*
pickle *verb* kesidandin; *noun* **pickle/pickles** tirşik *m*
pick-up truck pîqab *f*
picnic seyran *f*; *memorial by graveside* zêw *f*
picture wêne *m/f*; sûret *m*
piece ker *m*; par *f*; *of board game* kevir *m*
pig beraz *m*
pigeon kew *f*
pilaf pelaw *f*
pile texe *f*
pilgrim ziyaretker *m/f*; *to Mecca* hecî *m/f*
pilgrimage zîyaret *m/f*; *to Mecca* hec *f*
pill heb *m/f*
pillar stûn *f*
pillow balîf *m*; balgî *m/f*
pilot balafirvan *m*
pin derzî *f*
pine kac *f*
pine cone deq *f*

pineapple enenas *m/f*

pink pembeyî; soravî

pins and needles *tingling* gizgizîn û tevizîn *f*; **I have pins and needles in my fingers** di tiliyên min de gizgizîn û tevizîn heye

pipe borî *f*; *smoking* pîpo *f*; qelûn *f*

Pisces masî *m/f*

pistachio fisteq *f*; fistiq *f*; piste *f*

piste pîst *f*

pistol debance *f*; piştok *f*

pitch: football pitch qada futbolê *f*

pizza pitza *m/f*

place cî *m*; **place of birth** cihê zayînê *m*

plain *adjective: food* rij; sade; bêbiharat; bêav; *noun* **plain/plains** deşt *f*

plait hûnan

plan *noun* plan *f*; nexşe *f*; rê *f*; *verb* plan kirin, saz kirin

plane *craft* balafir *f*; firoke *f*

planet gerestêr *f*

plank texte *m*

plant *noun* helez *m/f*; *verb* çandin

planting çandin *f*

plaster *band-aid* plaster *f*

plaster/plastercast *medical, gypsum* merhem *f*; nêrebend *f*

plastic naylon

plastic bag *carrier bag* tûrikê plastîk *m*; çenteyê hilgirtinê *m*

plate teyfikek *f*; lalîkek *f*

platform *railway* platform *m/f*

platform number hejmara platformê *f*

play *playing* lîstin *f*; *theater* şano *f*; *verb* lîstin; **to play football** lîstina fûtbolê *f*; **to play guitar** jenîna gîtarê *m/f*

player *sports* lîstikvan *m/f*

plaza meydan *f*

pleasant xweş

please! ji kerema xwe re!

pleasure kef *f*; **my pleasure!** *answer to 'thanks!'* bi can û dil!

plenty tijî; gelek; têra xwe

pliers pense *f*

plot tevdir *f*

plow *noun* cot *m*; *verb* cot kirin

plug *bath* henîfe *f*; destikê sîfonê; devik *m*; *electric* fîş *m*; swiç *m*; prîz *m*

plum dembol *m/f*; alû *f*; **sour plum** şilor *f*

p.m. p.n. (= piştî nivro)

pocket berîk *f*; paxil *m/f*; paşil *m/f*; cêb *f*

pocketknife kêrik *f*

podium podyûm *m/f*

poem hozan *f*; helbest *f*; şêr *f*

poet hozanvan *m/f*; helbestvan *m/f*; şayir *m/f*

poetry hozan *f*; şêr *f*

point nîşan *m/f*

poison jehr *f*; axû *f*

Poland Polonya *f*

police polîs *m/f*

police force hêza polîs *f*; **border police** polîsê sînor *m* / polîsa sînor *f*

policeman polîs *m*; zabita *m*; cendirme *m*

police station qereqola polîsan *f*; navenda polîsan *f*; polîsxane *f*

policewoman polîs *f*; zabita *f*; cendirme *f*

Polish Polonî

polite edeb

politeness maqûlî *f*

political siyasî

political rally kombûna siyasî *f*

politician siyasetmedar *m/f*; siyasetvan *m/f*

politics rêzanî *f*; siyaset *f*; polîtîka *f*

pollen gerik *f*

polls *elections* hilbijartin *f*

opinion poll anketa raya giştî *f*

polluted qirêj; qilêr; qirêjbûyî; qirêjkirî; **to be polluted** lewitîn

pollution gemarî *f*

pomegranate hinar *f*

pony hespê biçûk *m/f*

pool: swimming pool hewza avjeniyê *f*

poor *not rich* xizan; **poor health** bedhalî *f*

pop music musîka gelêrî *f*; pop *f*

poplar sipindar *f*

poppy bûkmezave *f*

popular gelêrî

population gelhe *f*; nifûs *f*; serjimar *f*; xelq *m*

porcelain ferfûr *m/f*

pork goştê beraz *m*; goştê xinzîr *m*

porridge aş *m/f*

port bender *f*

portable guhêzbar; **portable T.V.** televîzyana guhêzbar *f*

portion behr *f*

portrait sûret *m*

Portugal Portegal *f*

Portuguese portegalî

position semt *m*; *military* wargeh *m/f*

positive erênî

possible mumkin; **if possible** eger pêkan be; **it's possible** pêkan e; **it's not possible** ne pêkan e

post post *f*

postcard postkart *f*

postgraduate serlîsans *m/f/adj*

post office postexane *f*

postpone taloq kirin

postponement taloq *f*; texîr *f*

pot pinc *f*; *cooking* aman *f*; qazik *f*

potato kartol *f*

potter cerçêker *m/f*

pottery swallet *m/f*

poultry hefîbalinde *m/f*

pound *sterling* pawin *m*; paûnd *m*; *weight* pûnd *f*

pour rêtin

poverty feqîrî *f*

P.O.W. dîlê şerî *m*

P.O.W. camp kampa dîlan *f*

powder toz *f*

power *energy* hêz *f*; qawet *f*; *political* desthilat *f*

practice rahênan *f*

praise pesin dan

prayer dua *m/f*; *Islamic* nimêj *f*

prayer rug şemlik *f*

precipice zang *m/f*

prefer vebijartin; **I prefer this/that** ez vê/wê vedibijêrim

pregnancy ducanîbûn *f*

pregnant bihemil; **I'm pregnant** ez ducanî me

premier serokwezîr *m/f*
premiere *film/theatre* promiyer *f*
preparation tedarik *m*
prepare tedarik kirin
prepared hazir
prescription *medical* reçete *f*
present *adjective: in attendance* hazir; *current* heyî; *noun: gift* xelat; diyarî *f*; *the time now* niha; dema niha
preservation mihafeze *f*
president serok *m/f*; pêşawa *m/f*
presidential guard parêzvanên serokkomariyê *pl*
press *noun:* **the press** çapmenî; *verb* guvaştin
pressure fişar *f*; **blood pressure** zexta xwînê *f*; **high blood pressure** zexta xwînê ya bilind *f*; **low blood pressure** zexta xwînê ya nizim *f*
prevent rêlêgirtin
prevention rêlêgirtin *f*
previously berê
price biha *m*
pride serbilindî *f*
priest keşîş *m*; **Yezidi priest** xumxum *m*
primary school dibistana seretayî *f*
prime minister serekwezîr *m/f*
principle prensîp *f*; rêgez *f*
print çap kirin
printer *place* çapxane *f*; *machine* çapker *m/f*
printing çap *f*
prison girîxane *f*; bendîxane *f*
prisoner dîl *m/f*
prisoner-of-war dîlê şerî *m*

private *adjective* taybet
prize xelat *f*
probably şîmanekî
problem pirsgirêk *f*; mesele *f*; **no problem!** ne pirsgirêk e!; ne mesele ye!
procedure rêbaz *f*
produce *noun* dexl û dan *m*; *verb* çê kirin
producer derhêner *m*
product ber *m/f*
production hilberan *f*; hilberî *f*; *cultural/artistic show* rapêşî *f*; aheng *f*
profession pîşe *m*; senet *f*
professional peşekar; profîsyonekî
professor *lecturer* perwerdekar *m/f*; dersdêr *m/f*
professor *full professor* profesor *m/f*
profit *financial* kar *f*; qezenc *f*
program *noun: agenda* rojev *f*; *I.T.* program *m/f*; *bername* *m/f*; *brochure* bernamegerî *f*; **radio program** bernameya radio *f*; **TV program** bernameya T.V.yê [tî-vî]
program *verb* bernamesazkirin
programming *I.T.* bernamesazkirin *f*
progress pêşveçûn *f*; pêşketin *f*
prohibit qedexe kirin
prohibited qedexe
prohibition qedexekirin *f*; *Islamic* heramî *f*
projector projektor *f*; nîşander *f*
promise *noun* soz *m/f*; *verb* soz dan
pronounce bi lêv kirin
pronunciation bilêvkirin *f*

---

proof belge *f*; îspat *f*
properly bi dirustî
property mal *m*
prosthesis protez *f*
protect parastin
protection piştîvanî *f*
protector piştîvan *m*
protest *noun* protesto *f*;
    xwepêşandan *f*; *verb* protesto
    kirin
protestor protestoker *m/f*
proud serbilind
prove îspat kirin
proverb gotina pêşîyan *f*
province herêm *f*
provisions *supplies* erzaq *m*;
    zexîre *f*
psychological derûnî
psychologist psîkolog *m/f*;
    derûnnas *m/f*
psychology psîkolojî *f*;
    derûnnasî *f*
pub meyxane *f*
public *adjective* giştî; *noun: the
    public* gel *m*, xelk *m*;
    gelemper; her kes
public phone telefona giştî *f*
public opinion raya giştî *f*
publication çap *f*
publicise weşandin
publish weşandin
publisher; **publishing house**
    weşanxane *f*
pull kişandin
pump *noun* avkêş *f*; pompe *f*;
    verb avkêş kirin; pompe kirin
pumpkin kundir *m/f*
puncture qul *f*; qulik *f*; **I have a
    puncture** tekerê erebeya min
    qul bûye

punish siza kirin; ceza kirin;
    eşandin
punishment cezaret *f*
pupil *school* şagird *m/f*;
    xwendekar *m/f*; *of eye* bibiq *f*
purple argon; mor
purpose armanc *f*
pursue berdewam kirin
pus edab *f*
push dehf dan
put danîn

q

Qatar Qeter *f*
Qatari Qeterî
quail lor *m/f*; kotefir *m/f*
quality sifet *m*
quantity çap *f*
quarter *one fourth* çaryek *f*
quarters *residence* menzîl *f*
queen jinmîr *f*
question pirs *f*
quick zû
quickly reve-reve
quiet bêdeng; aram
quietly berxweda
quilt orxan *f*
quince bih *f*
quit berdan; dev jê berdabn
Quran Quran *f*

r

rabbit kêvrûşk *m/f*; kêrgû *m/f*
rabies derdese *m/f*; harî *m/f*
race *noun: sports* pêşbazî *f*;
    human nijad; *verb* pêşbazî
    kirin
racist nijadperest *m/f*

recommendation

racism nijadperestî *f*
radar radar *f*
radiation tîrêj *f*
radiator radyator *f*
radio radyo *f*
radio station îstasyona radyoyê *f*
radio broadcast; radio program bernameya radyoyê *f*
radish tivir *m/f*
raft kelek *f*
rage ern *m/f*
raid êrîş *m/f*; cerd *f*
railway/railroad rêhesin *f*; rêasin *f*
railway station îstasyona trenê *f*
rain *noun* baran *f*; *verb* barîn; **it is raining** baran dibare
rainbow keskesor *f*
rainstorm barove *f*
raise hildan
raisin mewîj *m/f*; kişmîş *m/f*
ram beran *m*
Ramadan Remezan *f*
rancid kurmî
range navber *f*; rêz *f*; rêzeçiya *m*
range: mountain range çiyayên rêzkirî *pl*
ransom miçilge *m/f*
rape *noun* tecawiz *f*; *verb* tecawiz kirin
rapid zû
rapidly bi lez
rare qetlazî
rash qalik *m/f*
raspberry tûşêmî *f*
rat mişk *m*; cird *m*; xiniz *m*
rate rêje *f*; **exchange rate** rêjeya diwîzê *f*; **what is the exchange rate?** rêjeya diwîzê

çi ye?
raven qijik *f*
ravine newal *f*; geboz *f*
raw xam
raw material/raw materials keresteyê xav *m*
ray tîrêj *f*
razor; razor blade hûzan *m*; dûzan *m*; gûzan *m*
reactionary *adjective* kevneperist
read xwendin
reader xwendevan *m/f*
reading xwendin *f*
ready amade; **I am ready** ez amade me
real rast
reality rastî *f*
realize têgihan; **I didn't realize anything was wrong** ez lê newerqilîm ku pirsgirêkek heye
reap dirîn
reaping xerman *m*
rear *adjective* paş
reason sedem *f*; **reason for travel** sedema rêwîtî *f*; **for that reason** ji ber wê sedemê
rebel şoreşger *m*
rebellion serhildan *f*
receipt wergirname *m/f*
receive wergirtin
recent dawî
recently van demên dawî; van rojên dawî
reception *desk* resepsiyon *f*
receptionist resepsiyonîst *m/f*
recognize nas kirin
recommend qewîtî kirin
recommendation qewîtî *f*

reconciliation fesil *f*

record *LP* tomar *f*; qeyd *f*;
document(s) tomar *f*; qeyd *f*;
verb: sound/video tomar
kirin, qeyd kirin; *make a note*
not tomar kirin

recover *health* serxweda hatin

recovery *health* saxbûn *f*

recreation kêf *f*

red sor

Red Crescent Hîva Sor *f*

Red Cross Xaça Sor *f*

referee hakem *m/f*

refuge sitar *f*

refugee/refugees penaber *m/f*;
mişext *m/f*

refugee camp kampa
penaberan *f*; kampa
mişextiyan *f*

refuse înkar kirin

regime rejîm *f*

regiment hêz *f*

region herêm *f*

regional herêmî

registered mail nameya
tomarkirî *f*

regret poşmanî *f*

regular rêzbirêz

regulation/regulations destûr *f*

reign hukum *m*

reinforcements qayîmkirin *f*;
xwirtkirin *f*

reins celew *f*

relations *family* meriv *m/f*

relationship pevgirêdan *f*

relative lêzim *m/f*; xêzan *m/f*;
meriv *m/f*; xizm *m/f*

relax rehet kirin; bêhna xwe
berdan

release berdan; serbest berdan

reliable dilsoz

relief aid arikarî *f*

religion ol *f*; dîn *m*

relocate *deport* terhîl kirin

reluctant sar

remain man

remember bi bîr anîn

remote dûr

remove rahiştin

rendezvous jivan *m/f*

rennet firşik *m/f*

repair *noun* tamîrkirin *f*; *verb*
tamîr kirin

repair shop *for cars* tamîrxane *f*

reparations tazmînat *f*; tamîrat *f*

repeat *verb* dubare kirin

repellent: insect repellent
mêşkuj *f*

replace cih guhertin; bi ...
guhertin, şûna ... girtin

replacement replasman *f*;
protez *f*; cîgir *m/f*; guhertin *f*;
îqame *f*

reply bersiv *f*

reply *verb* bersiv dan

report *noun* report *f*; rapor *f*;
verb ragihandin

reporter nûçegihan *m/f*;
nûçevan *m/f*

represent temsîl kirin

representation *in parliament*
nûnertî *f*

representative nûner *m/f*

repress tepeser kirin

republic komar *f*

request *noun* daxwaz *f*; *verb*
xwestin

rescue *noun* xelasî *f*; *verb* xelas
kirin

rescue services xizmetên

rizgarkirinê *pl*
research *noun* lêkolîn *f*; *verb* lêkolîn
resemblance nêzhevî *f*
reservation rezervasyon *f*; **I have a reservation** ez rezervasyonekî me
reserve *noun* zexîre *f*; *verb* cih veqetandin; **can I reserve a place?** ma dikarim cihêkî rezerv bike?; **can I reserve a room?** ma dikarim odeyekî rezerv bike?
reserved veqitandî; parastî
reservoir hewz *m*
resident akincî *m/f*
resin debûş *m/f*
resist li ber xwe dan; bergirî kirin
resistance berxwedan *f*
respect rêz *f*
respectful giramgir
responsibility berpirsîyarî *f*; cabdarî *f*
responsible berpirsîyar; cabdar
rest *noun: remainder* mawê *f*; bimîne *f*; **the rest of the people** maweya gelê *f or* bimîna gelê *f*; *resting* hedan *f*; *verb* bîna xwe vedan
restaurant aşxane *f*; xwarinxane *f*; çeştxane *f*
restricted area qorix *f*
restriction/restrictions zêfandin *f*; sînordarkirin *f*
result encam *f*
retail industry pîşesaziya perakende *f*; pîşesaziya parçekî *f*
retired teqawî; destûrê astengî; **I am retired** ez teqawî me *or* ez destûrê astengî me

retreat *verb* vekişîn; paşve çûn
return *verb* egerîn
return ticket pisoleya vegerê
reverse *adjective* pêçewane; *noun: direction/gear* gêra paşve *f*; *verb* paşve birin
review *noun: article* lêkolan *f*; hûrnêrîn *f*; *verb* şopandin; nuçekirin
revolution şoreş *f*; şoriş *f*
reward xelat *m/f*; perû *f*
rheumatism ba *f*
rhubarb ribês *f*
rib parsû *m/f*
rice birinc *m/f*
rich dewlemend
ride li ... siwar bûn
riding; **horse riding** siwarî *f*; hespsiwarî *f*
rifle tifeng *f*
right *noun/adjective* rast; **on the right** li rastê, li milê rastê; *adjective: side/correct* aliyê rastê/rast; **you are right** tu rast î/hûn rast in; **all right!** temam! *or* baş e!; **right away** yekser; demilmest; *noun: legal/civic* maf *m*; **civil rights** mafên hemwelatiyê *pl*; mafên mirovan *pl*; **human rights** mafên mirovan *pl*
right-wing rastgêr
ring *noun* gustîl *f*; gustîrk *f*; *verb: sound of phone* dengdan, telefonî zengîn; *to call someone* telefonda zengînî
rinse çir kirin
riot şaşî *f*
ripe nêt
rise rabûn

risk metirsî *f*; turiş *m*
risky tewekel
river çem *m*; rûbar *m/f*
river bank berav *f*
river bed newal *f*
road rê *f*; **country road** şiverê *f*;
road map nexşeya rê *f*;
xerîteya rê *f*
road barrier bariyer *f*
roadblock çeperê rê *m*; rêgîro
m
roast biraştin
rob dizî kirin; **I've been robbed**
ez hatim sirastin
robbery dizî *f*; talan *m/f*
rock/rocks kevir *m*
rocket moşek *f*
rocket-launcher moşekavêj *m/f*
rock music muzîka rock *f*
roe *fish eggs* xerz *m*
Rojava Rojava *m/f*
role rol *f*
roll *of bread* girde *m/f*
Roma Roma
Romania Romanya *f*
Romanian Romanyayî
roof ban *m*
room menzel *f*; ode *f*; jûr *f*;
single room odeya yekkesî *f*;
double room odeya dukesî *f*;
room number hejmara odeyê
f; **room service** xizmeta
odeyê *f*
rooster dî *m*
root regez *f*; ra *f*
rope werîs *m*
rosary tizbî *m/f*
rose gul *f*
rot rizîn
rotten rizî

round girover
roundabout *road* çerxerê *f*;
xaçerê *f*; *playground* hespik *f*;
sarsarok *f*
route rê *f*; rêgez *f*
row *line* şerît *f*
rubber *substance* lastîk *f*; *eraser*
jêbirk *f*
rubbish gilêş *m*; zibil *f*
ruble rûbil *m*
rude bê edeb
rug xalîçe *f*
rugby regbî *m/f*
ruins şûnwar *m/f*
ruler *measuring* cetwel *m/f*;
person padşa *m*
run *verb* bezîn; revîn; **to run
away** revîn; **I have run out of
petrol** ez benzînim qut bû
Russia Rûsya *f*
Russian *person* Rûs; *adjective*
Rûsî;
rust jeng *f*
rusty jengarî
rye cehder *m*

S

sack tûrik *m/f*; torbe *m/f*
sad xemgîn; dilkovan; **I am sad**
ez xemgîn im
saddle zîn *m*
safe *adjective* ewlemend;
pêewle; *noun* **safe/safebox**
qaseya pereyan *f*
safety asayiş *f*; êrya *m/f*
safety pin maşek *m/f*
Sagittarius kevan *m/f*
saint *eg Sufi* ezîz; qenc; salih;
muqeddes; qencê Xwedê;

welî; **saint's tomb** *eg Sufi*
tirba pîroz *f*; tirba ezîzî *f*; tirba
qencê Xwedê *f*

salad selete *f*

salary mehanî *f*; meaş *m*; mûçe
f

sales *selling* firotin; *reductions*
firotinên bi erzanî *f/pl*; **are
there any sales on?** gelo tu
erzaniyek heye?

salon salon *f*; eywan *f*;
hairdresser's salon salona
kuafûrê *f*

salt xwê *f*

salted têrwxê

salty bixwê

same eynî

sample nimûne *m*

sand xîz *m/f*

sandal çarox *f*

sandwich nenê duta *m*; sandwîç
m

sanitary pad/sanitary pads peda
jinan *f*; potê jinan *f*

satchel çente *m*

satellite peyk *f*; setlayt *f*

satellite network şebekeya
peykê *f*

satisfied dilwxeş

Saturday şemb *f*; sebt *f*; şemî *f*;
paşînî *f*

sauce avik *f*

saucepan tawe *f*

saucer zerf *f*

sausage sincoq *m*

save *rescue* parastin; *money*
vegirtin

saw mişar *f*

say gotin

scab qalik *m/f*; gir *m*

scale/scales *measuring* pîvang *f*;
terazî *f*

scalpel niştir *m/f*

scandal şermezarî *f*

scanner sehker *f*; sikenir *f*;
skanker *f*

scarce qetlazî

scarcely ancax-ancax

scarcity kêmasî *f*

scare tirsandin

scarf kitan *f*

scene dîmen *m/f*

scent bîn *f*

school dibistan *f*; xwendegeh *f*;
**junior school/primary
school** dibistana seretayî *f*;
**high school/secondary
school** lîse *f*; dibistana navîn *f*

schoolboy/schoolgirl qutabî
m/f

school holidays bayanîna
dibistanê *f*

science zanistî *f*; ulm *m*

scientific zanistî

scientist zana *m/f*; zanistdar
m/f; ulmdar *m/f*

scissors cawbir *m/f*

score *noun* skor *m*; *verb* skor
anîn; **what's the score?**
pêkan çi ye?; **who scored?** kê
avêt?

Scorpio dûpişk *f*

scorpion dûpişk *f*

Scot Skotî

Scotland Skotland *f*

Scottish Skotî

scratch herişandin; *an itch*
xurandin

screen *partition* perde *f*;
TV/computer ekran *m*

screw/screws wîda f

screwdriver tornawîda m; dernefîs m

script *style of writing* xet f; *play/film text* jêrnivîs f

scrub veşûştin

sculpture heykel m/f

scythe diryas f

sea behr f

search *noun* saxtî f; *verb: look for* gerîn; lêgerîn; *security: person/place* lekolîn, lêgerîn

seaside kersax f; perav f

season demsal f; **the seasons** dewrên salê pl

season ticket bilêta sezonî f; bilêta demsalî f; abonman f

seat rûneştek m/f

second *adjective* duwem; *noun: of time* duwemîn f; saniye f; çirik f; **second class** duwem çîn *or* duwem sinif

secondary school lîse f; dibistana navîn f

secret *adjective* nepenî; *noun* sir f

secret police polîsên nepenî pl

secretary nivîsevan m/f; sekreter m/f

section beş m/f

security ewlehî f; emeniyet f; asayîş f

security forces hêzên ewlekarî pl

security guard peywirdarê ewlehiyê m / peywirdara ewlehiyê f

security police polîsê ewlehiyê m

see nêrîn; dîtin; **see you later!** bi xatirê te! bi xatirê we! / em ê paşê hevdu bibînin!

seed tov m; toxim m

seek lêgerîn; daxwazkirin; **to seek asylum** daxwazkirina penaxwaziyê

seem xuyan

seize girtin

select bijartin

self nefs f

sell firotin

send şandin

senior raser; serkirde

sense *reason* mantiq f; *meaning* wate f; **sense of smell** seheka bêhnkirinê f; **sense of touch** seheka pelandinê f

sensitive zîz; hesas

separate *adjective* cuda; cihê; *verb* veqetandin

September eylûl f

septic septîk

sergeant çawîş m

series serî f

serious cidî; micîd; **I am serious** ez cidî me; **a serious accident** qezayeke giran

service xizmet m/f; **military service** vatinî f

sesame kuncî m

session civîn m/f

set *noun* taxim f; *of clothes* qat m/f; *verb* kifş kirin

set up *establish* damezirandin

settler rûniştevan m/f

settlement *place/act* rûniştin f

seven heft

seventeen heftdeh

seventh heftemîn

seventy heftê

several cihêreng

a : father *e : pat* *ê : hey* *i : hit* *î : heat* *u : put*

severe tund; **severe winter** zivistana dijwar *f*

sew dirûtin

sewer leqem *f*

sewing machine cildirû *f*

sex *gender* zayend *f; act* cins *m*

sexist zayendperest

sexism zayendperestî *f*

shade sî *f*

shake hejîn

shallow tenik

shame şerm *m/f*

shampoo şampûan *m/f*

shape şikil *m*

share parve kirin

sharia/shariah şerîet *f*

sharp tûj; no

shave kur kirin

shaving cream krêma teraşê *f*

she ew; wê

shed kox *m*

sheep pez *m;* mî *f; & see* **ram**

sheepdog seyê kerî *m*

sheet çerçev *f;* çarşev *f; of paper* per *m/f; of glass* cam *f*

shelf ref *m/f*

shell *military* gule *m;* berik *f; of nut* qalik *m; of snail* qalik *m*

shelter ewlegeh *m/f*

shepherd şivan *m*

Shia/Shi'ism Şiîtî *f*

Shi'i/Shiite Şiî

shine biriqîn

ship gemî *f*

shirt kiras *m;* kumlek *m/f;* gomleg *m/f*

shish kebab kebab *m/f*

shiver hejîn

shock şok *f*

shock absorbers amartîsorên bigaz *pl*

shoe/shoes *noun* pêlav *f; verb* **to shoe a horse** *verb* nal kirin

shoemaker pêlavçêker *m/f;* koşkar *m/f*

shoe shop firoşgeha pêlav *f*

shoot guleberdan; **don't shoot!** gule bernede!; nevejê!

shoot down gulereşandin

shop firoşgeh *f;* dikan *f*

shopkeeper dikandar *m/f*

shopping danûstandin *f*

shopping centre/shopping mall navenda danûstandinê *f*

shore *sea* perav *f; lake/river* kevî *f*

short kurt

short story kurteçîrok *f*

shortage kêmasî *f*

short cut rîya kese *f*

shortness of breath bêhntengî *f*

shoulder mil *m*

shout qîrîn

shovel mer *f*

show *noun* temaşe *f;* rapêşî *f;* aheng *f; verb* nîşan dan *f;* **trade show** pêşangeha bazirganiyê *f*

show business cîhana heng û bezmê *f*

shower dûş *m/f;* pizrûk *m/f*

shrapnel saçme *f;* şarapnel *m/f*

shrine perestgeh *f*

shrink têkçûn

shroud kefen *m*

shrub devî *m/f*

shut *adjective* girtî; *verb* girtin

shutter/shutters felq *f*

sick nexweş; **I am sick** ez nexweş im; **you are sick** tu nexweş î

sickle das *f*

sickness nexweşî *f*

side alî *m*

siege dorpêç *f*; **to lay siege to** dorgirtin; dorpêç kirin

sieve moxil *f*

sight *vision* bînahî *f*

sign *noun* nîşan *f*; *verb* nîşan kirin; **to sign** *deaf language* îşaret kirin; **to sign a form** formek îmze kirin

signature îmza

sign language zimanê îşaretan *m*

significance giringî *f*

significant giring

Sikh Sîk

silence bêdengî *f*

silent bêdeng

silk hevirmîş *m*

silkworm kurmê hevreşîmî *m*; kirmê avirmîşî *m*

silly puç

silver zîv *m*

silversmith zîvker *m*

sim card sîmkart *f*

similar wek

simple asan

since ji ... û vir de; **since when ...?** ji kengê ve...?

sing stiran

singer stiranbêj *m/f*; *poet* şayir *m/f*

singing şan *f*; *verb* stran, xwendin

single tek; *not married* ezeb; nezewicî; **I am single** ez nezewicî me; **a single room** odeyeke yek kesî

sink *noun: washbasin* destşok *f*; *verb* binav bûn

sister xwişk *f*; xûşk *f*; xweng *f*

sisters and brothers xwişk û bira *pl*

sit rûniştin; **please, sit down!** ji kerema xwe rûnin!

situated mewcûd

situation dest û dar *m*

six şeş

sixteen şanzdeh

sixth şeşemîn

sixty şêst

size mezinahî *f*

skating xuşikîn *f*

skeleton qerqode *m*

skewer bist *f*

skiing şemitandin *f*

ski lift teleferîka kaşûnê *f*

skill merîfet *f*

skilled jêhatî

skin *noun* çerm *m*; *animal* kevil *m/f*; *verb* gurandin

skirt qûntar *f*

skull kilox *m*

sky ezman *m/pl*; şargeh *m/f*

skyscraper balaxane *f*

slate ferş *m/f*

slaughter vekuştin

slaughterhouse qesebxane *f*

slavery xulamtî *f*

sledge qol *f*; taxok *f*

sleep *noun* xew *f*; *verb* nivistin; raketin; razan

sleeping bag tilmê xewê *m*

sleeping car *of train* vagona binivîn *f*

sleeping pills hewên xewê *pl*;

sock

hebên xewê *pl*
sleepy xewar; **I am sleepy** ez bi xew im
sleet şilope *f*
sleeve huçik *m/f*; mil *m*
slice şeq *m/f*
slide *noun: playground* kaşûn *f*; *verb* xuşikîn; xijikîn; şemitîn
slightly sivik sivik
slim jar
sling *medical* bendik *m*
slip şemitîn
slippers şimik *f*
slippery şematokî
slogan dirûşm *f*
slope berwar *m/f*; *uphill* jihelî *m*; *downhill* nişîvî *m*; **mountain slope** defa çîyê *f*
Slovak Slovakî
Slovakia Slovakya *f*
Slovene Slovenî
Slovenia Slovenya *f*
slow hêdî
slowly hêdîka
slush lêlav *f*
small piçûk
smaller biçûktir
smallpox xurîk *f*
smart *clever* aqil; *neat* keşxe
smash peçiqandin
smell *noun* bîn *f*; bêhn *f*; **good smell** bêhna xweş; **bad smell** bêhna xirab; *verb: to smell something* bêhn kirin
smile *noun* ken *m*; *verb* bişkurîn
smith hesinger *m*
smoke *noun* dû *m/f*; *verb* sixare kişandin
smoking sixare kişandin *f*; **no smoking** sixare kişandin nîne

smooth hilû
smuggler qaçaxçî *m*
smuggling qaçaxçîtî *f*
snack aparîtîf *f*; qeretûn *f*; danê sivik xwarin
snaffle *bit* gem *f*
snail guhşeytan *f*; hiseynok *f*
snake mar *m*;
snake bite gezina mar *f*
snap piçandin
sneeze *noun* bêhnişk *f*; *verb* bêhnijîn
sniffer dog seyê hişberbîn
snow *noun* befir *f*; berf *f*; *verb* berf barîn; **it's snowing** berf dibare
snowdrift şape *f*
snowfall barîna berfê *f*
snowflake kulî *f*
snow plow ramalîna berfê *f*
snow shoe kelle *f*; lîyan *m/f*
snow shovel berfmal *f*
snow storm pûk *f*; bapêç *f*
so: so many hind; **so much** ewqa; **so long as** heta ku; **so that** ji ber vêya
soaked xerq
soaking wet şilopil
soap sabûn *f*
soccer fûtbol *f*
soccer match pêşbirka fûtbolê
social civakî
social club klûba civakî *f*
social media medyaya civakî *f*
socialism civatperezî *f*; sosyalîzm *f*
socialist civatperest; sosyalîst
society civak *f*; *association* civat *f*
sock/socks gore *m*

soft

soft nerm
soil ax *f*
solar eclipse rojgirtin *f*
soldier leşker *m*; serbaz *m*
solid mehkem
solstice qelibîn *f*
solution çare *f*
solve çareser kirin
some çend
somehow bi awayekî
someone/somebody bejnek
someone else's ya/yê kesekî din
something tiştek
sometimes carcaran
somewhere cihek
son law *m*; lawik *m*; kur *m*
song stiran *f*
soon zû
Sorani Soranî
Sorani speaker/Sorani speaking
    Soranîaxêv *m/f*
sore kul; teşene; I have a sore
    throat gewriyê min diêşe
sorghum giyasimnik *f*
sorry poşman; sorry! mixabin!
sort cins *m*
S.O.S. hawar *f*
sound deng *m*
sound equipment alavên deng
    pl
soup şorbe *f*; giraz *m/f*
sour tirş
sour cherry belalûk *f*
sour cream xame *f*
sour plum şilor *f*
source çavkanî *f*
south *noun* başûr *m/f*; cenûb *f*;
    adjective başûrî
southern başûrî

souvenir diyarî *f*
souvenir shop firoşgeha
    diyariyan *f*
sow *verb* tov kirin
sowing tovçandin *f*
space navbirî *f*
spade pêmere *m/f*
Spain Spanya *f*
Spanish Spanî
spanner mifteya somin *m/f*
spare cîgir; yêdek; spare tire
    stepne *f*; lastîka cîgir *f*
spark peşk *f*
sparrow çûçik *m/f*
spasm teviz *f*
speak axivîn; peyivîn; qise kirin;
    a language peyivîn; axaftin;
    pê zanîn; do you speak
    English? tu bi ingilîzî dizanî? /
    hûn bi ingilîzî dizanin?; do
    you speak Kurdish? tu bi
    kurdî dizanî? / hûn bi kurdî
    dizanin?; I don't speak ... ez
    bi ... nizanim; I speak a little
    ... ez bi ... hindik dizanim
speaker gotarbêj *m/f*; *of
    Parliament* berdevk *m/f*
special taybetî
special offer teklîfa taybet *f*; do
    you have any special offers?
    gelo teklîfeke we ya taybet
    heye?
specialist pispor *m/f*; şareza *m/f*
specialization şarezayî *f*
species cins *m*
specimen nimûne *m*
spectacles berçavk *m/pl*; çavik *f*
spectator nêrevan *m/f*
speech *speaking* gilî *m*; *to an
    audience* gotar *f*

speed *noun* bez *f*; lezatî *f*; *verb* revîn

spell: how do you spell that? tu çawa wê dikîtînî? / hûn çawa wê dikîtînin?

spend *money* mezaxtin; *time* bihurandin

sphere govek *f*

spice derman *m*

spice/spices biharat *f*; alat *m*

spiciness tûjî *f*

spicy *hot* tûj

spider pîrik *f*; pîrhevok *f*

spill retin

spin zîzikandin

spinach spînax *f*; ispanax *f*

spinal column; **spine** mezmezk *m/f*

spirit can *m*; ruh *m/f*

spiritual derûnî

spiritual leader şex *m*

spleen dêdik *f*

splint *medical* cebîre *f*

splinter pîj *m*

split *adjective* terk; *verb* qelaştin

spoiled: to be spoiled herimîn

spoke *of wheel* tiliya teker *f*; jant *f*

spoken devkî

spokesperson peyivdar *m/f*

sponge hewir *m/f*

spoon kevçiyek *m/f*; kefçî *m*

sport/sports werziş *m/f*

sportsman sporvan *m*

sportswoman sporvan *f*

spot *place* şûn *f*; der *f*; *stain* leke *f*; *on skin* leke *f*; deq *f*

spouse hevser *m/f*

sprain xelandin

sprained: to be sprained xelyan

spray *noun* spray *f*; *verb* reşandin

spread *disease* vergirtin

spring *season* bihar *f*; *water* çavkanî *f*; *metal* kevan *f*

spring onion pîvazterk *f*

spy sîxûr *m*; sîxor *m*

square çarçik *f*; **town square** meydan *f*

squash *game* sikwaş *f*; *vegetable* kundir *m*; dolmik *m*

squirrel sivore *m/f*

stable stewl *m/f*

stadium stat *f*; stadyûm *f*

staff *personnel* karmend *m/f/pl*; *military* meqer *f*; baregeh *f*

stage qonax *m/f*; *of venue* şano *f*

stairs/staircase nêrdewan *f/pl*; derencok *f/pl*

stale kevn; kerixî; tisî

stallion hesp *m*

stamp *mail* pûl *m*; *official* mohr *f*; demxe *f*

stand *verb* rabûn; rawestîn; **stand up** rabûn ser xwe; **stand back!** paşda raweste!

star stêr *f*; stêrk *f*

start *noun* destpêk *f*; *verb* dest pê kirin

starvation xela *f*

starve delîyan

state *condition* rewş *f*; hal *m*; *federal* wîlayet *f*; *country* komar *f*; **state of emergency** rewşa awarte *f*

statement beyanname *f*

station êstgeh *f*; rawestgeh *f*; **bus station** rawestgeha otobûsê *f*; **railway station** rawestgeha trenê *f*

stationer's shop nivîsemenîfiroş
f

stationery nivîsalav *f*

statue peyker *m*; heykel *m/f*

stay man

steady teyax

steal dizîn

steam hilm *f*; dûkel *m/f*

steel pola *m/f*

steep rik

steering wheel sukan *m/f*;
maç *f*

step *pace* gav; **steps** *stairs*
derenc *f*

sterling sterlîn *f*

stethoscope bihîstoka bijîşk *m/f*;
stetoskop *m/f*

stew pêxur *m*

stick *noun* ço *m/f*; *verb*
zeliqandin

still *adjective* aram; *adverb* hê

sting pê vedan

stink kureder *f*

stir hev xistin

stirrup zengû *f*; rikêb *f*

stitch dirûtin

stitches *medical* dirûn *f/pl*

stockings zengal *f*

stomach zik *m*; ûrk *m/f*

stomach ache navêş *f*; **I have
stomach ache** zikê min diêşe

stone kevir *m*

stool kursî *m/f*

stop *verb* rawestîn; **stop!**
raweste!; **don't stop!**
raneweste!

storage *for bags* barxane *f*

store *noun: supply* zexîre *f*;
shop firoşgeh *m/f*; dikan *f*;
verb embar kirin

storeroom embar *f*

stork legleg *f*; hacîreşk *f*

storm bager *f*

story serhatî *f*; *floor* qat *m/f*

storm cloud hecac *f*

stormy dir

storey *floor* qat *m/f*

stove *cooking* sobe *f*; tifik *f*;
firûn *f*; *heating* sobe *f*

straight rast; dûz; **straight on**
rasterast; **go straight ahead**
rasterast here

strange eceb

stranger xerîb *m/f*

strap qayîs *f*

straw *plant* ka *f*; şimêl *f*; qamîş *f*
drinking straw pîpet *f*;
qamîş *f*

strawberry tûfirengî *f*; **wild
strawberry** dirrî *m*

stream rûbarok *m/f*; cew *f*;
livestream weşana zindî *f*

street kolan *f*; kûçe *f*; **one-way
street** kolana bi yek alî rê *f*;
dead end street/cul-de-sac
kolana binbest *f*; **side-street**
kolana navbir *f*; kolana
kêlekê *f*

strength hêz *f*

stretch dirêj kirin

stretcher *medical* darbest *f*;
darterm *f*; sedye *f*

strike *from work* grev *f*; *verb: to
hit* hingaftin; **to go on strike**
grev kirin; dest ji kar berdan

string ben *m*

stroke *medical* falinc *f*; şeple *f*;
to suffer a stroke şehitîn; kûd
bûn; felç bûn

strong xurt

structure avayî *m*

struggle têkoşîn
stuck asê; **our car is stuck** erebeya me asê maye
student xwendekar *m/f*
study *noun: action* lêkolin *f*; vekolin *f*; *verb* lêkolîn; vekolîn
stupid bêaqil
style awa *m*
subject babet *f*
submachine-gun topa xwekark *f*
substitute bedel *f*
subtract kêm kirin; jê derxistin
subtraction kêmkirin *f*; jêderxistin *f*
suburb rexbajêr *m/f*
subway *metro* metro *f*
succeed serketin
success serketin *f*
Sudan Sûdan *f*
Sudanese Sûdanî
suddenly ji nişkêva
suffer tamîş kirin
suffering tab *f*
Sufi sofî *m/f*
Sufism Sûfîgerî *f*
sugar şekir *m/f*
sugar bowl levenê şekir *m*
suggest pêşniyar kirin
suggestion pêşniyar *f*
suit *of clothes* cil *m/f*; dest *m*; *Kurdish* şal û şapik *m*
suitable babet
suitcase çenteyê rêwîtiyê *m*
sum sercem *m/f*; temamî *f*
summer havîn *f*
summit lûtke *m/f*
summit conference komcivîna serokan *f*

sun hetav *m/f*; roj *f*
sunblock cream krêma hetavbir *f*
Sunday yekşemb *f*; bazar *f*; le'd *f*
sunflower gulberroj *f*
sunglasses berçavika hetavê *f*
sunlight tav *f*
Sunni Sunî
Sunnism Sunetî *f*
sunny tavî; **it is sunny** hewa tavî ye
sunrise rojhilatin *f*
sunscreen *see* **sunblock**
sunset rojava *m/f*; moxrib *m/f*
sunstroke tavgez *m/f*
supermarket firoşgeha mezin *f*
supervisor serkar *m*
supper şîv *f*
supply zexîre *f*
support *noun* alîgirî *f*; *verb* mêldarîya ... kirin
supporter alîgir *m/f*; piştîvan *m/f*; **football supporter** alîgirê fûtbolê *m*; alîgira fûtbolê *f*; **football supporters' club** klûba alîgirên fûtbolê *f*
suppress tepeser kirin
sure misoger; **are you sure?** ma tu dilniya yî?; **I am sure** ez dilniya me
surgeon birînsaz *m/f*; neşterdar *m/f*
surgery *operation* birînkarî *f*; emeliyat *f*; *doctor's office* neştergerî *f*
surname bernav *m*; paşnav *m*
surprise *verb* guhişandin
surprised ecebmayî

---

surprising behitîner
surrender dest jê berdan
surround dor girtin
surveillance çavdêrî f
survivor jêmayî m/f
suspect gunehbar m/f
suspicious kumreş
swallow daqurtandin
swamp avgir m/f; genav f
swap pev-guhestin f
swear *take an oath* sond xwarin: *curse* çêr lê kirin
sweat xûdan
sweater saqo m/f; blûz m/f
Sweden Swêd f
Swede; Swedish Swêdî
sweep maliştin
sweet *adjective* şîrîn; **sweets** şîranî f/pl
sweet pepper guncik m/f
swelling *medical* werimîn f
swim ajnê kirin
swimmer ajven m/f
swimming ajne f; avjenî f
swimming pool birka avê f
swing *noun* colan f; *verb* lorandin
Swiss Swîsreyî
switch *noun: electric* swîç f; *verb: swap* guhertin
to switch off neçalakkirin
to switch on çalakkirin
Switzerland Swîs f
swollen pişpişî
sword şûr m
symbol nîşan f
symphony semfonî f
symptom berjeng f
synagogue kinîşt f

syntax hevoksazî f
Syria Sûriye f
Syriac Suryanî; Aramî
Syrian Sûrî
syringe şirinqe f
syrup doşav f
system pergal f

t

table mase f; texte m
tablecloth sifre f
tablet *pill* heb m/f
tablet *device* teblêt f
tadpole şûnik m
tail boç m/f
tailor cildirû m
Tajik Tacîkî
Tajikistan Tacîkistan f
take standin; wergirtin; **to take part in** beşdar bûn; **to take a photo** wêne girtin; **to take place** çêbûn; **to take prisoner** dîl girtin; **to take shelter** sîper girtin; **take this tablet** vê hebê bixwe; **take me to a doctor** min bibe ser hekîm
take-away food xwarinên derxistî pl
take off *plane* hilfirrîn; **what time does the plane off?** balafir kengî hildifirre?
talent hiner m/f
talk peyivîn; axaftin
talks danûstandin f
tall bilind
tambourine erebane f
tambur tembûr f
tame kedî

tampon/tampons parêzk *m*

tank *military* tank *f*; zirîpoş *f*;
water tank tanka avê *f*

tap *faucet* mislik *m*

tape şerît *f*

tariff customs baca gumrigê *f*;
phone/data tarîfe *f*

taste *noun* tam *m/f*; lezet *f*;
good taste tama xweş; **bad
taste** tama nexweş; *verb* tam
kirin; tamijîn

tasteless bêtam; tamsar

tasty tamdar; bitam; xweş

tattoo *noun* deq *f*; *verb* deq kirin

Taurus ga *m*

tax bac *f*

taxi taksî *f*; teqsî *f*

taxi driver ajovanê taksiyê *m*;
ajovana taksiyê *f*

tea çay *f*; **tea with lemon** çaya
bi leymon *f*; **tea with milk**
çaya bi şîr *f*

teach rave kirin; hîn kirin; ders
dan

teacher mamoste *m/f*

teaching mamostayî *f*

teacup fincan *f*

tea glass şûşe *f*; şûşeya çayê *f*;
îskan *f*; piyale *f*

teahouse çayxane *f*

team tîp *m/f*; taxim *f*

teapot qirmî *m*

tear/tears *in eye* hêstir *f*

tear *verb* qelaştin

tear gas gaza rondikrêj *f*

teashop çayxane *f*

teaspoon kevçiyek çayê *m/f*

technique teknîk *f*

teenager naşî *m/f*

teeth *see* **tooth**

telecommunications dûrgehîn
f; ragihandin *f*

telephone *noun* telefon *f*;
dûrbihîstok *m/f*; *verb* telefon
kirin

telephone center naveda
telefonê *f*

telescope teleskop *f*; dûrbîn *f*

television televîzyon *f*;
wêneguhêz *m/f*

television channel kanala
televîzyonê *f*

tell gotin; **tell me** ji min ra
bibêje; **tell him** ji wî ra bibêje;
tell her ji wê ra bibêje; **tell
them** ji wan ra bibêje

temperature hot/cold germahî
f; *fever* talerz *f*; ta *f*; **I have a
temperature** min talerzek
heye *or* ez ketime tayê

temple perestgeh *f*; **Yezidi
temple** perestgeha Êzdîyan *f*

ten deh

ten thousand lek

tender *medical* nazik

tendon betan *m*

tennis tenîs *m/f*

tense girj

tent çadir *m/f*

tent peg/tent pegs pîlana
tentê *f*

tenth dehemîn

term *academic* heyn *f*; heyam *f*;
dewre *f*; werçerx *f*

terms *conditions* şert *m/f*

termite mîro *m*

terrible terser

territory aqar *m/f*

test *noun* şert *m/f*; *academic*
azmûn *f*; *verb* test kirin;
academic azmûn kirin;
ceribandin

testify gewahî dan

text deq *m*

textile qumaş *m*

than ji

thank you/thanks spas; **thank you very much** zor spas

that *preposition* ew; *conjunction* ew; **that is...** ango...; ye'nî...; **that's enough** ew qas bes e; bes e; êdî bes e; **what's that?** ev çi ye?

thaw helîn

theater şano *f*

theft dizî *f*

their wan

themselves xwe

then hingê

theory teorî *f*

there li wir; wir; **there is ...** heye ...; **there is not ...** tune ...; nîne ...; **there are ...** hene ...; **there are not ...** tunene ... *or* nînin ...; **is there?** li wir e?; **are there?** li wir in?

therefore ji bo vê yekê

thermal springs germav *f*

thermometer germpîv *m/f*

these ev; vî

they ew; wan

thick qalin

thief diz *m/f*

thin jar

thing tişt *m/f*

think hizir kirin; **I think so** ez bawer dikim

third sêyemî; **one-third** sêyek; **two-thirds** sisê da dido

thirst tîn *f*

thirsty tî; tehnî; **I'm thirsty** ez tî me

thirteen sêzdeh

thirty sih

this ev

thorn dirdirk *f*

thoroughly temiz

those wî

though herçend

thought hizir

thousand hezar; **ten thousand** lek

thread dezî *m/f*

threat ten *m/f*

three sê; sisê; **three times** sê car; **three days before** sê roj bêtir berê; **three days from now** sêsibe

throat qirik *f*; gewrî *f*; **sore throat** êşa qirikê *f*; **I have a sore throat** gewriyê min diêşe

thrombosis qilberî *m*

throne text *m*

through di ... ra

throw avêtin

thumb tiliya beranî *f*

thunder guregur *f*

thunderstorm teyrok *f*; bahoz *f*

Thursday pêncşemb *f*

thyme catirî *f*

tick *written* tîk *f*; *insect* qirnî *m*; *verb* îşaretkirin

ticket bilêt *f*; **one-way ticket** bilêta çûyînê *f*; **return ticket** bilêta vegerê *f*

ticket office nivîsgeha bilêtê *f*; nivîsgeha pisoleyê *f*

tidy pak

tidy up ser û ber kirin

tie *noun: sports* pate *f*; **cultural ties** peywandiyên çandî *pl*;

tow

diplomatic ties peywandiyên diplomatikî *pl; verb* girêdan

tiger piling *m*

tight teng

tights kirasê teng *m*

Tigris *river* Dicle *f;* Şet *m*

time dem *f;* saet *f;* katjimêr *f;* **free time** demê boş; **this time** îcar; **for a long time** ji demek dirêj; **what time is it?** saet çend e? / katjimêr çend e?; **it is ... o'clock** saet ... e/ye *or* katjimêr ... e/ye

timetable tarîfe *f;* cedwela demê *f;* tarîfeya demê *f;* demajo *f*

tiny biçûçik

tire *noun* çerx *m/f;* teker *f;* **flat tire** dêra ketî *f;* **we have a flat tire** me dêra ketî; **can you change the tire?** ma tu dikarî dêran biguherî?; *verb* westîn

tired westî; **I am tired** ez westî me

tiredness westan *f*

tissue/tissues destmala kaxiz *f*

title navnîşan *m/f*

to ji ... re; bo

toast *noun: toasted bread* nanê sorkirî; *a drink in honour of someone* vexwarin *f; verb: to drink in honour of someone* noşîn

tobacco titûn *f*

today îroj

toe/toes tilî *m;* pêçî *m*

together bihevra

toilet/toilets avrêj *f;* destav *f;* tuwalet *f*

toilet paper kaxiza destavêf *f;* kaxiza avrêjê *f*

token jeton *f;* **plastic token** jetona plastîk *f;* **metal token** jetona hesinî *f*

tomato frengî *f;* frengiya sor *f*

tomb gor *m/f;* **saint's tomb** ocax *m/f*

tomorrow sibe/sibeh; **tomorrow morning** sibehê; **tomorrow afternoon** sibehê nivrojê; **tomorrow night** sibehê şevê; **the day after tomorrow** dusibe; sibetir

ton; tonne ton *m/f*

tongue ziman *m*

tonight îşev

too *also* jî; **too much/too many** gelek pir; **too little** gelek hindik

tool/tools amûr *m/f;* amîr *m/f*

toolbox qûtîka amûran *f*

tooth/teeth diran *m;* didan *m*

toothache jana dirana *f;* **I have toothache** diranê min d;êşe

toothbrush firçeya diran *f*

toothpaste krêma diran *f*

toothpick darikek diranan *m/f*

top ser *m/f;* jor *f*

torch pîl *f*

torture îşkence *f;* tehdayî *f*

total temamî

touch dest avêtin

tourism geşt û guzar *m/f*

tourist geştyar *m/f*

tourist guide rêberê turîstan *m /* rêbera turîstan *f;* rehberê gezer *m /* rehbera gezer *f*

tourist information office buroya agahdariyê ya turîstan *f*

tourniquet kêndik *m*

tow kûç kirin; **can you tow us?** ma tu dikarî me kûç bikin?

tow rope têla otombîl *f*
towards ber bi ... ve
towel/towels pêştemal *m/f*; xawlî *f*
tower avahiya berz *f*
town bajêr *m*; seher *m*
town center navenda bajêr *f*
town hall şaredariya bajêr
town square warê bajarî *m*
toy lîstok *f*
tracer bullet şopgerîn *m/f*
trachea zengelûk *f*
track *path* rê *f*; *trace* nîşan *f*
tractor tiraktor *f*
trade *commerce* bazirganî *f*; *occupation* pîşe *f*; senet *m*
trade union yekitiya karkeran *f*; komara bazirganî *f*
tradition kevneşopî *f*
traditional nerîtî; *Kurdish* kurdewarî
traffic hatin û çûn *f*
traffic lights tijikok *f*
traffic police polîsê tijî *m*
trailer kembere *f*
train hevkêş *m/f*; trên *f*; *verb: sports* perwerde kirin; **train station** êstgeha hevkêş *f*; rawestgeha trên *f*
trainer *sports* antrenor *m/f*
trainers *shoes* solên werzîşê *pl*
training perwerde *f*
tram tramvay *f*
tranquilizer êşbir *m/f*
transfer *noun: money* guhestîna para *f*; *verb* guhestin
transformer *electric* trafo *f*; alava diguherîne *f*
transfusion transfîzyon *m*; **blood transfusion**

transfîzyona xwînê *f*
translate wergerandin
translation wergeran *m/f*
translator wergêr *m/f*
transmitter transmitter *m*
transport *noun* veguhastin *m*; *verb* veguheztin
trash gilêş *m*
trash can selika gemarê *f*
trauma trauma *f*
travel *noun* rêwîtî *f*; *verb* sefer kirin
travel agent pêşkarê rêwîtiyê *m*
travel insurance ewlehiya rêwandî *f*
traveler rewî *m/f*
traveler's checks çekên rêwandî *f*
tray sênî *f*
treasure gencîne *f*; defîne *f*; saman *f*
Treasury *ministry* Wezareta Darayî *f*
treat *medical* derman kirin
treatment *medical* derman *m*
treaty peyman *f*
tree/trees dar *f*
trekking hêlan *f*
tremor teviz *f*
trial *court* derbar *m*
triangle sêguh *f*
trick hîle *f*
trip rêwîtî *f*
tripod tripod *m*
troops serbaz *m*
trouble alozî *f*
trousers pantolon *m*; pantor *m*; şal *m*
truce çekdanîn *f*; şerrawestandin *f*

truck kamyon *f*
true rast
truly bi rastî
trunk *of tree* gilale *m/f;* gewde *m/f; of car* sindoqa piştê *f*
truth rastî *f*
try hewl dan
tube qelûn *f*
Tuesday sêşemb *f*
tune nexme *f*
Tunisia Tûnis *f*
Tunisian Tunisî
tunnel leqem *f*
Turcoman Tirkmanî
Turk Tirk
turkey elok *f*
Türkiye/Turkey Tirkiye *f*
Turkish Tirkî; **do you speak Turkish?** tu bi Tirkî dizanî? / hûn bi Tirkî dizanin?
Turkish baths hammamê Tirkî
Turkmen Tirkmanî
turmeric reha zêr *f*
turn *noun: in road* veger *f; movement* dor *f;* meyl *f;* veguherîn *f; chance to do something* dor *f;* **it's your turn** dora te ye; **it's my turn** dora min e; *verb* vegerîn; **turn left** çep vegere/çep vegerin; **turn right** rast vegere/rast vegerin; **turn here** vegere vir
turquoise pîroze *m/f*
tutor lele *m*
tweezers mûkêş *m/f*
twelve diwanzdeh
twentieth bîstemîn
twenty bîst
twice du car

twin cêwî *m/f*
twist *sprain* xelandin
two du; dudu
type *noun* cins *m; verb* tîp kirin
tyre *see* **tire**

U

Ukraine Ukrayna *f*
Ukrainian Ûkraynî
ulcer ulser *f;* birîn *f*
ululate tilîlî vedan
ululation tilîlî *f*
umbrella sîvan *f;* sîwan *f*
umpire hakem *m/f*
unarmed bêçek
unavailable dûrdest
uncle *maternal* xal *m; paternal* mam *m;* ap *m*
uncomfortable neerzan; nerihet
unconscious bêhiş
uncooked xam
under bin
underground binax
underneath bin
underpass *road* jêrebihur *f*
understand têgihan; **do you understand?** tu têgihaştî? / hûn têgihaştin?; **I understand** ez têgihaştim; **I don't understand** ez tênegihaştim
underwater bin av
underwear bincilk *m;* binkinc *m*
undo vekirin
unemployed bêkar *m/f;* betal *m/f;* **I am unemployed.** ez bêkar im.; ez betal im
unemployment bêkarî *f;* betalî *f*
UNDP Bernameya Pêşketinê ya Neteweyên Yekbûyî *f*

UNESCO Rêxistina Perwede, Zanist û Çandê ya Neteweyên Yekbûyî (UNESCO) *f*

unexpectedly hew nihêrî

unexploded: unexploded ammunition cebilxaneya neteqî *f*; **unexploded bomb** bombaya neteqî *f*; **unexploded ordnance** guleya neteqî *f*

unfortunately mixabin

unhappy xemgîn

UNHCR Yekîtiya Neteweyî yên Penaberan *f*

unhealthy bedhal

unification yekbûn *f*

uniform forma *f*; unîforma *f*; cilûberg *n*

union yekîtî *f*; **trade union** sendîka *f*; yekîtiya bazirganî

unique bêhempa

unite yek bûn

united yekbûyî

United Nations Neteweyên Yekgirtî *pl*

university zanko *f*; zanîngeh *f*

unjust neheq

unknown nenas

unlawful neheq; *Islamic* neşerî

unleavened şkeva

unless îlla

unload dakirin

unlucky bextreş

unmarried nezewicî; ezeb; *said by a man* bekar; *said by a woman* xama

unripe xam

until heta

untreated xam

unusual eceb

unwilling bêdil

up jor

uphill *slope* jihelî

upload bar bikin

upper jorîn

upper house *of assembly* xaniyê jorîn *m*

upset aciz

upside down dernexûn

upstairs fêza çem

upstream jorahî

U.S.A. Amerîka *f*; Dewletên Yekbûyî yên Amerîkayê *pl*

use *noun* feyde *f*; *verb* bi kar anîn

useful kêrhatî

useless bêfeyde

usual asayî

usually bi awayê asayî

user bikarhêner *m/f*

user name nava bikarhênerê *f*

Uzbek Ûzbekî

Uzbekistan Ûzbekistan *f*

V

vacant boş

vacation betlanî *f*

vaccine vaksîn *f*

vaccinate tamandin

vaccinated vaksînekirî; **I have been vaccinated** ez hatime vaksînekirin

valley dol *m/f*; nihal *f*

valuable binerx

value biha *m*; nirx *m*; qîmet *f*; giringî *f*

van ven *f*

varnish vernîk

vase guldank *f*

vat lîn *m*

vegan vegan

vegetable/vegetables sebze *f*; zerzewat *pl.*

vegetable shop firoşgeha zerzewat

vegetarian goştnaxwêr; veceteryan; **I am a vegetarian** ez goştnaxwêr im *or* ez veceteryan im

vehicle wesayît *f*

vein reh *f*; demar *f*

venereal disease nesaxiya zayendî *f*

ventilator perwane *f*

veranda berbanik *m*

verb lêker *f*

verse riste *f*; *of Quran* ayet *f*

vertical stûnî

very zehf; pir; gelek; zor; **very hot** pir germ

vet/veterinarian beytar *m/f*

veto *noun* veto *f*; *verb* veto kirin

vice president cîgirê serok *m*; cîgira serok *f*

victim gorî *m/f*

victory serketin *f*

video *noun* vîdyo *f*; *verb* vîdyo girtin

video game lîstika vîdyoyî *f*; **to play video game(s)** lîstika vîdyoyî lîstin

video player alava vîdyo

videotape şerîta vîdyoyê *f*

view *panorama* dîmen *f*; bergeh *f*; menzere *f*

village gund *m*

vine mêw *m*; **stuffed vine leaves** dolme *pl*

vinegar sihik *f*; sirke *f*

vineyard rez *m*

violence tundûtûjî *f*; tundî *f*; şîdet *f*; pêkutî *f*

violent tund

viper margîsk *f*

Virgo simbil *f*

virus vîrûs *m/f*

visa nîşan *m/f*; vîza *m/f*

visible diyar

vision *sight* bînahî *f*

visit *noun* seradan *f*; *verb* seradan

visitor serdanker *m/f*

voice deng *m*

voltage voltaj *m/f*

voltage regulator voltaj regulator *m/f*

volume *size* govek *f*; *book* cild *m*

volunteer dildar *m/f*

vomit *verb* vereşîn

vomiting vereşîn *f*

vote *noun* deng *m*; *verb* deng dan

voter dengder *m/f*

vote-rigging ambûra deng *f*

voting dengdan *f*

vulture simsiyark *f*; sisark *f*

wages heq *m*

waist newq *f*

wait sekinîn; bendeman; **please wait here** ji kerema xwe *or* li vir benderwar be; **to wait for** payîn; li benda ... man; li hêviyê man; **wait for me here** li vir li benda min be

wake up

wake up hişyar kirin; rakirin; **please wake me up at ... o'clock** ji kerema xwe min saet di ... da hişyar bike

wake-up call îqaza şiyarkirinê *f*; alarma şiyarkirinê *f*

Wales Wêls *f*

walk *verb* meşîn

wall dîwar *m*; **city wall** sûr *f*

wallet cizdan *m*

walnut gûz/gwîz *f*

want *verb* xwestin; **I want ...** ez ... dixwazim; **I don't want ...** ez ... naxwazim

war şer *m*; **civil war** şerê navxweyî *m*

war crime sûca şêr *f*

war tribunal dadgeha şêr *f*

warehouse embar *f*

warm germ

warm clothes kincên germ *pl*

warmth germahî *f*

warn şîrt kirin

warning şîret *f*

wash şûştin; *clothes* balav kirin

washing machine makîna cilşuştinê *f*

washing powder deterjan *f*

wasp zilkêtk *f*

waste gilêş *f*

waste basket selika gemarê *f*

watch *noun* seat *f*; demjimêr *f*; *verb* dîtin; temaşe kirin

watchmaker demjimêrçêker *m/f*; saetçêker *m/f*

water av *f*; **a glass of water** piyaleke av; **a bottle of water** şûşeyeke av; **is there drinking water?** li wir ava vexwarinê heye?

water bottle gumgum *m/f*

waterfall sûlav *f*

watermelon zebeş *m*; seweş *m*

way rê *f*; **which way?** kîjan rê?; bi çi awayî?; **this way** wiha; bi vî awayî; **that way** wisa; bi wî awayî

we em; me

weak lawaz

wealthy dewlemend

weapon çek *m/f*

wear *clothes* li xwe kirin; wergirtin

weasel gulebûk *f*; kûze *f*; balevank *m*

weather seqa *f*; hewa *f*; **good weather** hewayê baş *m*; **bad weather** hewayê xirab *m*

weather forecast pêşbîniya rewşa hewa *f*

weave raçandin

weaver çolag *m/f*

web tevn *m/f*

Wednesday çarşemb *f*

week hefte *f*; **last week** hefteya raborî; **this week** vê hefteyê; **next week** hefteya tê

weekend dawiya hefteyê *m*

weep girîn

weight giranî *f*

weir bend *f*; benda avê *f*; set *f*

welcome! tu bi xêr hatî! / hûn bi xêr hatin!; **you're welcome!** *answer to 'thanks!'* bi can û dil!

well *adjective: healthy* sax; *adverb* baş; *noun: of water* bîr *f*; **I am well** ez baş im; **well!** kanî!; kehnî!

oil well bîra niftê *f*

well-being saxî

a : f<u>a</u>ther   *e* : p<u>a</u>t   *ê* : h<u>ey</u>   *i* : h<u>i</u>t   *î* : h<u>ea</u>t   *u* : p<u>u</u>t

well-known navdar
Welsh Wêlşî
west *noun* rojava *m*
west/western *adjective* rojava
wet şil
what? çi?; **what's that?** ev çi ye?; **what do you want?** tu çi dixwazî?; **what kind?** çi cûreyî?
wheat genim *m*; *boiled* dan *m*
wheel çerx *m/f*
wheelchair kursîka çerxkirî *f*; erebeya seqetan *f*
when? kengê?; çi wext?
where? li ku?; **where is/are … ?** … li ku derê e/in?; **where from?** ji ku?
whether ka
which? kîjan?; **which … is this?** ev kîjan … e/ye?
while bîstek
whisky wiskî *m*
white spî
who? kî?; **who are you?** tu kî yî? / hûn kî ne?
whole temam
why? çima?
wide fireh
widowed: I am widowed ez bî me; *said by a man* ez mêrebî me; *said by a woman* ez jinebî me
width firehî *f*
wife jin *f*; pîrek *f*
wild çolî
wild animal tabe *m/f*
wild garlic sîrim *f*
wild strawberry dirrî *m*
win *verb* bi ser ketin; **who won?** kî serkeft?

wind ba *m*
window pace *f*; şibake *f*; pencere *f*; pencerk *f*
windshield/windscreen camapêşîn *m/f*
windshield wiper/windscreen wipers paqijkera camê *f*
windy bahoz
wine mey *f*; şerab *f*
wing qol *m*
winter zivistan *f*
winner serdest *m*
wipe malištin
wire tel *m/f*
wisdom aqil
wish *noun* hêvî *f*; daxwaz *f*; arzû *f*; *verb* hêvî kirin; daxwaz kirin; **I wish …** ez hêvî dikim..; ez daxwaz dikim…
with *accompanying* bi … ra; *by means of* bi; pê
withdraw vekişîn
withdrawal vekişîn *f*
without bê
witness şade *m/f*
wolf gur *m*
woman/women jin *f*
womb malzarok *f*; malbiçûk *f*
wood *substance* dar *m*; *forest* êzing *m/f*; daristan *f*
wooden darîn
wool hirî *f*
word peyiv *f*
work *noun* kar *m/f*; *verb* şuxulîn; kar kirin; xebitîn; **does the phone work?** gelo telefon dixebite?; **it doesn't work** ew naxebite
worker karker *m/f*
workshop dezgeh *f*

world cihan *f*; dinya *f*
World Cup Kûpaya Cîhanî *f*
worm kurm *m*
worried kovan; **I am worried** ez nîgeran im
worry beads tizbî *m/f*
worse xirabtir; **I feel worse** *health* ez xwe xirabtir hîs dikim
worst herî xirab
wound *noun* birîn *f*; zirar *f*; *verb* birîndar kirin
wounded birîndar
wrap pêçan
wrapped pêçandî; **would you like it wrapped**? tu hez dikî ew pêçandî be?; **can you wrap it?** tu dikarî wê bipêçî?
wreck: car wreck enqaza erebeyê *f*
wrench mifteya somin *f*
wrestling gulaş *f*
wrestler guleştgir *m/f*
wrist zend *m/f*
write nivîsîn
writer nivîskar *m/f*
writing nivîsar *f*
written nivîskî
wrong şaş; xelet; **you are wrong** tu şaş î / hûn şaş in *or* tu xelet î / hûn xelet in

y

yard *space in front of house* bermal *f*; **courtyard** hewş *f*

yarn rîs *m*
year sal *f*; **this year** îsal; **next year** sala tê; **the year before last** pêrar
yeast hêvên *f*
yellow zêr
yes erê; belê
yesterday duho; dihî; **yesterday morning** duho sibehê; **yesterday afternoon** duho nîvrojê; **yesterday night** duho êvarê; **the day before yesterday** pêr; **yesterday evening** şevêdî
Yezidi Êzîdî
Yezidi temple perestgeha êzdîyan *f*
yogurt mast *m*
you *singular* tu; te; *plural* hûn; we
young ciwan; cahil; cihel
your/yours *singular* te; *plural* we
yourself; yourselves xwe

z

Zaza/Zazaki dimilî; kirmanc; kird *m/f/pl.*; *language:* dimilkî *f*; kırdkî *f*; kirmanckî *f*
zero sifir; nîne
zoo baxçeya giyaneweran *f*; baxê teva *m*
Zoroastrian Zerdeştî *m/f*
zucchini kundir *f*; gindor *f*

a

ab *f* August

abonman *f* season ticket

aborî *f* economy; economics

aborînas *m/f* economist

aciz upset

adar *f* March

adepter *m* adapter

adet *m/f* custom

adresa e-nameyê *f* email address

aferîn! congratulations!

afirandin to create

agahî/agehî *f* information

agahîyên têketinê *f/pl* login details

agehdarî *f* advertising

agir *m* fire

agir girtin *f* to light a fire

agirbazî *f* fireworks

agirbestin *f* ceasefire

agronomist *m/f* agronomist

aheng *f* show

AIDS *f* AIDS

ajal *m* cattle

ajalê navmalî *m/f* pet

ajans *f* agency

ajne *f* swimming

ajnê kirin to swim

ajotin to drive

ajotvan *m/f* driver

ajovanê HGV *m* /**ajovana HGV** *f* HGV driver

ajovanê kamyonê *m* / **ajovana kamyonê** *f* lorry driver/truck driver

ajovanê taksiyê *m* / **ajovana taksiyê** *f* taxi driver

ajven *m/f* swimmer

akademî *f* academy

akademîk *m/f* academic *noun/adjective*

akincî *m/f* resident

aksan *f* accent

al/ala *f* flag

alarma şiyarkirinê *f* wake-up call

alat *m* spice/spices

alava diguherîne *f* transformer *electric*

alava vîdyo video player

alavên deng *pl* sound equipment

alavên elektrîkê *pl* electrical appliances

alek *f* cheek

alerjî *f* allergy

alerjîk allergic; **ez ji qwîzan re alerjîk im** I'*m* allergic to nuts

alfabe *f* alphabet

alî *m* side; direction

alîgir *m/f* supporter

alîgirê fûtbolê *m* / **alîgira fûtbolê** *f* football fan

alîgirî *f* support
alikar kirin to flush
alîkarî *f* help
alîkarî kirin to help; **alîkariyê min beke!** help me!; **tu dikarî alîkariya min bikî?** can you help me?
alîkariya mirovayî *f* humanitarian aid
alînegir neutral
alkol *f* alcohol; **ez alkol venaxwim** I don't drink alcohol
Almanî German
Almanya *f* Germany
aloz complicated
alozî *f* trouble
alû *f* plum
amade ready; **ez amade me** I am ready
aman *f* pot *cooking*
amartîsorên bigaz *pl* shock absorbers
ambûra deng *f* vote-rigging
Amerîka *f* U.S.A.
amîr *see* **amûr**
ampûl *f* light bulb
amûr *m/f* tool/tools; instrument
amûra mûzîkê *f* musical instrument
an jî or
analîz *f* analysis
ancax-ancax scarcely
anestiziya *f* anesthetic
ango... that is...; I mean ...
aniha now
anîn to bring
antibiyotîk *f* antibiotics
antîfrez *f* anti-freeze

antîseptîk antiseptic
antrenor *m/f* trainer *sports*
ap *m* uncle *paternal*
apandîsît *f* appendicitis
aparîtîf *f* snack
apartman *f* apartment; **bloka apartmanê** *f* apartment block
app *f* app
aprîl *f* April
aqar *m/f* area; territory
aqil clever; *m* wisdom
aqiljîr clever
aqilsivik foolish
aram quiet; still
Aramî Aramaic; Syriac
ard *m* flour
argon purple
arik *m/f* ceiling
arîkarî *f* aid
arîkariya mirovî *f* humanitarian aid
arîkariya yekem *f* first aid
arîze *f* petition
arkelojî *f* archeology
arkeolijikal archeological
armanc *f* purpose
artêş *f* army
artêşa aşîtî *f/pl* peace-keeping troops
arûm *m/f* cucumber
arzû *f* wish
asan simple
asansor *f* lift/elevator
asayî usual; **bi awayê asayî** usually
asayîş *f* safety; security
asê stuck; **erebeya me asê maye** our car is stuck
asik *f* deer

asin *m* iron
ask *f* deer; gazelle
aso *f* horizon
asora binivîsînê boarding pass
asoyî horizontal
aspirîn *f* aspirin
ast *m/f* level
asteng *f* barrier
asteng kirin to block; **tuwalet tê asteng kirin** the toilet is blocked
astengdar disabled
astengdarî *f* disability; **min astengdariyek heye** I have a disability
astim *f* asthma
Asûrî Assyrian
aş *m* mill; porridge
aşît *f* avalanche
aşitî *f* peace
aşpej *m* cook; chef
aştî çêkirin to make peace
aşvan *m/f* miller
aşxane *f* kitchen; restaurant
atlas *f* atlas
av *f* water; juice; **li wir ava vexwarinê heye?** is there drinking water?
ava binerdê *f* mineral water
ava fêkî *f* fruit juice
ava germ hot water
ava kirin to build
ava mîneral *f* mineral water
ava vexwarinê *f* drinking water
avahî *m* building
avahiya berz *f* tower
avahîya parlamento *f* parliament building
avayî *m* building

avbend *f* dam
avceh *m/f* beer
avdan *m/f* irrigation
avdank *f* bucket
avdar *f* March
avdêrî *f* irrigation
avdestxane *f* lavatory
avêtin to throw; **kê avêt?** who scored?
avgerker *m/f* kettle
avgir *m/f* swamp
avik *f* sauce
avjenî *f* swimming
avkêş *f* pump
avkêş kirin to pump
avlêk *m* broom
avrêj *f* toilet/toilets
awa *m* style; case *grammatical*
awareyê hundirîn *m*; **awareya hundirîn** *f* internally displaced person
awareyên hundirîn *pl* internally displaced people
awarte *f* emergency
awartekrî excluded
awiqîn to be delayed
Awistraliya *f* Australia
Awistralyayî Australian
Awistrî Austrian
Awistriya *f* Austria
ax *f* ground; earth
axaftin to speak
axaftina aşîtîyê *f* peace talks
axirî *f* end
axivîn to speak
axû *f* poison
ayet *f* verse *of Quran*
aza kirin to free
azad free; brave

azad kirin to liberate
azadî *f* freedom
azan *m* azan
Azerbaycan *f* Azerbaijan
Azerbaycanî Azerbaijani
Azerbaijan
Azerî Azerbaijani *Iran*
azmûn *f* exam
azmûn derbas kirin to pass an
exam
azmûn kirin to test *academic*

b

ba to; towards; *m* wind; air; *f*
rheumatism
babet suitable; *f* subject
bac *f* tax
baca balafirgehê *f* airport tax
baca gumrigê *f* customs duty;
tariff
bacanê reş *m/f*
eggplant/aubergine
Badînî Badini
bagaj *m* baggage
bagajê zêde *m* excess baggage
bager *f* storm
bahoz windy; *f* thunderstorm
bajaroka pêşeyî *f* industrial
estate/park
bajarê kevnar *m* old city
bajêr *m* town; city; **navenda**
bajêr *f* town center/city
center; **nexşeya bajêr** *f* town
map/city map; **şaredariya**
bajêr town hall/city hall;
warê bajarî *m* town
square/city square
bakterî *m* bacteria

bakur *m/f* north
bakurî north/northern
bakuzîrk *m/f* blizzard
bal *f* mind
balafir *f* plane *craft*
balafira bombavêj *f* bomber
plane
balafirgeh *f* airport
balafirvan *m* pilot
balav kirin to wash *clothes*
balaxane *f* skyscraper
balet *f* ballet
balevank *m* weasel
balgî/balgih/balîf *m/f* pillow;
cushion
balinde *m/f* bird
balkêş interesting
balyoz *m/f* ambassador
balyozxane *f* embassy;
consulate
bampêr *f* bumper *of car*
bamya okra
ban *m* roof
bane *f* dairy
Bangladeş *f* Bangladesh
Bangladeşî Bangladeshi
bankamatîk *f* see **bankomat**
banknot *m/f* banknote
bankomat *f* cash
machine/cashpoint/A.T.M.
bankvan *m/f* banker
banq *f* bank
bapêç *f* snow storm
bapîr *m* grandfather
baq *m* handful
bar *m* load; cargo; *f* river bank
bar bikin to upload
bar kirin to load

baran *f* rain; **baran dibare** it is raining

barbîkû *m* barbecue

bardankirin to charge *a device;* **kablê barkirinê** *m* charger cable; **ez hewceyî bardankirina telefonê me** I need to charge my phone

barder *m* charger

baregeh *f* staff *military*

baregeha leşkerî *f* military base

barîn to rain; **baran dibare** it is raining

barîna berfê *f* snowfall

bariyer *f* road barrier

barkir *m* charger

barkirin to charge *a device*

barname *f* bill

barove *f* rainstorm

barxane *f* baggage; storage *for bags*

bas *f* bus

bask *m* feather

baş good; okay; *adverb* well; **baş e!** all right!; **baş im, spas** I'm fine, thanks

baştir better

baştirkirin to improve

başûr *m/f* south

başûrî south/southern

bataniye *f* blanket

batarya *f* battery

bav *m* father; **dê û bav** *pl* parents; **kal û bav** *pl* ancestors

bawer: ez bawer dikim I think so

bawername *f* degree *academic*

bawernameya ajovaniyê *f* driving license

baxçe *m/f* garden

baxçeya giyaneweran *f* zoo

baxçeyê zarokan *m* kindergarten

baxê teva/baxê taba *m* zoo

bayanîna dibistanê *f* school holidays

bayê zêr *m* jaundice

baz *m* falcon

bazar *f* market; bazaar; business; Sunday

bazara reş *f* black market

bazargerî *f* marketing

bazdan jump

bazin *m/f* bracelet

bazir *f* business; *& see* **bazar**

bazirgan *m* businessman; *f* businesswoman; *m/f* merchant

bazirganî *f* trade *commerce*

bê without; -less

bê- *subjunctive stem of* **hatin** to come

bêaqil stupid

bêav plain *food*

bêber barren

bêbiharat plain *food*

bêçek unarmed

bed bad

bedel *f* substitute

beden *m/f* body

bêdeng quiet

bêdengî *f* silence

bedew beautiful

bedewtî *f* beauty

bedhal unhealthy

bedhalî *f* poor health

bêdil unwilling

bê edeb rude

bêfeyde useless

befir *f* snow; ice cubes

bêguneh

bêguneh innocent
bêgunehtî *f* innocence
Behdînî Behdini
bêhempa unique
behicî irritated; **ez behicî me** I am irritated *mood*
bêhiş unconscious
bêhişker *m* anesthetist
behitîner surprising
behîv *f* almond/almonds
bêhn *f* smell; **bêhna xweş** good smell; **bêhna xirab** bad smell
bêhn kirin to smell *something*
bêhna xwe berdan to relax
bêhnaxweş *m* perfume
behnenexweşbir *f* deodorant
bêhnijîn to sneeze
bêhnişk *f* sneeze
bêhnkirin *f* : **seheka bêhnkirinê** *f* sense of smell
bêhnok *m* perfume
bêhntengî *f* shortness of breath
behr *f* sea; portion
Behreyn *f* Bahrain
Behreynî Bahraini
bêî without
bêî ku without
bejnek someone/somebody
bêkar *m/f* unemployed; **ez bêkar im** I am unemployed
bekar unmarried *said by a man*
bêkarî *f* unemployment
bê ku without
bela *f* disaster
belalûk *f* sour cherry
belantîk *f* moth
belaş free; gratis; **gelo ev kursî belaş e?** is this seat free?
belavkirin *f* distribution

Belçîka *f* Belgium
Belçîkî Belgian
belê yes; **lê belê** but
beled *m* guide
belek *m* calf *leg*
belg *m* leaf
belge *f*
belge *f* evidence; proof; document; article
belgefîlm *f* documentary film
belkî perhaps
Belûçî Balochi
belûr *f* crystal
ben *m* string
bend/benda avê *f* weir
benda: li vir li benda min be wait for me here
bende *m/f* human being
bendeman to wait; **li benda ... man** to wait for
bender *f* port; harbor
bendergeha konteyner *f* container port
bendik *m* sling *medical*
bendîxane *f* prison
bengiyê hişberê *m*; **bengiya hişberê** *f* d addict
benîşt *m* chewing gum
benk *f* bank
benzîn *m/f* petrol
bêpere gratis
beq *m/f* frog
ber in front of; toward; before; *m/f* product; **ji ber ko** because; **li ber xwe dan** to resist
ber bi ... ve towards; **di ber** instead; **di berdêla** instead of; **ji ber** because of

bes

ber xwe kirin to have a miscarriage
beralîbûn *f* diversion *road*
beran *m* ram
bêraq *f* flag
berav *f* river bank
beraz *m* pig; **goştê beraz** *m* pork
berbang *f* dawn
berbanik/berbank *m/f* veranda
berçav kirin to check
berçavî *f* fact
berçavika hetavê *f* sunglasses
berçavk *m/pl* glasses
berdan to leave; to release
berde! drop it!
berdevk *m/f* speaker *of Parliament*
berdewam bûn to continue
berdewam kirin to pursue
berê previously
bêrehm cruel
berevajî inside out
berevan *m/f* defender
berf *f* snow
berf barîn to snow; **berf dibare** it's snowing
berfirehî *f* development
berfirehkirin to develop
berfmal *f* snow shovel
berg *m* jacket; leaf; envelope
bergeh *f* view
bergirî *f* defense
bergirî kirin to resist
bergirtin *m/f* copy
berhemên şîrî dairy products
berhev dan to compare
berhev kirin to collect

berhevdan to discuss; *f* discussion
berhevdangeh *f* forum
berî *preposition* before
berî niha ago
berik *f* bullet; shell *military*
berîk *f* pocket
berî ku/beriya ku before
berjeng *f* symptom
berjewendî *f* interest
berkêşk *f* drawer
bermal *f* yard *space in front of house*
bername *m/f* program;
bernamesazkirin to program; *f* programming; coding
bernameya radio *f* / **bernameya radyoyê** *f* radio broadcast/program
bernameya TVyê [tî-vî] *f* TV program
bernav *m* surname
Bernameya Pêşketinê ya Neteweyên Yekbûyî *f* UNDP (United Nations Development Programme)
berpirsîyar responsible
berpirsîyarî *f* responsibility
bersiv dan to answer; *f* answer
berteker *f* fender
berwar *m/f* slope
berx *m/f* lamb
berxweda quietly
berxwedan *f* resistance
berxwedan siyasî *pl* political opposition
berza missing
bes enough; **bes e** that's enough

beskitbol *f* basketball; **qada beskitbolê** *f* basketball court

beste *m/f* parcel

bestekar *m/f* composer

bestik *m* gravel

beş *m/f* part; section; department

beşdar *m/f* participant

beşdar bûn to participate

beşdarî *f* participation

betal *m/f* unemployed; **ez betal im** I am unemployed

betal kirin to cancel; **firin tê betalkirin** the flight is canceled

betalî *f* unemployment

bêtam tasteless

betan *m* tendon

bêtir more

betlanî *f* vacation/holiday; **betlaneyên dibistanê** *pl* school holidays

bexdenûs *f* parsley

bexşîn to give; **min bibexişînin!** excuse me!/sorry!

bext *m* luck

bextiyar happy

bextreş unlucky

bêy without

beyan *m/f* morning; **nanên beyanî** *pl* breakfast cereal

beyanname *f* statement

beyar *f* fallowland

beybûn *f* camomile

beyî without

beyt *f* verse

beytar *m/f* vet/veterinarian

bez *f* speed

bezelye *f* pea/peas

bezîn to run

bi with; by means of; for; **bi ... ra/re** with; **bi awayekî** somehow; **bi çi awayî?** which way?; **bi dirustî** properly; **bi kar anîn** to use; **bi lêv kirin** to pronounce; **bi lez** rapidly; **bi rastî** truly; **bi vî awayî** this way; **bi wî awayî** that way

bi- *subjunctive stem of* **bûn** to be

bî: ez bî me I am widowed

bib- *subjunctive stem of* **bûn** to become

bîber *f* pepper *capsicum/sweet pepper*

bîber reş *m/f* black pepper

bîber sor *m/f* red pepper

bibiq *f* pupil *of eye*

biç- *subjunctive stem of* **çûn** to go

biçe! go!

bicihanîn to perform; *f* performance

bicihîner *m* performer

bicihkirin to locate

biçûçik tiny

biçûktir smaller

bidarvekirin *f* execution *punishment*

bidawîhatin *f* finish *sports*

bideng noisy

bih *f* quince

biha *m* price; value

bihadar expensive

bihar *f* spring *season*

biharat *f* spice/spices

bihayî *f* charge *money*

bihecîn to cry

bihemil pregnant

bihevra together
bihîstin *f* hearing
bihîstin to hear
bihîstoka bijîşk *m/f* stethoscope
bihur *m/f* crossing; ford
bihurandin to spend *time*
bihuşt *f* paradise
bijahrêketina xurek *f* food poisoning
bijareker *m* adapter
bijartin to choose
bijîşk *m/f* doctor
bijîşkê diranan *m*; **bijîşka diranan** *f* dentist
bijûn fertile *land*
bikarhêner *m/f* user
bilbil *m/f* nightingale
bilêt *f* ticket
bilêta çûyînê one-way ticket
bilêta demsalî/bilêta sezonî *f* season ticket
bilêta vegerê return ticket
biletgeh *f* ticket booth
bilêvkirin *f* pronunciation
bilind high; tall; loud
bilindahî *f* height
bilûr *f* crystal
bîm *m* insurance
bimîne *f* rest *remainder*
bin under; underneath; *m* bottom; base
bîn *f* breath; smell
bîn- *present stem of* **dîtin** to see
bin av underwater
bîna xwe vedan to rest
bînahî *f* sight
binas *f* fault
binav bûn to sink

binavûdeng famous
binax underground
binax kirin to bury
bincilk *m* underwear
bindeq *f* hazelnut
bindest xistin to conquer
binemal *m/f* family
binerx valuable
binevî *m/f* orphan
bînfireh patient
binkeftin *f* failure
binkeya leşkerî *f* garrison
binkinc *m* underwear
bir *m/f* group
bîr *f* well *of water*; memory; **bi bîr anîn** to remember
bira *m* brother
bîra *f* beer
bîra niftê *f* oil well
bira: xwişk û bira *pl* brothers and sisters
birakujî *f* civil war
biraştin to roast; to grill
biraza/birazî *f* niece *brother's daughter*; *m* nephew *brother's son*
birçî hungry; **ez birçî me** I'm hungry
birçîtî *f* hunger
birin to carry
birîn to cut; *f* injury; **av hatiye birîn** the water has been cut off
birîna şin *f* to bruise
birinc *m/f* rice
birîndar hurt; injured; *m* casualty
birîndar kirin to hurt; to injure
birînkarî *f* surgery *operation*

birînsaz *m/f* surgeon
biriqîn to shine
birka avê *f* swimming pool
bîrkarî *f* maths
birkirçî *m/f* customer
birûsk *f* lightning
biryar *f* decision
biryar dan to decide
biservekirin *f* addition
bişkurîn to smile
bîskuwît *f* biscuit
bist *f* skewer
bîst twenty
bîstan *m* garden
bîstek *f* moment
bîstemîn twentieth
bitam tasty
bi tenê except for
biteqînin to blow up *explode*
bivir *m/f* ax; pickax
bivirê cemedê *m* ice ax
bixwê salty
bi xatirê te! / bi xatirê we! good bye!
bi xêra because of
bîyanî foreign
bizdîn to burst
bi zehmet difficult
bizin *f* goat
bizmar *m* nail *metal*
blaveya rastî *f* live broadcast
bloka apartmanê *f*; **bloka xanîyan** *f* apartment block
blûz *m/f* sweater
bo to
bobelata xwezayî *f* natural disaster
boç *m/f* tail

boke *m* character
boks *f* boxing
bomba/bombe *f* bomb; **îmharkirina bombeyan** *f* bomb disposal
bombaya neteqî *f* unexploded bomb
bombebarandin *f* bombing
bombebaranker *m/f* bomber *person*
bomblet *f* bomblet
bor *adj* gray/grey; *f* ferry
biborînin: li min biborînin! excuse me!/sorry!
borî past; *f* pipe
boriya gazê *f* gas pipline
boriya hindirîn *f* inner tube
Bosna Hersek *f* Bosnia and Herzegovina
Bosnî Bosnian
boş vacant
boyax *f* paint; dye
boyaxkirin to paint *walls*
boz gray/grey
Brîtanî British
Brîtanî Briton
Brîtaniya *f* Britain
Bûdahî/Bûdayî Buddhist
Budîzm *f* Buddhism
bufalo *m* buffalo
buharî *f* cashier's booth
bûk *f* bride; doll
bûkmezave *f* poppy
Bulgarî Bulgarian
Bulgaristan *f* Bulgaria
bûn to be; to become
bûrokrasî *f* bureaucracy
buroya diwîzê *f* bureau de change

a : f<u>a</u>ther   *e* : p<u>a</u>t   *ê* : h<u>ey</u>   *i* : h<u>i</u>t   *î* : h<u>ea</u>t   *u* : p<u>u</u>t

bûyer *f* event
bûyîn *f* birth

C

cabdar responsible
cabdarî *f* responsibility
cade *f* highway/motorway
cadeya mezin *f* main square
cahil/cihel young
cam *f* sheet *of glass*
camapêşîn *m/f*
　windshield/windscreen
camêr brave
camik *m/f* lens
can *m* spirit; **bi can û dil!** you're
　welcome! *answer to 'thanks!'*
car kirin to multiply
car: sê car three times
car: yek car once
carcaran sometimes
cardin again
carkirin *f* multiplication
catirî *f* thyme
caw *m* linen
cawbir *m/f* scissors
caz *m/f* jazz
CD [sîdî] *f* CD
CD lîzker/CD playir [sîdî] *m* CD
　player
cêb *f* pocket
cebe/cebil *m/f* munitions
cebilxane *f* ammunition
cebilxaneya neteqî *f*
　unexploded ammunition
cebîre *f* splint *medical*
cedwela demê *f* timetable
ceh *m* barley
cehder *m* rye

cejin *f* holiday/holidays;
　celebration; festival
cejna olî *f* feast day; religious
　holiday
Cejna Qurbanê *f* Id-al-Qurban
Cejna Remezanê *f* Id-al-Fitr
Cejna Şkeva *f* Passover
celew *f* reins
cemed *m/f* ice
cemedanî *f* headdress *men's*
cemidî frozen; freezing
cemidîn to freeze
cendirme *m* policeman; *f*
　policewoman
ceng *f* battle
cenûb *f* south
cer *m/f* jar
cerçêker *m/f* potter
cerd *f* gang; raid
cerger *m/f* liver
ceribandin to test *academic*
cerîme *f* fine
ceryan *f* current
cetwel *m/f* ruler *measuring*
cew *f* stream; ditch
cêwî *m/f* twin
ceza kirin to punish
cezaret *f* punishment
cezme *f* boot/boots
cî *m* place
cidî serious
cîgir *m/f* spare; replacement
cîgirê serok *m* / **cîgira serok** *f*
　vice president
cîh *m* location
cih guhertin to replace
cih veqetandin to reserve
cîhad *m/f* jihad
cihan *f* world

cihê different
cihê zayînê *m* place of birth
cihek somewhere
cihêreng several
Cihû Jew/Jewish
Cihûtî *f* Judaism
cîl *f* generation; *pl* period menstrual
cil *f/pl* clothes; dress
cild *m* volume *book*
cildirû *f* sewing machine
cildirû *m* tailor
cilşo *f* laundry
cilşoxane *f* laundry *place*
cilûberg *n* uniform
cimaet *f* group
cimcime *m* coffee pot
cînar *m/f* neighbor
cindî beautiful; handsome
cins *m* sort/type; species; sex
cîns *m/f* jeans
cird *m* rat
cirm *f* fine; compensation
civak *f* community; society
civakî social
civangeh *f* assembly *meeting*
civat *f* assembly *meeting;* society *association*
civata wezîran *f* cabinet *political*
civatperest socialist
civatperezî *f* socialism
civîn to meet; *f* meeting
ciwan young; beautiful; *m/f* junior
ciwanî beauty
cizdan *m* wallet
cobir *f* caterpillar
colan *f* swing

cot *m* plow; pair
cot kirin to plow
cotkar/cotyar *m* farmer
Covid *f* Covid
cû *f* channel *of water;* canal
cûcik *m/f* chick; sparrow
cuda different
cumê *f* Friday
cûre: çi cûre? what kind?
cûtin to chew

Ç

çadir *f* tent; chador
çakmak *m* lighter
çalakkirin to switch on
çand *f* culture
çandî cultural
çandin *f* planting; farming
çandin to plant; to farm
çandinî *f* agriculture
çap *f* amount; printing; publication
çap kirin to print
çapker *m/f* printer *machine*
çapkirî published; printed
çapxane *f* printer *place*
çar four
çar roj bêtir berê four days before
çarçik *f* square
çaran fourth
çardeh fourteen
çare *f* solution
çarem / çaremîn fourth
çareser kirin to solve
çargavî kirin to gallop
çarik *m/f* headdress *women's*

çarox *f* sandal
çarsed four hundred
çarsibe four days from now
çarşemb *f* Wednesday
çarşev *f* sheet
çarşeva pak *pl* clean
çaryek *f* quarter *one fourth*
çaş *m* mercenary
çav *m* eye
çavdêrî *f* surveillance
çavdêriya tenduristiyê *f* healthcare
çavdêriya zarok *f* childcare
çaverê bûn to expect
çavik *f* compartment; glasses
çavkanî *f* spring *water;* source
çavkaniyên darayî funding
çawa? how?; **tu çawa yî? / hûn çawa ne?** how are you?
çawîş *m* sergeant
çaxê ku when
çay *f* tea; **çaya bi leymon** *f* tea with lemon; **çaya bi şîr** *f* tea with milk
çaydank *m/f* kettle
çayorî mudslide
çayxane *f* teahouse
çê kirin to make; to fix
çêbûn to take place
Çêk Czech
çek *m* check *of bank;* weapon; arms
çeka dijbalafir *f* anti-aircraft gun
çekdanîn *f* truce
çekên rêwandî *f/pl* traveler's checks
çekûç *m* hammer
çel forty
çêlek *f* cow

çeltik *m* handbag
çem *m* river; *f* jaw
çemandin to bend
çembil *m* handle
çend some; **çend?** how many?; **çend qeder?** how much/many?; **digel vî çendî** however
çene *f* chin
çeng *f* harp
çengal *f* fork
çente *m* backpack; satchel
çenteyê hilgirtinê *m* carrier bag; plastic bag
çenteyê rêwîtiyê *m* suitcase
çenteyê zêde *m* excess baggage
çep left
çeper *f* fence; barricade
çeperê rê *m* roadblock
çepgêr left-wing
çepik dan to clap
çer *f* grass
çêr lê kirin to swear *curse*
çerçev *f* sheet; **çerçeva pak** *pl* clean sheets
çêrê *f* grass; pasture
çerez *f* nut/nuts
çêrîn to feed *an animal*
Çerkez Cherkez *person;* Circassian *person*
Çerkezî Cherkez *thing;* Circassian *thing*
çerm *m* skin; leather
çerx *m/f* wheel; tire
çerxerê *f* roundabout *road*
çeştxane *f* restaurant
çewt false
çewtî *f* mistake

çi anything/something; **çi?** what? **tu çi dixwazî?** what do you want?; **çev çi ye?** what's that?

çi cûre? what kind?

çi cûreyî? what kind?

çi tor how?

çi wext? when?

çileya paşîn f January

çileya pêşîn f December

çima? why?

çîmen m meadow

çimkî because

Çîn f China

çin m/f class social; **yekem çîn** first class; **çîna karsaziyê** f business class

Çînî Chinese

çînîn to cultivate; to harvest

çiqas? how much?; how many?; **çiqas nêzik?** how near? **çiqas dûr?** how far?; **çiqas e?** how much is it?

çiqil m/f hook

çir kirin to rinse

çirax f lamp

çirik f second of time

çiriya paşîn f November

çiriya pêşîn f October

çirûsk f flash

çît m curtain/curtains

çivane m/f bend in road

çivir m/f fat

çivt lêdan to kick

çîya m mountain

çiyager m/f climber

çiyagerrî f hiking

çiyayên rêzkirî pl mountain range

çîyayî m/f highlander

ço m/f stick noun

çok m/f knee

çol f desert

çolag m/f weaver

çolî wild

çong m/f knee

çortan pl curds

çûn to go

çûne hecê to go on hajj

d

dabeş kirin to divide; to distribute

dabeşkirin f division

dad m/f law

dadgeh f law court

dadgeha şêr f war tribunal

dadger m/f judge

dadmendî f justice

dadwer m/f judge

dagîr kirin to invade; to occupy

dagîrker m invader; occupier

dagîrkirin f invasion; occupation

dahatin to go down

dahatû f future

dahêner m/f inventor

dahênerî f invention

daketin to fall; to unload; to disembark

da ku in order that

daliqandin to hang

damezirandin to set up

dan to give; m boiled wheat; **dexl û dan** m/pl crops

dan nasîn to introduce

danê sivik xwarin snack
Danîmarkî Danish
danîn to put
danişgayî *m/f* academic
  noun/adjective
Danmarkî Denmark
dans *m/f* dance/dancing
danûstandin *f* shopping;
  commerce; **navenda**
  danûstandinê *f* shopping
  centre/shopping mall
danûstandin *f* talks
daqûl bûn to kneel
daqurtandin to swallow
dar *f* tree/trees; wood
  substance; **dest û dar** *m*
  situation
darayî *f* finance
darbasbûn nîne no entry
darbest *f* stretcher *medical*
darçîn *f* cinammon
darikek diranan *m/f* toothpick
darîn wooden
daristan *f* wood; forest
darterm *f* stretcher *medical*
dartiraş *m* carpenter
das *f* sickle
dawe bikin to download
dawî/dawîn late; recent; *f* end;
  final *sports*
dawiya hefteyê *m* weekend
daxwaz *f* request; wish
daxwaz kirin to wish; to seek
daxwazkirina penaxwaziyê to
  seek asylum
dayik *f* mother
dayîn *f* gift
dê will/shall; *f* mother
dê û bav *pl* parents

debance *m* gun *pistol*
debirandin to feed
debriyaj *f* clutch *of car*
debûş *m/f* resin
dêdik *f* spleen
def *f* drum
defa çîyê *f* mountain slope
defîne *f* treasure
deftardar *m/f* accountant
defter *f* notebook
deh ten
dehan tenth
dehem / dehemîn tenth
dehf dan to push
dehsal *f* decade
delir brave
delîyan to starve
dem *m/f* period; time; **ji demek**
  dirêj for a long time; **van**
  demên dawî recently
dema/dema ku when
dema niha present
demajo *f* timetable
demar *f* vein; artery
dembol *m/f* plum
demê boş free time
demilmest right away
demjimêr *f* watch
demjimêrçeker *m/f*
  watchmaker
demlik *m/f* kettle
demokrasî *f* democracy
demokratîk democratic
dêmper *f* bumper *of car*
demsal *f* season
demxe *f* stamp *official*
deng *m* noise; sound; voice;
  vote; **deng dan** to vote

dengdan

dengdan to ring *phone; f* voting
dengder *m/f* voter
dengnasî *f* phonetics
deodorant *f* deodorant
dep *m/f* board *of wood*
deq *f* pine cone; spot *on skin;* callus; tattoo; text; **deq kirin** to tattoo
deqe/deqîqe *f* minute; moment
der outside; *f* place
dêr *f* church; monastery
dêra ketî *f* flat tire; **me dêra ketî** we have a flat tire; **ma tu dikarî dêran biguherî?** can you change the tire?
derbar *m* trial *court*
derbasbûn *f* access
derbasdarî currency
derbaskirin to overtake
derbaz bûn to cross
derdese *m/f* rabies
derenc *f* steps; stairs
derencok *f/pl* stairs/staircase
dereng late; **otobûs ketiye derengiyê** the bus is late
derengî *f* delay; **balafir ketiye derengiyê** the plane is delayed
derew *f* lie
dergeh *m/f* gate
dergistî *m* boyfriend; *f* girlfriend; *m* fiance; *f* fiancee
derhêner *m* producer
derî *m* door
derî girtin to lock *the door*
derîk *m* entrance
derince *m/f* ladder
deriyê sînor *m* border crossing
derketin to go out; to go up; to check out; *f* exit; *f* departure/

departures; **derketin kengê ye?** what time is check-out?; **derketin di 10ê sibehê de ye** check-out is at 10am
derketina tengaviyê *f* emergency exit
derman *m* spice; d; medication; medicine; treatment
derman kirin to cure; to treat
dermanê kêzikan *m* insecticide
dermanê mêş û kermêşan *m* mosquito repellent
dermanfiroş/dermanxane *f* pharmacy
dermansaz *m/f* pharmacist
dernefîs *m* screwdriver
dernexûn upside down
derodero homeless
ders *f* lesson
ders dan to teach
ders gotin to instruct
ders kirin to pass an exam
dersdêr *m/f* professor *lecturer*
dersxane *f* classroom; grade *school year*
derûnî internal; psychological; spiritual
derûnnas *m/f* psychologist
derûnnasî *f* psychology
derveyî outside of
derxistî excluded
derxistin: jê derxistin to subtract
derxwîn *m/f* lid
deryaçe *m/f* lake
derzî *f* pin; needle
derzî lêdan to inoculate
derzin *f* dozen
desember *f* December

desgeh *f* office

desgeha çente *f* baggage counter

desgeha rastkirinê *f* check-in desk

desgirtî *m* fiance; *f* fiancee

desmala kaxiz *f* napkin

dest *m* hand; suit *of clothes*

dest avêtin to touch

dest jê berdan to surrender

dest ji kar berdan to go on strike

dest pê kirin to begin

dest û dar *m* situation

destar *m* grinder

destav *f* toilet/toilets

deste *f* block

desthilat *f* power *political*

destik *m/f* handle

destikê sîfonê plug *bath*

destkisî *f* espionage

destmala kaxiz *f* tissue/tissues

destnivîs *f* manuscript

destpêk *f* beginning

destşok *f* sink *washbasin*

destûr *f* permission; permit; regulation/regulations

destûrê astengî retired; **ez destûrê astengî me** I am retired

deşt *f* plain/plains

deterjan *f* washing powder

dev *m* mouth; gate

dev jê berdabin to quit

dever *f* area

deverê mînê *m* minefield

devî *m/f* bush; shrub

devik *m* plug *bath*

devkî spoken

devok *f* accent

dewlemend rich

dewlet *f* nation

dewleta serbixwe *f* independent state

Dewletên Yekbûyî yên Amerîkayê *pl* U.S.A.

dewlik *f* bucket

dewre *f* term *academic*

dewrên salê *pl* the seasons

dexl *m* crops

dexl û dan *m/pl* crops; produce

deyn *m/f* debt

deyndan *f* to lend

deyngirtin to borrow

dezgeh *f* workshop

dezî *m/f* thread

di: di... da/de in; **di... ra** by ; **di ... ra/re** by; through; **di ... ve** through; **di bareya ...de** about; concerning; **di ber** instead; **di demê xwe de** on time; **di derheqa** about *regarding*; **di evarê de** in the evening; **di malê de** at home; **di nav ... de** among; inside of; **di navbera ... da** among; between; **di nîvrojê de** in the afternoon; **di pêvajoya ... de** during; **di serê sibehê de** in the morning

di- *present and progressive prefix*

dî *m* rooster

dibistan *f* school; college

dibistana navîn *f* high school/secondary school

dibistana seretayî *f* junior school/primary school

Dicle *f* Tigris *river*

didan *m* tooth/teeth
diduyan second
difn *m/f* nose
digel with
digel ku although
digel vî çendî however
dihî yesterday
dijayetî *m/f* opposition
dijgenî antiseptic
dijî *m/f* opposition
dîjîtal digital
dijmin *m/f* opponent; enemy
dijwar difficult; **zivistana dijwar** *f* severe winter
dîk *m* cock/cockerel
dikan *f* shop/store
dikana gulan *f* florist's shop/stall
dikandar *m/f* shopkeeper
dikîtînin: tu çawa wê dikîtînî/hece dikî? / hûn çawa wê dikîtînin? how do you spell that?
dil *m* heart; **bi can û dil!** you're welcome! *answer to 'thanks!'*; **nexweşiya dil bi min re heye** I have a heart condition
dîl *m/f* prisoner; **dîl girtin** to take prisoner
dildar *m/f* volunteer
dîlê şerî *m* prisoner-of-war
dilkovan sad
dilniya: ma tu dilniya yî? are you sure?; **ez dilniya me** I am sure
dilopa çavan *f* eye drops
dilovan kind; **ez dilovanim** I am certain
dilşad happy; **ez dilşad im** I am happy

dilsoz reliable
dilwxeş satisfied
dîmen *m/f* scene; view
dimilî/dimilkî Zaza/Zazaki
din other
dîn insane; *m* religion
dînam *f* dynamo
dinya *f* world; **tu li ku hate dinyayê? / hûn li ku hatine dinyayê?** where were you born?; **ez li ... hatime dinyayê** I was born in ...
dîplomat *m/f* diplomat
dîplomatîk diplomatic; **pêwendiyên dîplomatîk** *pl* diplomatic ties
dir stormy
diran *m* tooth/teeth; **jana dirana** *f* toothache; **diranê min diêşe** I have toothache
diransaz *m/f* dentist
dirav *m/f* money
diravên metal *pl* coins
diravî financial
dirb *f* path
dirdirk *f* thorn
dirêj high; long
dirêj kirin to stretch
dirêjahî *f* length
dîrek *m* drilling rig
dirîn to reap
dirme *m/f* germs
dîrok date; history
dîroka zayînê date of birth
dîroknas *m/f* historian
dirrî *m* wild strawberry
dirûn *f/pl* stitches *medical*
dirûnker dressmaker
dirûşm *f* slogan

dirust exactly
dirustî: bi dirustî properly
dirûtin to sew
diryas *f* scythe
dîsa again
dîsko *m/f* disco
dîtin to see; to watch; to find
divê must; have to
diviya must; had to
diwanzdeh twelve
dîwar *m* wall
diyabetî diabetic
diyar visible; obvious
diyarî *f* gift; souvenir
diz *m/f* thief
dîzayn *f* design
dîzaynker *m/f* designer
dîzel *m* diesel
dizî *f* robbery
dizî kirin to rob
dizîn to steal
DJ [dî-jey] *m/f* DJ
doktorê zarokan *m*/**doktora zarokan** *f* pediatrician
dol *f* breed; valley
dolab *f* cupboard; closet
dolar *m* dollar
dolme *pl* stuffed vine leaves
dolmik *m* squash *vegetable*
dondurme *m/f* ice-cream
dor *f* turn; **dora min e** it's my turn; **dora te ye** it's your turn
dorandin to lose *sports*
dorgirtin to surround
dorpêç *f* siege
dorpêç kirin to lay siege to
doşav *f* syrup
doşek *f* mattress

dotin to milk
dotira rojê the day after
du two; **du car** twice
dû *m/f* smoke
dua *m/f* prayer
dubare kirin to repeat
dubendî *f* conflict
ducanî ez ducanî me I'm *m* pregnant
ducanîbûn *f* pregnancy
duçerx *f* bicycle; **tamîrgeha duçerxeyê** *f* bicycle repair shop
duçerxa agirîn *f* motorbike
dudu two
duduyan second
du-hefte fortnight
dûhn *m* oil *cooking*
duho yesterday
duho êvarê yesterday night
duho nîvrojê yesterday afternoon
duho sibehê yesterday morning
dûkanê parçeên erebê *m* car parts store
dûkel *m/f* steam
dukesî : nivîna dukesî *f* double bed; **odeya dukesî** *f* double room
dundirme *m/f* ice-cream
dupat double
dûpişk *f* scorpion; Scorpio
dûr far; distant; **ev dûr e?** is it far?; **pir ne dûr e** it's not far; **çiqas dûr?** how far?; **dûrahiya hotêlê çiqasî ye?** how far is the hotel?
dûrbihîstok *m/f* telephone
dûrbîn *f* binoculars; telescope

dûrdest unavailable

dûrgehîn *f* telecommunications

dûrî *f* distance

duriyan *f* junction

dûş *m/f* shower

dused two hundred

duşemb *f* Monday

dusibe/dusube the day after tomorrow

duwem(în) second

duwem çîn/duwem sinif second class

duwemîn *f* second *of time*

duyem(în) second

dûz level; straight

dûzan *m* razor/razor blade

duzimanî bilingual

duzimanîtî *f* bilingualism

dwanzdehan twelfth

dwanzdehem(în) twelfth

e/ê

e is

-ê him/her/it; then

ebûqat *m/f* lawyer

eceb strange

ecebmayî surprised

Ecem *m/f* Iranian *person*

ecî *f* grandmother

ecibandin like

ecûr *m/f* gherkin

edab *f* pus

edeb polite; **bê edeb** rude

edebiyat *f* literature

edil *f* basket

efsane *f* legend

efser *m* officer

efserê yekstêr *m* lieutenant

egal *f* headscarf

eger if; *f* cause; **eger pêkan be** if possible

egerîn to return

-ek a/an

ekran *m* screen *TV/computer*

eksoz *f* exhaust *car*

ekstenşin *m/f* extension *number*

elektrîk electric; *m/f* electricity

elîh *m* eagle

Elmanî German

Elmanya *f* Germany

elok *f* turkey

em we; us

e-mail *m/f* email

emanet *f* deposit *financial*

embar *f* barn; store; warehouse; depot

embar kirin to store

embe *m* mango

emê we will; we would

êmê approximately

emeniyet *f* security

Emrîka *f* America

Emrîkî American

encam *f* result

endam *m* limb; member

endamê parlamanê *m* / **endama parlamanê** *f* member of parliament

endamên parlemanê *pl* members of parliament

endamên protez *m* artificial limb

endamên zayendî *pl* genitals

endezyar *m/f* engineer

enenas *m/f* pineapple

e-name *f* email
e-nameyê şandin to send an email
enfeksyon *f* infection
enîşk *f* elbow
enqaza erebeyê *f* car wreck
enstîtû *f* institute
epîdemî *f* epidemic
erd *m/f* ground; floor; land; the Earth
erdê îndûstrî *m* industrial estate/park
erdhêj *f* earthquake
erdhejîn *f* earthquake
erdnîgarî *f* geography
erê yes
Ereb Arab
erebe *f* car; vehicle; **ereba bi çarçerekî** *f* four-wheel drive *vehicle*; **dûkanê parçeên erebê** *m* car parts store; **parka erebê** *f* carpark; **pelên erebê** *pl* car papers; **têkera erebê** *f* car registration
erebane *f* tambourine
erebeya seqetan *f* wheelchair
Erebî Arabic; **tu dikanî bi Erebî bipeyivî?** do you speak Arabic?; **ez bi Erebî dipeyivim** I speak Arabic
erênî positive
êrîş *f* attack
êrîş kirin to attack
êrîşa esmanî *f* air raid
erkê mal *m* homework
Ermen Armenian *person*
Ermenîkî Armenian *thing*
Ermenîstan *f* Armenia
ern *m/f* anger

erûk *m/f* peach
êrya *m/f* safety
erzan cheap
erzantir cheaper
erzaq *m* provisions *supplies*
erzînk *f* chin; jaw
esil *m* origin
espab *f* equipment
êstgeh *f* station
êstgeha hevkêş *f* train station
êş *f* pain; **ez êşek me** I have a pain
êşa qirikê *f* sore throat
eşandin to punish
êşbir *m/f* painkiller; tranquilizer
êşkuj *m/f* painkiller
êtûn *f* oven
ev he/she/it; they; him/her/it; them; this; these
êvar *m/f* evening; **êvar baş!** good evening!
evîn *f* love
ew he/she/it; they; him/her/it; that; those
ewê he/she/it will; he/she/it would; they would
ewel/ewelî first
ewlegeh *m/f* shelter
ewlehî *f* security
ewlehiya rêwandî *f* travel insurance
ewlehiya tibbî *f* medical insurance
ewlemend safe
ewlîk *f* midwife
ewqa so much
ewr *m/f* cloud/clouds
ewrayî cloudy
ewro *m/f* euro

Ewropa *f* Europe
Ewropayî European
exuyayî unseen
eyal *m/f/pl* family
eyd *f* holiday/holidays *Islamic*
eylûl *f* September
eyn/eynî equal; same
eywan *f* salon
ez I; me
ezê I will/shall; I would
ezeb single *not married*
Êzîdî Yezidi
êzing *m/f* wood *forest*; firewood
ezîz dear; saint; **tirba ezîzî** *f* saint's tomb
ezman *m/pl* sky
ezmûn *m* muscle

f

falinc *f* stroke *medical*
fan *m/f* fan *supporter*
Faris *m/f* Iranian *person*
Farsî Farsi/Persian; **tu dikanî bi Farsî bipeyivî? / hûn dikanin bi Farsî bipeyivin?** do you speak Farsi?
fasolî *f* beans
fatora/fatûre *f* check/bill; receipt
fayl *f* file
federal federal
federasyon *f* federation
fêkî *m/f* fruit
felç bûn to suffer a stroke
felfel *m/f* red pepper
felq *f* shutter/shutters
felt-tîp *m/f* felt-tip pen

feqîrî *f* poverty
fer essential
fêr bûn to learn
Ferat *m* Euphrates *river*
ferfûr *m/f* porcelain
ferheng *f* dictionary
ferman *f* order
ferman dan to order
ferman kirin to command
fermanber *m/f* civil servant
fermandar *m* head *person*
fermandarî *f* administration
fermangeh *f* headquarters; central office
fermanrewayî *f* government
fermî official
ferş *m/f* slate
ferz *f* obligation *religious*
fesal careful
fesil *f* reconciliation
festîval *f* festival
festîvala fîlman *f* film festival
festîvala gelêrî *f* folk festival
festîvala mûzîkê *f* music festival
festîvala şanoyê *f* theatre festival
fevrîye *f* February
feyde *f* use
fêza çem upstairs
fikir *f* idea
fîl *m* elephant
File Assyrian; Chaldean; Nestorian; Christian
Filetî *f* Christianity
Filistîn *f* Palestine
Filistînî Palestinian
fîlm *f* movie/film
fîlmger *m/f* filmmaker

fînal *f* final

fîncan *f* cup; **fîncaneke din** another cup

find *m* candle/candles

findeq *f* hazelnut

firaq *m/f* dish

firavîn *f* lunch

firçe *m/f* brush

firçeya diran *f* toothbrush

firçeya por *f* hairbrush

fireh wide

firehî *f* width

firîn to fly; *f* flight; aviation; **hejmara firînê** *f* flight number

firîna navneteweyî *f* international flight

firîna navxweyî *f* internal flight/domestic flight

firne *f* bakery

firoke *f* airplane

firokexane *f* airport

firoşgeh *f* shop/store

firoşgeha diyariyan *f* souvenir shop

firoşgeha kinc *f* clothes shop

firoşgeha mezin *f* supermarket

firoşgeha pêlav *f* shoe shop

firoşgeha tiştên elektrîkê *f* electrical goods store

firoşgeha xirdewat *f* hardware store

firoşgeha zerzewat *f* vegetable shop

firotin to sell; *f* sales; selling

firotinên bi erzanî *f/pl* sales reductions

firşik *m/f* rennet

firûn *f* cooking stove

fîş *m* plug

fişar *f* pressure

fisteq *f*; **fistiq** *f* pistachio

fitar *f* iftar/breaking fast *of Ramadan*

fitar kirin to break fast *Ramadan*

fîtesa boş *f* neutral gear/drive

fitesa vala *f* neutral gear/drive

fîzîk *f* physics

fîzîkzan *m/f* physicist

Flamanî Flemish

Flanderî Flemish

Flanderz *f* Flanders

flaş *m/f* flash

flû influenza

forma *f* form; uniform; **vê formê dagire** fill this form in; **formek îmze kirin** to sign a form

forma sepandinê / forma serlêdanê *f* application form

forûm *f* forum

fotokopî *f* photocopy

fotoxraf : **makînaya fotoxrafê** *f* camera

Fransa *f* France

Fransî French

fren *m* brake/brakes

frengî *f* tomato

frengiya sor *f* tomato

fûtbol *f* soccer

fûtbolê lîstin to play football

g

ga *m* bull; ox; Taurus; **goştê ga û mange** *m* beef

galon *f* gallon

gamêş *m* buffalo

garan *f* herd; flock

garis *m* corn/maize

gav step

gava/gava ku when

gaz *f* gas; **boriya gazê** *f* gas pipline; **qotîka gazê** *f* gas canister; **şûşeya gazê** *f* gas bottle

gaza rondikrêj *f* tear gas

gazî kirin to call

gazin *f* complaint

gazin kirin to complain

gazinde *f* complaint

gazinde kirin to complain

gazîno *m/f* casino

geboz *f* ravine

gêj dizzy

gel *m* people; the public

gelawêj *f* August

gêlaz *f* cherry

gêle *f* ant

gelek many; much; very; **gelek gelek** maximum; **gelek hindik** too little; **gelek pir** too much/too many; **gelekî germ** very hot

gelemper the public

gelêrî folk; popular

gelhe *f* population

gelî *m* mountain pass

gelo I wonder...; whether; *introduces a question*

gelwaz *m/f* necklace

gem *f* snaffle *bit*

gemarî dirty; *f* pollution

gemî *f* ship

genav *f* swamp

gencevan *m/f* cashier

gencîne *f* treasure

gendelî *f* corruption

general *m* general

genim *m* wheat; corn

ger if

gêra paşve *f* reverse

gerden *m* neck

gerdîş *m/f* coup d'etat

gerestêr *f* planet

gerewe *m/f* hostage

gêrge *f* gear *of car*

gerik *f* pollen

gerîla *m/f* guerrilla

gerîn to look for

germ hot; warm; **ava germ** hot water; **ez germ im** I am hot; **gellekî germ** very hot; **hewa germ e** it is hot *weather*; **kincên germ** *pl* warm clothes; **pir germ** very hot

germahî *f* heat; warmth

germahiya giştî *f* global warming

germateya pêşayî *f* heat stroke

germav *f* bathroom; bath; thermal springs

germî *f* heat

germixîn to ferment

germkirin *f* heating

germpîv *m/f* thermometer

gernas *m* hero

geşname *m/f* passport

geşt û guzar *m/f* tourism

geştyar *m/f* tourist

gewahî dan to testify

gewde *m* body; trunk *of tree*

gewher *m/f* jewel; jewelry

gewherfiroş *m/f* jeweler

gewrî *f* throat; **gewriyê min diêşe** I have a sore throat

gêzî *f* broom

goştfiroş

gezina mar *f* snake bite

geztin to bite; **ev kezik min gez kir** this insect bit me; **ev mar min gezt** this snake bit me

geztina kelemêş *f* mosquito bite

geztina kêzik *f* insect bite

gihan to arrive

gihayê pûç *m* haystack

gihîştin to arrive; to join; to fit; *f* arrivals

gijnîj *f* coriander

gilale *m/f* trunk *of tree*

gileş *m/f* garbage/rubbish; waste

gilî *m* speech *speaking*

gindor *f* zucchini

gir *m* hill; itch/itching; scab

giramgir respectful

giran heavy; **qezayeke giran** *f* a serious accident

giranî *f* weight

giraz *m/f* soup

girde *m/f* roll *of bread*

girê *f* knot

girêç *m/f* noise; name

girêçî noisy

girêdan to tie

gîretî *f* constipation

girîn to weep

girîng important; **ne girîng e** it doesn't matter

giringî *f* importance

girîxane *f* prison

girtî closed

girtîgeh *f* jail

girtin to close; to hold; to catch; to arrest; **saet di çendan de tê girtin?** what time does it close?; **masî girtin** to catch a fish

girtina depedorê *f* corkscrew

gişk all

giştî public; general

gîtar *f* guitar

gîtarê jenîn to play guitar

giya *m* grass; herb

giyanbeşx *m/f* martyr

giyasimnik *f* sorghum

gizêr *m/f* carrot

gizgizîn û tevizîn *f* pins and needles *tingling*

glopên nîşander *pl* indicator lights

gog *f* ball

goga pê *m/f* football

gogercîn *m/f* dove

gol *f* lake; *m* goal

golf *m* golf

golik *m/f* calf *cow*

gomleg *m/f* shirt

gor according to; *m/f* grave; tomb

Goranî Gorani

gore *m* sock/socks

gorî *m/f* victim

gorî ku as

goristan *f* cemetery

goşe *m/f* angle; corner

goşt *m* meat

goştê beraz/goştê xinzîr *m* pork

goştê berxê *m* lamb *meat*

goştê ga û mange *m* beef

goştfiroş *f* butcher's shop

goştnaxwêr vegetarian; **ez
goştnaxwêr im** I am a
vegetarian
gotar f article; speech; lecture
gotarbêj m/f speaker; **gotarbêjê
mêvan** guest speaker
gotin to tell; to say
gotina pêşîyan f proverb
govar f magazine
govek f volume; size; arena;
generation; sphere
govend f folk dancing
govendgêr m/f folk dancer
govend girtin to dance
gozek m ankle
gram f gram
grev f strike *from work*
grev kirin to go on strike
grîb m/f flu
grûb f group
guh m ear
guhar m/f earring/earrings
guhartin to change; **ez
dixwazim hin dolaran
biguherînim** I want to
change some dollars
guhdar m/f listener
guhdarî kirin to listen
guherîna avûhewayê f climate
change
guhertin to change; f
replacement
guhertina klima f climate
change
guhestin to transfer *money*
guhestîna para f transfer *money*
guhêzbar portable
guhêzok f car

guhêzoka newexşan f
ambulance
guhişandin to surprise
guhşeytan f snail
gul f rose; flower
gulan f May
gulaş f wrestling
gulberroj f sunflower
guldank f vase
gule f bullet; shell
guleberdan to shoot; **gule
bernede!** don't shoot!
gulebûk f weasel
gulereşandin to shoot down
guleştgir m/f wrestler
guleya neteqî f unexploded
ordnance
gulkelemî m/f cauliflower
gumgum m/f water bottle
gumgumok f lizard
gumreh great
gumrik f customs *at border*
guncik m/f capsicum/sweet
pepper
gund m village
gundor f melon
guneh f crime
gunehbar m/f suspect
gunehbarkirin to condemn
gupik f blossom
gur m wolf
gurandin to skin
Gurc Georgian *person*
Gurcî Georgian *thing*
gurçik f kidney
Gurcistan f Georgia
guregur f thunder
gustîl f ring

gustîrk *f* ring
guvaştin to press
gûz/gwîz *f* walnut
gûzan *m* razor/razor blade
gûzek *m* ankle

h

hacîreşk *f* stork
hal *m* state; condition
hammamê tirkî Turkish baths
harî *m/f* rabies
harîn to grind
hasil *f* income
hatin to come; to blow *wind*; **tu bi xêr hatî! / hûn bi xêr hatin!** welcome!
hatin û çûn *f* traffic
havêtina mîn *f* mine disposal
havîn *f* summer
hawar *f* help
hawin *f* mortar *weapon*
hawirde *f* import/imports
hawirde kirin to import
hawirdor about
hawkirin to be irritated *skin*
hazir prepared; present
hê still *adverb*
heb *m/f* pill/tablet
hebekî a little bit
hebên xewê *pl* sleeping pills
hebû had; there was...
hebûn to have; there were...
hec *f* hajj/pilgrimage *to Mecca*
hecac *f* storm cloud
hecî *m* hajji/pilgrim *to Mecca*
hed *m* border
hedan *f* rest *resting*

hêdî slow
hêdîka slowly
hefîbalinde *m/f* poultry
heft seven
heftan seventh
heftdeh seventeen
hefte *f* week
heftê seventy
heftsed seven hundred
heftem / heftemîn seventh
hefteya çû last week
hefteya raborî last week
hefteya tê next week
hejîn to shake; to shiver
hejîr fig
hejka mejî *f* concussion
hejmar *f* number; **hejmara firînê** *f* flight number; **hejmara geşnameyê** *f* passport number; **hejmara odeyê** *f* room number; **hejmara platformê** *f* platform number
hejmartin to count
hêk *f* egg
hêkesor *f* Easter
hektar *m* acre
hêl *m/f* line
helal permitted *Islam*
hêlan *f* trekking
helbest *f* poem
helbestvan *m/f* poet
helbet certainly
helez *m/f* plant
helîkopter *f* helicopter
helîn to thaw
hêlîn *f* nest
helkeft *f* occasion
helû *m* eagle
helwa *f* halva

hema hema

hema hema almost
hema ku as soon as
hemam *f* bath; bath house
hemamiş kirin to bathe
hember: li hember opposite
hemşîre *m/f* nurse
hemu every/all
hemû bi hev re! all together!
hemwelatîbûn *f* citizenship
hene there are...; to have
henek *f* humor; joke
henîfe *f* plug *bath*
hênik cool
heq *m* wages
heqê xwe standin to charge
  money
heqyat *f* pay
her every; each; all; always; **her
  kes** eveyone; **her roj** every
  day
her- *subjunctive stem of* **çûn** to
  go
heram forbidden *Islamic*
heramî *f* prohibition *Islamic*
herçend although
herçî every
herdem always
herder anywhere
herdu both
here most
here! go!
herêm *f* province; region
herêmî regional; local
heres *m/f* landslide
herî -est; most; really; *f* mud;
  clay
herî mezin greatest
herî xirab worst
herifandin to destroy

herimîn to be spoiled
herişandin to scratch
herkes each
herkesê ku anybody who
herku keep on ...-ing; kept on ...
  -ing
hermê *f* pear
hero every day
herwekî as
herwekî ku just as
herzin *m* millet
hesab *m* account; bill;
  calculation
hêsan easy
hesas sensitive
hesin *m* iron
hesinger *m* smith
hesinî iron
hesîr *f* mat
hesp *m/f* horse
hesp ajotin *f* horse riding
hesp û erebeya duçerx horse
  and cart
hespbez *m/f* horse racing
hespê biçûk *m/f* pony
hespik *f* roundabout *playground*
hespsiwarî *f* horse riding
hestî *m* bone
hêstir *f* tear/tears *in eye*
hestiyarî *f* allergy
hest kirin to feel
heşîn blue
heşt eight
heştan eighth
heştê eighty
heşteh eighteen
heştem / heştemîn eighth
hêştir *m* camel
heta until; as far as; in order that

a : f<u>a</u>ther   *e* : p<u>a</u>t   *ê* : h<u>ey</u>   *i* : h<u>i</u>t   *î* : h<u>ea</u>t   *u* : p<u>u</u>t

heta ku in order that; until; so long as

hetahetayî forever

hetav *m/f* sun

hêtûn *f* kiln

hev each other; **hemû bi hev re!** all together!

hev xistin to stir

heval *m/f* friend; companion

hevberdayî *m/f* divorced

hevbeş *m* partner

hevdîtkar *m/f* negotiator

hêvên *f* yeast

hevgirî *f* coalition

hêvî *f* wish; hope

hêvî kirin to wish

hêvîdar bûn to hope

hevîr *m* dough; pasta

hevirmîş *m* silk

hevkar *m/f* colleague

hevkarî *f* co-operation; partnership

hevkêş *m/f* train

hevoksazî *f* syntax

hevpar joint *adjective*

hevpeyvîn *f* interview

hevser *m/f* spouse

hevwelatî *m/f* citizen

hew nihêrî unexpectedly

hewa *f* air; weather; climate; **hewa germ e** it is hot; **hewayê baş** *m* good weather; **hewayê xirab** *m* bad weather

hewas *f* interest

hewcê... bîn to need

hewcetî *f* need/needs

hewên xewê *pl* sleeping pills

hewir *m/f* sponge

hêwirge *f* accommodation

hewl dan to try

Hewramî Hawrami

hewran *m* coat

hewş *f* courtyard

hewz *m* reservoir

hewza avjeniyê *f* swimming pool

heyam *f* term *academic*

heye there is...; to have

heyet *f* organization *entity*

heykel *m/f* statue; sculpture

heyn *f* term

heynî *f* Friday

heyşsed eight hundred

heyşt eight

heyşta eighth

heyştê eighty

heyştemîn eighth

heyv *f* moon; **heyva tije/heyva tevî/heyva çardeşevî** *f* full moon; **heyva nîvî** *f* half moon; **heyva nû** *f* new moon

heywan *m/f* animal/animals

heywanê memîl *m* mammal

heywanet *m* livestock

hêz *f* strength; power

hêza gerdîleyî *f* nuclear power

hêza hewayî *f* air force

hêza polîs *f* police force

hezar thousand

hezar gram *m/f* kilogram

hezar metir *m/f* kilometer

hêzên asmanî *pl* air force

hêzên ewlekarî *pl* security forces

hêzên işgalkirinê *pl* occupying forces

hezîran *f* June

hezkirin to love
hîjdeh eighteen
hikumet *f* government
hîlal *m/f* new moon
hilberî *f* production
hilbijartin to elect; *f* election/
    elections
hildan to raise
hîle *f* trick
hilfîrîn to fly; to take off; *f*
    aviation; **balafir kengî
    hildifire?** what time does the
    plane off?
hilgirtin to carry; to pick up; to
    lift
hilgire! lift!
hilkişer *m/f* climber
hilkişîn to climb; *f* climbing
hilm *f* steam
hilû smooth
hinar *f* pomegranate
hinarde *f* export/exports
hinardeker *m/f* exporter
hinardekirin *f* export/exports
hinavêş *f* diarrhea
hîn bûn to learn
hind so many
Hind *f* India
Hindî Indian
hindik: gelek hindik too little
hindikî a little bit
Hindistan *f* India
Hîndkî Hindi
Hindû Hindu
Hindûîzm *f* Hinduism
hindûr *m* interior
hiner *m/f* art; talent
hingaftin *to* strike *hit*
hingê then

hingiv *m* honey
hîn kirin to teach
hinkufê hev compatible
hirç *m/f* bear
hirî *f* wool
hiş *m/f* memory
hiseynok *f* snail
hişk dry; hard; *f* drought
hiştin to let
hişyar awake
hişyar kirin to wake up; **ji
    kerema xwe min saet di ... da
    hişyar bike** please wake me
    up at ... o'clock
HIV *f* HIV
hîv *f* moon; month
Hîva Sor *f* Red Crescent
hizir *f* thought
hizir kirin to think
hokî *f* hockey
hol *f* hut
hola konsertê *f* concert hall
Holanda *f* Netherlands
Holendî Dutch
hose *f* noise
hozan *f* poem; poetry
hozanvan *m/f* poet
huçik *m/f* sleeve
hucûm *f* attack
hukum *m* reign
hukumat *f* government
hûn/hun you *plural*
hunê you will *plural*; you would
    plural
hûnan to plait
hunergeh *f* art gallery
hunermend *m/f* artist
hunik cool
hûrkirin to exchange

hûrnêrîn *f* review *article*
hût *m* giant
hûzan *m* razor/razor blade

i / î

î are *you singular*
îcar this time
îdxalker *m/f* importer
îlla unless
îlon *f* September
im am
îmharkirina bombeyan *f* bomb disposal
îmtîhan *f* exam
îmza signature; **formek îmze kirin** to sign a form
in are
în *f* Friday
înan to bring
Îngilîstan *f* England
Îngilîz English *person*; **tu bi ingilîzî dizanî? / hûn bi ingilîzî dizanin?** do you speak English?
Îngilîzî English *thing*
înî *f* Friday
înkar kirin to refuse
înternet *m/f* internet
îqame *f* replacement
îqaza şiyarkirinê *f* wake-up call
Îran *f* Iran
Îranî Iranian
Îraq Iraq
Îraqî Iraqi
Îrlanda Ireland
Îrlandî Irish
Îrlenda Bakurî *f* Northern Ireland

îroj today; this morning; **îroj çi ye?** what date is it today?
îsal this year
îskan *f* tea glass
Îslam *m/f* Islam
Îslamî Islamic
îsot *f* pepper *capsicum/sweet pepper*
ispanax *f* spinach
îspat *f* proof
îspat kirin to prove
Îsraîl *f* Israel
Îsraîlî Israeli
îstasyona hêza gerdîleyî *f* nuclear power station
îstasyona radyoyê *f* radio station
îstasyona trenê *f* railway station
îşaret kirin to sign *deaf language*
îşaretan: zimanê îşaretan *m* sign language
îşaretkirin to tick
îşev tonight; this evening
işgal *m/f* occupation *of a country*
îşkence *f* torture
Îtalî Italian
Îtalkî Italian
Îtalya *f* Italy
ivîşk *m* butter
îzin *f* permission
îzin dan to allow

j

jak *m/f* jack *for car*
jana dirana *f* toothache
jant *f* spoke *of wheel*
januar; janvîye *f* January

Japon *f* Japan
Japonî Japanese
jar thin
jê = ji + wî/wê from him/her/it
jêbir/jêbirk *f* eraser/rubber
jêderxistin subtraction
jêhatî skilled
jehr *f* poison
jêkirin to amputate
jêmayî *m/f* survivor
jeng *f* rust
jengarî rusty
jêr down; *f* bottom
jêrebihur *f* underpass *road*
jêrîn below
jêrnivîs *f* script *play/film text*
jeton *f* token; **jetona hesinî** *f* metal token; **jetona plastîk** *f* plastic token
jêzêde extra; **bataniyeyek jêzêde** *m/f* an extra blanket
ji from, of; than; **ji ... der** beside/besides; except for; **ji ... re** to; for; with; **ji ... ve** from; as of; since; **ji ber** because of; **ji ber ku/ko** because; **ji ber vêya** so that; **ji bilî** aside from; **ji bo** for; for the sake of; in order to; **ji bo ku** in order that; **ji kengê ve** since when; **ji nava** from amongst; **ji xeynî** other than/ aside from; **ji ... û vir de** since; **ji ber kirin** to learn by heart; **ji bîra ... kirin** to forget; **ji bo vê yekê** therefore; **ji destan** to miss *fail to connect*; **ji kengê ve...?** since when ... ?; **ji kerema xwe re!** please!; **ji nişkêva** suddenly; **ji sedî** per cent; **ji Tirkiyeyê** from Turkey; **ji xwe** already; **tu ji ku derê ye? / hûn hi ku derê ne?** where are you from?; **ez ji ... me** I am from

jî even; also; still
jibona/jibona ku in order that
jihelî *m* slope *uphill*
jijî *m/f* hedgehog
jimar *m/f* calculation
jimartin to calculate; *f* calculation
jimêryar *m/f* calculator; accountant
jin *f* woman/women; wife
jîn to live; *m/f* life
jîndar alive
jinebî: ez jinebî me I am widowed *said by a woman*
jîngeh *f* environment
jinmîr *f* queen
jivan *m/f* rendezvous
jiyarî: mefên jiyarî *pl* civil rights
jiyîn to live
jor above; up; *f* top
jorahî upstream
jorîn upper
jûen *f* June
jûîya *f* July
jûr *f* room

k

ka whether; *f* straw *plant*
kablê barkirinê *m* charger cable
kablo *f* cable
kabloya teqwiyeyê *f* jump leads
kac *f* pine
kaçkaçk *f* dried fruit
kafeya înternete *f* internet café

Kafkaz *f* Caucusus
kal û bav *pl* ancestors
kambaxî *f* disaster
kamera *m/f* camera
kamp *m/f* camping; **em li ku dikanim kamp vekim?** where can we camp?
kampa dîlan *f* P.O.W. camp
kampa mişextiyan/kampa penaberan *f* refugee camp
kamyon *f* truck/lorry; **ajovanê kamyonê** *m/f* lorry driver
kamyona HGV *f* HGV lorry
kamyona konteyner *f* container lorry
kan *f* mine *mineral*
kanala televîzyonê *f* television channel
kandom *f* condom
kanî! well!
kapo *f* bonnet/hood *of car*
kar *m/f* work; job; occupation; *f* profit
kar kirin to work
karavan *m* caravan *vehicle*
kardar *m/f* administrator
karê şanoyê show business
karesat *f* disaster
karesata sirûştî *f* natural disaster
karêt *f* carriage/coach
karî *f* mushroom
karî kêmî *m* manual worker
karîn can/to be able
karker *m/f* worker
karkera karxanê *f* factory worker
karkerê desgehê *m* / **karkera desgehê** *f* office worker

karkerê hawarê *m* / **karkera hawarê** *f* aid worker
karkerê karxanê *m* / **karkera karxanê** *f* factory worker
karmend *m/f* employee; office worker; *pl* staff
karta karsaziyê *f* business card
karta krediyê *f* credit card
kartol *f* potato
kartolên qelandî *pl* french fries
karton *f* carton
karûbar *m/pl* affairs
karûbarên navneteweyî *pl* international affairs
karwan *m* convoy; caravan
karxane *f* factory
kasêt *f* cassette
kaşûn *f* slide
katjimêr *f* time; hour; clock; **katjimêr çend e?** what time is it?; **katjimêr ... e/ye** it is ... o'clock
Katolîk Catholic
kaxiz *m* paper *substance*
kaxiza avrêjê/kaxiza destavêf *f* toilet paper
kazîno *m/f* casino
kebab/kebap *m/f* shish kebab
keç *f* girl; daughter
kêç *f* flea/fleas
keçik *f* girl; daughter
keda xelqê xwarin to exploit
kêdêr *m* drug *narcotic*
kedî tame
kedûn *m* jug
kedxwar *m* parasite; colonizer
kedxwarî *f* exploitation; colonization
kêf *f* recreation; pleasure

kefçî *m* spoon
kefen *m* shroud
kefî *m* cask
kehnî! well!
kehrebe *f* electricity
kehwe *f* coffee; **kehweya bi şîr** *f* coffee with milk
kehweyî brown
kek *m* *older* brother
kel û pel *m/f/pl* equipment
kela *f* castle
kelandin to boil
kelek *f* raft
kelem *m/f* cabbage
kelemêş *f* mosquito
kelepûr *m* heritage
keleş *m/f* kidnapper
keleşê hewayê *m* hijacker
kêlgeh *f* farm
kelhe *f* castle; fort
kelle *f* snow shoe
kelpûç *m* brick
kêm few
kêm kirin to subtract
kêm zêde more or less
kêmasî *f* shortage
kemax *f* hip
kêmayetî *f* minority
kêmayetiya etnîkî/kêmayetiya nîjadî *f* ethnic minority
kembere *f* trailer
kembera şîrê *m* oil pipeline
kemer *f* belt
kemîndanîn ambush
kêmkirin *f* subtraction
kêmtir less
kêmxwînî *f* anemia
ken *m* smile

kendav *m/f* canal
kêndik *m* tourniquet
Keneda *f* Canada
Kenedî Canadian
kengê? when?
kenin laugh
ker deaf; *m/f* donkey; *m* piece; *f* knife
kerayî *f* deafness
kerem: ji kerema xwe re! please!; **kerem ke! / kerem kin!** come in!
keresteyê xav *m* raw material/raw materials
kêrgû *m/f* rabbit
kêrhatî useful
kerî *m* herd
kêrik *f* penknife
kerixî stale
kersax *f* seaside
kes anyone; no one/nobody; *m/f* person
kesa ku one who *f*
kesane personal
kesê ku one who *m*
kesê mişextkirî *m/f* displaced person
kesekî: ya/yê kesekî din someone else's
kesên ku ones who; persons who
kêşeya gewaşê *f* indigestion
kesidandin pickle
keşîş *m* priest
kesk green
keskesor *f* rainbow
keştî *f* boat
keştîgel *m/f* navy
keşxe smart

ketin to enter; to fall; **bi stamê ketin** to catch a cold

ketin têkilîyê contact

ketin xewê to fall asleep

kevan *f* spring *metal*; arch; Sagittarius

kevçiyek *m/f* spoon

kevçiyek çayê *m/f* teaspoon

kevî *f* shore *lake/river*; **xwarinê kevî** *m* boiled *food*

kevil *m/f* skin *animal*

kevir *m/pl* rock/rocks

kevirê aş *m* millstone

kêvjale *f* crab

kevn old *things*; stale

kevnarî archeological

kevneperist reactionary

kevneşopî *f* tradition

kêvrûşk *m/f* rabbit

kew *m/f* pigeon; partridge

kewar *m/f* beehive

kewşan *m* countryside

kezeb *f* liver

kezeba spî *f* lung

kezik *f* beetle; insect

kêzik parêz *m/f* insect repellent

kî? who?; **tu kî yî? / hûn kî ne?** who are you?

kibrit *m* match/matches *fire*

kifş kirin to set

kîjan? which?; **kîjan rê?** which way?; **ev kîjan ... e/ye?** which ... is this?

kil *m/f* kohl

kilîd *m* keys

kilîka derî *f* door lock

kilîl *f* key

kilîla pedê *f* padlock

kîlo *f* kilogram

kîlometr *m/f* kilometer

kilox *m* skull

kîmya *f* chemistry

kin low

kincên germ *pl* warm clothes

kinîşt *f* synagogue

kiras *m* shirt

kirasê teng *m* tights

kird *m/f/pl* Zaza/Zazaki

kirê *f* fare; **kirê çiqas e?** what is the fare?

kirin to do

kirîn to buy

kirmanc/kirmanckî Zaza/Zazaki

kirmê avirmîşî *m* silkworm

kişandin: sixare kişandin to smoke; *f* smoking; **sixare kişandin nîne** no smoking

kişandin to pull

kişk *f/pl* chess

kişmîş *m/f* raisin/raisins

kiştûkal *f* agriculture

kitan *f* scarf

kitêb *f* book

kiyark *f* mushroom

kiyosk *f* kiosk

kirdkî Zaza/Zazaki

klasîk classical

klîma *f* air-conditioner; air-conditioning

klînîk *f* clinic

klînîka mêzan *f* maternity clinic

klûb *f* club

klûba alîgirên fûtbolê *f* football fan club

klûba civakî *f* social club

klûba futbolê *f* football club

klûba şevê *f* night club

ko who; which; that: in order that

koç *m/f* migration; nomadism; coach/trainer

koç kirin to migrate

koçer *m/f* nomad

koçerî nomadic

kod *f* code

koda herêmî *f* area code

koda navneteweyî *f* international code

koda peywendîkirinê *f* dialing code

koda telefonê *f* area code

koda welatî *f* country code

kodçêker *m/f* coder

koder *m/f* coder

kodkirin *f* coding

kofte *f* kofte

kol *f* cabin

kolan to dig

kolan *f* street; **kolana bi yek alî rê** *f* one-way street; **kolana binbest** *f* dead end street/cul-de-sac

kolana kêlekê/kolana navbir *f* side-street

kolêre *f* cholera

kolîn drill

kom *f* band *music*

koma bomba *f* cluster bomb

komar *f* republic; state

komara bazirganî *f* trade union

Komara Çêkê *f* Czech Republic

kombûna siyasî *f* political rally

komcivîna serokan *f* summit *conference*

komîsyon *f* commission; **komîsyon çi ye?** what is the commission?

komkujî *f* massacre

kompanî *f* company/firm

kompaniya sîgorteyê *f* insurance company

kompîtur; kompûter *f* computer

komunîkasyon *f* communications

konferans *f* conference

konse *m* council; meeting

konsert *f* concert; **hola konsertê** *f* concert hall

konsolos *m/f* consul

konstîpasyon *f* constipation

kontak lens *m/f* contact lenses

konteyner *f* container; **bendergeha konteyner** *f* container port; **kamyona konteyner** *f* container lorry; **parka konteyner** *f* container park

kontrol kirin to check

kontrola sînor *f* border control

kor blind

koremişk *m* mole *animal*

koro *f* choir

koşk *f* palace

koşkar *m/f* shoemaker

kotefir *m/f* quail

kotî infectious

kotir *m/f* dove

kovan worried

kovar *f* magazine

kox *m* shed

kredî *f* credit

krêma diran *f* toothpaste

krêma hetavbir *f* sunblock cream

krêma teraşê *f* shaving cream

krîza dil *f* heart attack

lastîka cîgir

ku who; which; that; in order that; **li ku?** where?; **ji ku?** where from?; **... li ku derê e/in?** where is/are ... ?; **ku pêkan be** if possible

kuafûr: salûna kuafûrê f hairdresser's salon

kûç kirin to tow; **ma tu dikarî me kûç bikin?** can you tow us?

kûçe f street

kûçik m dog

kûd disabled; **kûd bûn** to suffer a stroke

kûdan derbasbûn disabled access; **ji bo kûdan derbasbûn heye?** do you have access for the disabled?

kul sore

kulav m/f felt

kulî f cicada; cricket; snowflake

kuloç m cake

kum m/f hat

kumik m cap; circumflex

kumlek m/f shirt

kumreş suspicious

kunc m angle

kuncî m sesame

kund m owl

kundir m/f zucchini/courgette; pumpkin

kunkirin f drilling

kuntar m/f foothills

Kûpaya Cîhanî f World Cup

kur m boy; son

kur kirin to shave

kûr deep

kurad f leek

Kurd m/f Kurd

Kurd pl the Kurds

kurdewarî traditional *Kurdish*

Kurdî Kurdish; **tu bi kurdî dizanî? / hûn bi kurdî dizanin?** do you speak Kurdish?

Kurdistan f Kurdistan

kureder f stink

kurm m worm

Kurmancî Kurmanji

Kurmancîaxêv m/f Kurmanji speaker / Kurmanji speaking

kûrme f bonfire; campfire

kurmê hevreşîmî m silkworm

kurmî rancid

kurmik m/f insect

kûrs f course

kursî m/f chair; stool

kursîka çerxkirî f wheelchair

kurt short

kurteçîrok f short story

kuşjyar m/f killer

kuştin to kill; f killing; assassination

kutek m hammer

Kuweyt f Kuwait

Kuweytî Kuwaiti

kuxîn to cough

kûz m/f canister

kûze f weasel

lalîkek f plate

lampe f lamp

laptop f laptop *computer*

lastîk f rubber *substance*

lastîka cîgir f spare tire

laş *m* body
lavaş *m/f* lavash
law *m* son
lawaz weak
lawik *m* boy; son
Laz Laz *person*
Lazî Laz *thing*
lazim necessary
lê = li + wî/wê to him/her/it
lê belê but
le'd *f* Sunday
lêborîn: ez lêborînê dixwazim! I apologize!
lec *f* competition; contest
lêdan to beat; to hit
lêgerîn to search
legleg *f* stork
lêhatin to become
leheng *m* champion
lehî *f* flood
lek ten thousand
lêk dan to multiply
lêkdan *f* multiplication
leke *f* spot *stain*
lêker *f* verb
lêkolan *f* review *article*
lêkolîn to search; to study; to research; *f* search; study; research
lêlav *f* slush
lele *m* tutor
lênihêrîn to examine *medical*
lênihêrîna bijîşkî *f* medical examination
lênûsk *f* notebook
lenz *m/f* lens
lenzên pelandinî *pl* contact lenses
lepik *m* glove

leqem *f* sewer; tunnel; mine
leşker *m* soldier; fighter; army
leşkergeh *f* military camp
leşkerî military; **baregeha leşkerî** *f* military base
lêv *f* lip/lips
levenê şekir *m* sugar bowl
lêvsorker *m* lipstick
lewitîn to be polluted
lêxistin to hit
lêxistin çûn to depart
leymon *f* lemon; lime
lez: bi lez rapidly
lezatî *f* speed
lêzêdekirin *f* addition
lezet *f* taste
lêzim *m/f* relative
lezker *m* accelerator/gas pedal
li (... de) in; at; to; **li ber** in front of; before; **li cem** together with; **li çep** on the left; **li der** out; **li dora** around; **li dijî** against; **li gora** according to; **li goşeya din** at the next corner; **li hember** opposite; **li hemî erda** everywhere; **li pêş** in front of; **li pey** after; behind; **li rex** beside; **li ser** on; above; about; **li ronkayiyên trafîkê** at the traffic lights; **li Tirkiyeyê** in Turkey; **li xwe kirin** to wear *clothes*
li vir here
li wir there
lîg *f* division/league
ligel together with
lîn *m* vat
ling *m* leg
lipaşmayî backward

lisans *f* degree *academic*
lîse *f* high school/secondary school
lista *f* list
lîstik *f* game
lîstika fûtbolê *f* football game
lîstika vîdyoyî *f* video game
lîstika vîdyoyî lîstin to play video game(s)
lîstikçî *m* dancer
lîstikvan *m/f* player *sports*
lîstin to play; *f* play
lîstok *f* toy
lîtir *m/f* liter
livîn to move; **nelive!** don't move!
lixwekirin to get dressed
lîyan *m/f* snow shoe
lobî *f* beans
lokomotîf *m* locomotive
loleya tifengê *f* gun barrel
lor *m/f* quail
lorandin to swing
lorî *f* lullaby
lowî *f* beans
LP [el-pî] *m/f* LP
Lubnan *f* Lebanon
Lubnanî Lebanese
lûtke *f* peak

m

ma is it?; isn't it?; but; I wonder...; *introduces a question*; **ma dikarim?** may I?
maç *f* steering wheel; match
maçkirin to kiss
madem ku as long as

maf *m* right/rights
mafên hemwelatiyê *pl*;**mafên mirovan / mafên mirovayî** *pl* civil rights; human rights
mafîa *f* mafia
mafûr *f* kilim
mahsiyê nû/mahsiye taze *m* fresh fish
makîna cilşuştinê *f* washing machine
makîna fotoxrafê *f* camera
makîna zuhakirinê *f* clothes dryer
makîna zuhakirinê *f* clothes dryer
makîne *f* car; machine
makîneajo *m/f* mechanic
makîneya dirûnê *f* combine harvester
makineya hesabê *f* calculator
makîneya perekişandinê cash machine/cashpoint/A.T.M.
makîneya rûnivîsê *f* photocopier
makiyaj *m/f* make-up
mal *f* house; home; property; goods
mala jêrîn *f* lower house *of assembly*
malarya *f* malaria
malbat *f* family
malıştin to wipe; to sweep
malpiçûk; malzarok *f* womb
mam *m* uncle *paternal*
mamostayî *f* teaching
mamoste *m/f* teacher
man to stay; to remain
mange *f* cow; **goştê ga û mange** *m* beef

mantiq f sense
maqûl m/f elder *person*
maqûlî f politeness
mar m snake; **gezina mar** f snake bite
margîsk f viper
mars f March
mase f table; desk
maşek m/f safety pin
masî m/f fish; Pisces
masîgirtin to fish; **masîgirtin** f fishing
mast m yogurt
matem f funeral
matematîk m/f maths
mator f engine
mawê f rest *remainder*
mayîn other
mazî f oak
mazin big
mazûban m/f host
me we; us; our; am
mê female; f May
me'aş m/f salary; earnings
medenîyet f civilization
medrese f madrasa
medya f media
medyaya civakî f social media
mefên jiyarî pl civil rights
meftînî chutney
mêgameş f buffalo
megnêtîk m magnetic
meh f month
mehanî f salary
mehkem solid
mejîleqî f concussion
mêjû date; history

mêjûya derketinê date of departure
mêjûya gehiştinê date of arrival
mêjûya zayînê date of birth
mekanîk m/f mechanic; operator
mekteb f school
mela m imam; mullah
mêldarîya ... kirin to support
mele m imam; mullah
melek m angel
melhem f ointment
memik m/f breast
me'na f meaning
mendehûş m/f hangover; **ez mendehûş im** I have a hangover
mendehûşbûn to have a hangover
menû f menu
menzel f room
menzela kombûnê / menzela konferansê f conference room
menzere f view
menzîl f quarters *residence*
meqer f staff *military*
mer f shovel
mêr m man; husband
meraze m/f marsh
mêrdezime m nightmare
mêrebî: ez mêrebî me I am widowed *said by a man*
mêrg f meadow
merheba! hello!
merhem f plaster/plastercast
merîfet f skill
meriv m/f relative
mêrkuj m/f killer; assassin

mermer *m* marble
mesele *f* problem; **ne mesele ye!** no problem!
meselen for example
mesref *f* cost
mêş *f* bee; fly
meşîn to walk
meşk *f* bagpipes
mêşkuj *f* insect repellent
met *f* aunt *paternal*
metal *m* metal
metir *m* meter *unit*
metirsî *f* risk
metranxane *f* cathedral
metro *f* subway *metro*
mêvan *m/f* guest
mêvandarî: pêşesaziya mêvandariyê *f* hospitality industry
mêvanî *f* hospitality
mêvanxane guesthouse
mêw *m* vine
mewcûd situated
mêwe *m* fruit
mewîj *m/f* raisin/raisins
mexber *m/f* grave
Mexîn *m/f* Chaldean
mey *m/f* wine; alcohol; **ez mey venaxwim** I don't drink alcohol
meybengî alcoholic
meybengîtî *f* alcoholism
meydan *f* town square
meydana mezin *f* main square
meydanê lîstikê *m/f* court *sports*
meyl *f* turn
meymûn *f* monkey
meyvexwar alcoholic

meyvexwarîtî *f* alcoholism
meyxane *f* bar; pub
mezaxtin to spend *money*
mêzekirin to look
mezin big; elder; *m/f* head *person*
mezin bûn to grow
mêzîn *f* Libra
mezinahî *f* size
mezintir bigger
mezmezk *m/f* spinal column/ spine
Mezra Bohtan *f* Mesopotamia
mezre *f* farm
mî *f* sheep; ewe
micîd serious
miçilge *m/f* ransom
mifirdî *m* guard
mifte *f* key
mifteya somin *f* wrench; spanner
mih *f* sheep; ewe
mihafeze *f* preservation
mihel *f* neighborhood
mij *m/f* mist; fog
mijdar; mijî misty; foggy
mijûl busy
mijûl kirin to entertain
mijûlahî *f* entertainment
mijûlker *m/f* entertainer
mîkrob *f* germs
mîkroskop *f* microscope
mil *m* shoulder; sleeve; mile
milîs *m* militia
mîlyar 1,000,000,000
mîlyon *m/f* million
mîmar *m* architect
mîmarî *f* architecture

min I/me; my
mîn *f* mine; landmine; **mîn çandin** to lay mines; **mîn gerîn** to hit a mine; **mîn pakij kirin** to clear a mine
mîna like; **mîna ku** as though
mina antîpersonel *f* anti-personnel mine
mîna dîj-awaza veguheztin *f* anti-vehicle mine
mîna dij-leşker *f* anti-personnel mine
mîna dij-tank *f* anti-tank mine
mina dijî wesayîtan *f* anti-vehicle mine
mîna magnetîzî *f* magnetic mine
mîna plastîk *f* plastic mine
minak *f* example
minare *f* minaret
mîne *f* enamel
mineral *f* mineral
miqatî *f* care
mîr *m* Mr.; governor
mirî dead
mirin to die; *f* death
mirîşk *f* chicken
mîro *m* termite
mirov *m* people
mirovdostane humanitarian
mirovên mişextkirî *pl* displaced persons/people
mirovî human
mîş *m/f* copper
mişar *f* saw
mişext *f* exile; displacement; *m/f* migrant; refugee/refugees; **kesê mişextkirî** *m/f* displaced person; **mirovên mişextkirî** *pl* displaced persons/people

misilman *m/f* Muslim
Misir *f* Egypt
mişk *m* mouse/mice; rat
mislik *m* faucet/tap
misoger certain
Misrî Egyptian
mixabin unfortunately; **mixabin!** sorry!
mixdar amount
mizakireker *m/f* negotiator
mizgeft *f* mosque
mobîl *m/f* mobile phone
mode *f* fashion
modem *m/f* modem
mohr *f* stamp *official*
molet *f* time limit
mor purple
moşek *f* rocket
moşekavêj *m/f* rocket-launcher
movik *f* joint *of body*
moxil *f* sieve
moxrib *m/f* sunset
moz *f* hornet
mozik *m/f* calf *cow*
mozol *m* mausoleum
mû *m* hair *a hair*
mûçe *f* salary
muezîn *m* muezzin
mûkêş *m/f* tweezers
mûm *f* candle/candles
mûmdank *f* candlestick
mumkin possible
muqeddes saint *eg Sufi*
murekeb *m/f* ink
mûşek *f* missile/missiles
mûşekhavêj *f* missile launcher
musîka gelêrî *f* pop music
muz/moz *f* banana

mûzexane *f* museum
mûzîk *f* music
mûzîka gelêrî *f* folk music
muzîka rock *f* rock music
mûzîkvan *m/f* musician

n

na/na- no
nakokî *f* dispute
nal kirin to shoe a horse
name *f* letter
nameya tomarkirî *f* registered mail
nan *m* bread; meal; **nanê sorkirî** toast
nanê sibê *m* breakfast
nanên beyanî *pl* breakfast cereal
nanpêj *m* baker
nanpêjgeh *f* bakery
narîncok *f* grenade
narkotîk *f* drug *narcotic*
naşî *m/f* beginner; teenager
nasîn/naskirin to know *someone*; to recognize
nasname *f* I.D./identity card; **nasnama zayînê** *f* birth certificate
nav in; into; *m* name; noun; **navê te çi ye? / navê we çi ye?** what are you called?; **navê min ... e/ye** I am called...
nav navî in the middle
nava bikarhênerê *f* user name
navber; navbir *f* range; break; interval
navbirî *f* space
navdar well-known
naveda telefonê *f* telephone center

navend *m* center *building*
navenda bajêr *f* city center/ town center
navenda civakî *f* community centre
navenda danûstandinê *f* shopping centre/mall
navenda polîsan *f* police station
naverast *f* middle; center
navêş *f* stomach ache; dysentery
navîn central; middle
navkêl *f* belt
navneteweyî international
navnîşan *m/f* address; title
Nawruz *m/f* New Year
naylon plastic
nazik tender *medical*
ne are
ne/ne- not; **ne ... ne** neither ... nor; **ne bes** not enough; **nê jî birin** no smoking
nê- *present stem of* **niştin** to sit
nebaş bad
nebûn *f* lack
neçalakkirin to switch off
neçalîn to break down
nêçîr *f* hunt
nêçîrkirin to
nêçîrvan *m* hunter
neerzan uncomfortable
nefel *f* jasmine
nefir *m* horn *music*
nefs *f* self
neft *f* petroleum; oil
negeştî *m/f* inaccessible
negotî unspoken
neh nine

nehan ninth

nehem/nehemîn ninth

neheq unlawful; unjust

nehiş ketin to faint

nehsed nine hundred

nekerî *m/f* carpet maker

nekerîn to break down

nema no longer/no more

nemaze especially

nemdar damp; humid

nenas unknown

nenê duta *m* sandwich

nepak dirty

nepenî secret

nepixandin to blow up *inflate*

nepkan impossible

neqiş *m/f* embroidery

neqşkêş *m/f* designer

nêr male

nerd *f* backgammon

nêrdewan *f/pl* stairs/staircase

nêre beraz *m* boar

nêrebend *f* plaster/plastercast

nêrevan *m/f* spectator

nerihet uncomfortable

nêrîn to see

nerîtî traditional

nerm soft; mild

nesaxîya şekirî *f* diabetes

nesaxiya zayendî *f* venereal disease

neşerî unlawful *Islamic*

neşterdar *m/f* surgeon

neştergerî *f* surgery *doctor's office*

neşustî unwashed

nêt ripe

netewe *m/f* nation

Neteweyên Yekgirtî *pl* United Nations

neteweyetî *f* nationality

neteweyî national

nevejê! don't shoot!

nevî *m/f* grandchild

newa *f* melody

newal *f* river bed; ravine

newq *f* waist

Newroz *m/f* New Year

nexêr no

nexme *f* tune

nexşe *f* plan; map; **nexşeya bajêr** *f* city map; **nexşeya rê** *f* road map; **nexşeya Amedê** *f* a map of Diyarbakir

nexweş sick; *m/f* patient *in hospital*; **ez nexweş im** I am sick; **tu nexweş î** you are sick

nexweşî *f* sickness; disease

nexweşiya derûnî *f* mental illness

nexweşnêr *m/f* nurse

nexweşxane *f* hospital; clinic

nexweşxaneyê mêzan *f* maternity hospital

neyar *m/f* opponent

neyarî *f* feud

neyînî negative

neynik *f* mirror

neynûk *f* fingernail/fingernails

neynûkçink *f* nail clippers

nezewicî not married; single; **ez nezewicî me** I am not married

nêzhevî *f* resemblance

nêzîk near; next; **ev nêzik e?** is it near?; **çiqas nêzik?** how near?

nêziktir nearby
ni- not
nifş *m/f* generation
nifûs *f* population
nig *m* leg
nîgarekişandin to paint
nîgeran: ez nîgeran im I am worried
niha: dema niha present
nihal *f* valley
nijad race *human*
nijadperest *m/f* racist
nijadperestî *f* racism
nijde *f* gang
nik next
niklokî : telên niklokî *pl* barbed wire
nimazerê fermî *m*; **nimazera fermî** *f* official observer
nimêj *f* prayer/namaz *Islamic*
nimûne *m* model; sample
nîne ... there is not ...; **sixare kişandin nîne** no smoking;
nînin ... there are not ...
nirx *m* value
nirxa pere-veguhertinê *f* exchange rate; **nirxa pere-veguhertinê çiqasî ye?** what's the exchange rate?
nîsan *f* April
nîsk *f* lentils
nîske *m/f* lens
nîşan *f* sign; medal; engagement *ceremony*; visa
nîşan dan to show
nîşan kirin to sign; to point
nîşander *f* projector
nîşangeh *f* exhibition
nişêv *f* downhill *slope*

nişîvî *m* slope *downhill*
niştîman *f* homeland
niştir *m/f* scalpel
nitirandin to describe
nîv *m* half
nîv-demî *f* half-time
nîv-fînal *f* semi-final
nîvê şevê *m* midnight
nîveka havînê *f* midsummer
nivîn *m/f* bed; **nivîna dukesî** *f* double bed
nivîsalav *f* stationery
nivîsar *f* writing; essay
nivîsemenîfiroş *f* stationer's shop
nivîsevan *m/f* secretary
nivîsgeh *f* office
nivîsgeha bilêtê *f* ticket office
nivîsgeha pisoleyê *f* ticket office
nivîsîn to write
nivîsk *m/f* inscription
nivîskî written
nivîşk *m* cream
nivîşkan disabled
nivîskar *m/f* writer
nivistin to sleep
nivîşxane *f* office
nîvro; nîvroj *f* noon; **paş nivro!** good afternoon!; **sibehê nivrojê** tomorrow afternoon
nîvsaet *f* half hour
nixamtin to cover
nixava guhêzokê *f* hood
no sharp
nobetdar *m* guard
nod ninety
nok *m/f* chickpeas
normal normal
Norwecî Norwegian

noş! cheers!

noşîn to toast

not tomar kirin to record *to make a note*

november *f* November

nozdeh nineteen

nû new; **mahsiyê nû** *m* fresh fish

nûçe *f* news; notice

nûçegeh *f* news agency

nûçegihan *m/f* reporter

nuçekirin to review

nûçevan *m/f* reporter

nûjen modern

nûner *m/f* representative

nûnertî *f* representation *in parliament*

nuqteya kontrolê *f* checkpoint

nûzageh *f* nursery

obe *f* nomadic group

ocax *m/f* oven; saint's tomb

ode *f* room; **odeyeke yek kesî** a single room; **odeya du kesî** *f* double room

oksîjen *m/f* oxygen

oktober *f* October

ol *f* religion

oldaş *m* comrade

ons *f* ounce

operasyon *f* operation *surgical*

operasyonxane *f* operating theater/room

operator *m/f* operator

orgîzana xeyrî *f* charity *organisation*

orke *f* empire

orxan *f* quilt

osta *m/f* master *expert*

otêl *f* hotel; **pîşesaziya otêlê** *f* hotel industry

otêla piçûk *f* hostel

otî *f* iron *for clothes*

otobos *f* bus; coach

otombîl *f* car; **otombîla me xera bûye** our car has broken down

otonomî *f* autonomy

oxir be! bon voyage!

p

pace *f* window

paçik *m/f* diaper/nappy

padşa *m* ruler

pak clean; tidy; excellent; **çerçeva pak** *pl* clean sheets

paket *f* pack *bundle*

pakij clean

Pakistan *f* Pakistan

Pakistanî Pakistani

palavgefa niftê *f* oil refinery

palto *m/f* overcoat

pantolon *m* trousers

pantor *m* trousers

panzdeh fifteen

paqij kirin to clean; to clear; **erdê paqij kirin** to clear land; **mîn pakij kirin** to clear mines

paqijî hygienic

paqijkera camê *f* windshield wiper/windscreen wipers

par last year; *f* piece

parastî reserved

parastin to save; to protect; to defend; *f* conservation

paraşût *f* parachute

parçekî: pîşesaziya parçekî *f* retail industry

parçeyî *m/f* parcel

parêz *f* diet

parêzar *f* cash machine/cashpoint

parêzger *m/f* lawyer

parêzk *m* tampon/tampons

parêzvanê sînor *m* border guard

parêzvanên serokkomariyê *pl* presidential guard

parfûm *m* perfume

park *m/f* park; **ma dikarim li vir park bikin?** can I park here?

parka erebê *f* carpark

parka konteyner *f* container park

parlamento: avahîya parlamento *f* parliament building

parleman *m/f* parliament

parsû *m/f* rib

partî *f* party *political*

parve kirin to share

parzinandin to filter

parzûn *f* filter

parzûna avê *f* water filter

parzûnkirî filtered

paseport *f* passport

paste *f* pasta

pasvan *m/f* patrol

paş after; *f* back; rear

paş nivro! good afternoon!

paşdabirin *f* defeat

paşdeavêtin *f* delay

paşê later

paşê ku after

paşhejîn *m* after-shock/after-shocks

paşil *m/f* pocket

paşîn *f* last; final

paşînî *f* Saturday

paşîv *f* dessert

paşnav *m* surname

paşve backwards

paşve birin to reverse

paşve çûn to retreat

pate *f* tie *sports*

patin to bake

paûnd *m* pound *sterling*

pavlike *f* factory

pawan *m* guard

pawandin to guard

pawin *m* pound *sterling*

paxil *m/f* pocket

paxir *m/f* copper

payîn to wait for

payîz *f* autumn/fall

paytext *m/f* capital *city*

pê by; with; *m* foot; **dest pê kirin** to begin; = **bi + wî/wê** with him/her/it; **pê zanîn** to speak to

pêbawer safe

pêçan to wrap; **hûn dikarin wê bipêçin?** can you wrap it?

pêçandî wrapped; **hûn hez dikin ew pêçandin be?** would you like it wrapped?

pêçek *f* package

pêçewane *f* reverse

pêçî *f* finger

peçiqandin to smash

peda jinan *f* sanitary pad/sanitary pads

pediatrî *f* pediatrics

pêewle safe
pehtin to cook
pêjgeh f cuisine
pêkan: pêkan e it's possible; **ne pêkan e** it's not possible; **pêkan çi ye?** what's the score?
pekandin to explode
pêkenî funny
pêkenokî humorous
pêkutî f violence
pel f paper; cigarette paper(s); **kel û pel** m/f/pl equipment
pêla germahiyê f heatwave
pelandinê: seheka pelandinê f sense of touch
pêlav f shoe/shoes; boot/boots
pêlavçêker m/f shoemaker
pelaw f pilaf
pelên erebê pl car papers
pelewan m/f athlete; champion
pelik f brooch
pelixandin to destroy
pêlker m nail file
pembeyî pink
pembo; pembû m cotton
pembûyê bijîşkî; pembûyê birînê m cotton wool
pêmere m/f spade
penaber m/f refugee/refugees
penaberî f asylum; **ji bo mafê penaberiyê** to seek asylum
penaltî m penalty football
penaxwaz m/f asylum seeker
penaxwazî asylum; **daxwazkirina penaxwaziyê** to seek asylum
pênc five
pênca fifth

pêncan fifth
pênce fifty
pêncem; pêncemîn fifth
pencere; pencerk f window
penceşêr f cancer
pencker m anesthetist
pêncsed five hundred
pêncşemb f Thursday
pend m/f lesson
penîr m cheese
penîsîlîn m penicillin
pense f pliers
pênûs m/f pen; pencil
peq f blister
peqîn f detonation
per m/f sheet of paper
pêr the day before yesterday
pêra-pêra immediately
perakende: pîşesaziya perakende f retail industry
pêrar the year before last
perav f coast; seaside
perçîmok m/f glue
perde f curtain/curtains; screen
pere m/pl money
pere-veguhertin f currency exchange
peredan to pay
perên madenî pl loose change
perestar m/f nurse
perestgeh f shrine; temple
perestgeha êzdîyan f Yezidi temple
pereyên metal pl coins
pergal f system
perik m/f card
perperok f butterfly
personel personnel military

perû f reward

perwane f butterfly; fan *electric;* ventilator

perwedehî f education

perwerde f training

perwerdekar m/f professor *lecturer*

perwerde kirin to educate; to train

pesin dan to praise

pêş before; f front; **di pêşiyê da** in front of

pêşandan f demonstration

pêşangeh f display; exhibition

pêşangeha bazirganiyê trade show; expo

pesartin to lean

pêşawa m/f president

pêşbazî f race *sports*

pêşbazî kirin to race

pêşbîniya rewşa hewa f weather forecast

pêşbirka fûtbolê soccer match

pêşda ago; before

peşekar professional

pêşesazî f industry

pêşesaziya giran f heavy industry

pêşesaziya mêvandariyê f hospitality industry

pêşesaziya sivik f light industry

pêşîn first

pêsîr f chest *of body*

peşk f spark

pêşkarê rêwîtiyê m travel agent

pêşkêş f gift

pêşkêş kirin to offer

pêşketî advanced

pêşketin f progress

pêşmerge m/f guerrilla

pêşniyar f suggestion

pêşniyar kirin to suggest

pêştemal m/f towel/towels

pêştir earlier

pêşve forwards

pêşveçûn f progress

peta f epidemic

pev-guhestin to swap

pêvajoya: di pêvajoya ... de during

pevgirêdan f relationship

pêwendiyên dîplomatîk pl diplomatic ties

pêwîst necessary; **ew pêwîst e** it's necessary; **ew ne pêwîst e** it's not necessary

pêxistinî baked; **xwarinê pêxistinî** m baked *food*

pêxur m stew

peyam m/f message

peyarêk f footpath

peyîn f fertilizer

peyiv f word

peyivdar m/f spokesperson

peyivîn to talk; to speak

peyk f satellite

peyker m statue; monument

peyman f agreement

peywandiyên çandî pl cultural ties

peywandiyên diplomatikî pl diplomatic ties

peywendî f connection

peywir f employment

peywirdarê ewlehiyê m; **peywirdara ewlehiyê** f security guard

pez m sheep

pezkûvî *m/f* gazelle
piçandin to snap
piçekî a little bit
piçûk little; small
pidî *f* gum/gums
pifdank *f* balloon
pîj *m* splinter
pîketin to fall sick
pîl *f* arm; battery; flashlight/torch
pîlana tentê *f* tent peg/tent pegs
pile *f* grade; degree
piling *m* leopard; tiger
pinc *f* pot
pîpet *f* drinking straw
pîpo *f* pipe
pîqab *f* pick-up truck
pir a lot; very; **ne pir** not much; **pir germ** very hot; **pir û hindik** more or less; **gelek pir** too much/too many
pir *f* bridge
pîr old *people*
piranî *f* majority
piranîç *f* loose change
pîrçemek *f* bat *animal*
pird *f* bridge
pîrek *f* wife
pîrhevok/pîrik *f* spider
pîroz saint; **tirba pîroz** *f* saint's tomb
pîroze *m/f* turquoise
pirper *m/f* notebook
pirs *f* question
pirsgeh *m/f* information office
pirsgirêk *f* problem; **ne pirsgirêk e!** no problem!
pirsîn to ask

pirsyar *f* enquiry
pirteqal *f* orange *fruit*
pirtûk *f* book
pirtûka hînkirinê *f* exercise book
pirtûka rêberiye *f* guidebook
pirtûkfiroş *f* bookshop
pirtûkxane *f* library
pîşe *m* profession; trade; occupation
pîşeger *m/f* business person
pîşegerî *f* handicraft
pîşekar *m* craftsman
pîşesaziya otêlê *f* hotel industry
pîşesaziya parçekî *f* retail industry
pîşesaziya perakende *f* retail industry
pîşeya şahiyê leisure industry
pisîk *f* cat
pîsîkoterapî *f* physiotherapy
pişkiner *m/f* inspector
pişkinîn *f* inspection
pisoleya vegerê *f* return ticket
pisoleya yekrê *f* one-way ticket
pişpişî swollen
pispor *m/f* expert; specialist
pisporê jinan *m* / **pispora jinan** *f* gynecologist
pîst *f* piste
pişt *m/f* back
piste *f* pistachio
piştêşa min heye I have a backache
piştî after
piştî ku after
piştîvan *m* protector; supporter
piştîvanî *f* protection
piştmêr *m* bodyguard

piştok *f* pistol
pitik *m/f* infant
pitikî infancy
pitir extra
pitiratî *f* majority
pitza *m/f* pizza
pîvan to measure
pîvang *f* scale/scales
pîvaz *f* onion
pîvazterk *f* spring onion
pixêrîk *f* fireplace
piyale *f* glass; **piyaleke av** a glass of water; **piyaleke din** another glass
pîyanî *f* paralyzed
piyano *f* piano
pizrûk *m/f* shower
plan *f* plan
plan kirin to plan
plaster *f* plaster/*band-aid*
platform *m/f* platform *railway*
podyûm *m/f* podium
pol *f* class *education*
pola *m/f* steel
polik *f* coin; *pl* peas
polîs *m/f/pl* police; *m* policeman; *f* policewoman; **bangî polîsan bikin!** call the police!
polîsê ewlehiyê *m* security police
polîsê sînor *m*; **polîsa sînor** *f* border police
polîsên tijî *pl* traffic police
polîsên nepenî *pl* secret police
polîsxane *f* police station
polîtîka *f* politics
Polonî Polish
Polonya *f* Poland

pompe *f* pump
pompe kirin to pump
pop *f* pop music
por *m* hair *on head*
Portegal *f* Portugal
portegalî Portuguese
porteqal *f* orange *fruit*
porzihaker *m* hair dryer
poşet *f* bag
poşman sorry
poşmanî *f* regret
post; posta *f* post/mail
postexane *f* post office
posteya esmanî *f* air mail
postkart *f* postcard
potê jinan *f/pl* sanitary pad/ sanitary pads
potîn *m/f/pl* boot/boots
poz *m* nose
prensîp *f* principle
prîz *m* plug *electric*
profesor *m/f* professor *full professor*
profîsyonekî professional
program *m/f* program *I.T.*
projektor *f* projector
promiyer *f* premiere *film/ theater*
protesto *f* protest
protesto kirin to protest
protestoker *m/f* protestor
protez *f* prosthesis; **endamên protez** *m* artificial limb
psîkolog *m/f* psychologist
psîkolojî *f* psychology
puç silly
pûk *f* snow storm
pûl *m* stamp *mail*

pûnd

pûnd *f* pound *weight*
pûng *f* mint
purt *f* eiderdown
pûş *m* hay
pûtîn *m/f* boot/boots

q

qaçaxçî *m* smuggler
qaçaxçîtî *f* smuggling
qada *f* area; pitch; field; court
qada beskitbolê *f* basketball court
qada xwezayê *f* nature reserve
qalik *m* shell; scab; rash
qalik kirin to peel; to shell
qalin thick
qamîş *f* straw
qanûn *f* law; constitution
qapût *m/f* overcoat
qaqares *f* marrow *vegetable*
qas amount; **ev qas e!** that's all!; **ew qas bes e** that's enough
qase; qaseya pereyan *f* safe/safebox
qaşil *m/f* bark *tree*
qat *f* flat/apartment; floor/story; set of clothes
qata xwarîn downstairs
qatir *m/f* mule
qatix *m* dairy products
qawe *f* cocoon
qawet *f* power
qawexane *f* café
qayîlî *f* agreement; consent
qayîmkirin *f* reinforcements
qayîs *f* strap
qayîşa fanê *f* fan belt

qaz *f* goose
qazanc kirin to earn
qazik *f* pot *cooking*
qeda *m/f* accident
qedandin to end
qeder amount; **çend qeder?** how much/many?
qederê approximately
qedexe prohibited
qedexe kirin to prohibit
qedexekirin *f* prohibition
qel *m/f* crow
qelandin to fry
qelaştin to tear; to split
qelem *m/f* pen
qelew fat *adjective*
qelibîn *f* solstice
qelîtî fried; **xwarinê qelîtî** *m* fried *food*
qelp fake
qelûn *f* pipe *smoking*
qelûn *f* tube
qenc good; saint
qencê xwedê saint; **tirba qencê Xwedê** *f* saint's tomb *eg Sufi*
qer *m* loan
qerargeh *f* headquarters
qerase *m/f* lever
qerefîl *f* clove
qerelalix crowded
qereqola polîsan *f* police station
qerequŝ *m* hawk
qeretû *m/f* ghost
qeretûn *f* snack
qerqode *m* skeleton
qerrimîn *f* frostbite
qeşagir *f* freezer *fridge*
qesebxane *f* slaughterhouse

a : f<u>a</u>ther   *e* : p<u>a</u>t   *ê* : h<u>ey</u>   *i* : h<u>i</u>t   *î* : h<u>ea</u>t   *u* : p<u>u</u>t

qeşmer *m/f* comedian; clown
qeşmerî *f* comedy
qest *m/f* payment
qet ever; never
Qeter *f* Qatar
Qeterî Qatari
qetlazî scarce; rare
qewimîn to happen
qewîtî *f* recommendation
qewîtî kirin to recommend
qewîz *m* pelvis
qewrandin to chase; to expel
qeyd *f* record
qeyd kirin to record *sound/video*
qeys *f* measurement
qeza *f* accident; **qezaya erebeyê** *f* car crash; **qezayeke giran** *f* a serious accident
qezaqeh *f* cashier's booth
qezenc *f* profit
qîblenîma *f* compass
qifil *f* lock; padlock
qifil dan to lock
qijik *f* crow; raven
qilberî *m* thrombosis
qilêr polluted
qîmet *f* charge; value; **çiqas qîmet e?** what is the charge?
qir kirin to massacre
qirkirin *f* massacre; genocide
qirêj; **qirêjbûyî**; **qirêjî**; **qirêjkirî** dirty; polluted
qirik *f* throat
qîrîn to shout
qirmî *m* teapot
qirnî *m* tick *insect*
qise kirin to speak
qisîl *f* mat

qiyas *f* comparison
qiyasê approximately
qoçik *f* pastry
qol *m* arm; wing; *f* sledge
qonax *m/f* stage
qorix *f* restricted area
qorne *f* horn
qotî *f* box; can
qotîka gazê *f* gas canister
qube *f* dome
qul *f*; **qulik** *f* hole; puncture; **tekerê erebeya min qul bûye** I have a puncture
qulibîn to overturn; to capsize
qumaş *m* cloth; textile; material
qunêr *f* boil
qûntar *f* skirt
Quran *f* Quran
qurs *m* disc
qusûr *f* fault
qutabî *m/f* schoolboy; schoolgirl
qutî *f* box
qûtîka amûran *f* toolbox
qutiya şîrê *f* oil can

r

ra *f* root
rabûn to stand; to get up; to rise
rabûn ser xwe to stand up
raçandin to weave
radar *f* radar
raderbirîn *f* to express
radyator *f* radiator
radyo *f* radio
ragihandin to notice; to report; *f* communications

---

ragirtin to keep; to hire; to employ

rahênan *f* practice

rahêner *m/f* coach; instructor

rahiştin to remove

raketin to sleep; to go to bed

rakirin to carry; to pick up; to wake up

rakişandin to extend

ramalîna berfê *f* snow plow

rapêşî *f* show; production

rapor *f* report

raser senior

rast right; correct; direct; real; true; **li (milê) rastê** on the right; **rasterast** straight on; **rasterast here / rasterast biçe/bimeşe** go straight ahead; **gelo ez dikarim rasterast telefon bikim?** can I dial direct?

rastgêr right-wing

rastî *f* reality; truth; **blaveya rastî** *f* live broadcast

rave kirin to explain; to teach

rawêjkar *m* consultant

raweste! stop!

rawestgeh *f* station; park

rawestehega otombîlan *f* parking lot; car park

rawestgeha basê; rawestgeha otobûsê *f* bus station; bus stop

rawestgeha trên; rawestgeha trenê *f* train station

rawestîn to stand; to stop; **raweste!** stop!; **raneweste!** don't stop!

raya giştî *f* public opinion

razan to sleep

razandin to invest

razanxane *f* bedroom

rê *f* road; way; route; plan; **rê tê girtin** the road is blocked

rêasin *f* railway/railroad

rêbaz *f* method

rêbaznameya sîgorteyê *f* insurance policy

rêber *f* leader; guide; guidebook; manual

rêberê turîstan *m* / **rêbera turîstan** *f* tourist guide

rêbir *m* bandit

reçete *f* prescription

rêdan to permit; *f* permission

ref *m/f* shelf

regbî *m/f* rugby

regez *f* root

rêgez *f* principle; route

rêgîro *m* roadblock

reh *f* vein; nerve

reha zêr *f* turmeric

rehberê gezer *m* / **rehbera gezer** *f* tourist guide

rêhesin *f* railway/railroad

rehet kirin to relax

rehîne *m/f* hostage

rêje *f* rate

rêjeya diwîzê *f* exchange rate; **rêjeya diwîzê çi ye?** what is the exchange rate?

rejî *f* coal; charcoal

rejîm *f* regime

rêketin *f* departure; departures

rêkxistin to organize

rêlêgirtin to prevent; *f* prevention

Remezan *f* Ramadan

reng *m* color

rengpirteqalî orange *color*

replasman *f* replacement
report *f* report
reqisîn to dance
reş black; dark; **bazara reş** *f* black market
reşandin to spray
reşeme *f* February
resepsiyon *f* reception *desk*
resepsiyonîst *m/f* receptionist
resim *m/f* drawing
reşlîsta xwarinê *f* menu
rêtin to pour; to spill
revandin to defeat; to hijack; to kidnap
reve-reve quickly
rêvebir *m/f* director; manager
revîn to run; to escape, to speed
rewî *m/f* traveler
rêwîtî *f* journey; trip; travel; **sedema rêwîtî** *f* reason for travel
rewş *f* state; condition; case *grammatical*
rewş condition; **di rewşeke baş de** in good condition; **di rewşeke xirab de** in bad condition
rewşa awarte *f* state of emergency
rewşa zewacê *f* marital status
rexbajêr *m/f* suburb
rêxistina nehikûmî [en-cî-o] *m/f* non-governmental organization (N.G.O.)
Rêxistina Perwede, Zanist û Çandê ya Neteweyên Yekbûyî *f* UNESCO
reya kêmayetî *f* minority vote
reyîn to bark

rez *m* orchard; vineyard
rêz *f* line; range; respect
rêzanî *f* politics
rêzbirêz regular
rêzeçiya *m* range
rezervasyon *f* reservation; **ez rezervasyonekî me** I have a reservation
rêzim *m/f* official
rêziman *m/f* grammar
rî *f* beans
ribês *f* rhubarb
rih *f* beard
rihan *f* basil
rihet comfortable; calm
rij plain *food*
rik *adj* steep; *f* hatred
rikêb *f* stirrup
rimel *m* mascara
rîs *m* yarn
riskyan *f* nosebleed
riste *f* verse
rîya kese short cut
rîz *f* line
rizgar liberated
rizgar kirin to free
rizgarî *f* freedom
rizî rotten
rizîbûn *f* rot; corruption
rizîn to rot
rizyane *f* fennel
rohnî *f* light
roj *f* day; sun; **van rojên dawî** recently
rojava west/western; *m* west; sunset
Rojava *m/f* Rojava
rojbûn *f* birthday
rojev *f* program

rojgirtin *f* solar eclipse
rojhilat east/eastern; *m* east
Rojhilata Navîn Middle East
rojhilatin *f* sunrise
rojî *f* fast/fasting
rojîgirtin to fact
rojname *f* newspaper;
  rojnameya bi zimanê Ingilîzî
  f newspaper in English
rojnamevan *m/f* journalist
rojnamevanî *f* journalism
rokî rovî *m* a piece of paper
rol *f* role
Rom Greek
Roma Roma
roman novel; **romana bi zimanê**
  Ingilîzî novel in English
Romanya *f* Romania
Romanyayî Romanian
ron light; *m* liquid
ronahîpîv *m/f* light meter
ronî *f* light
rovî *m* fox
rû *m* face
rûbar *m/f* river
rûbarok *m/f* stream
rûbil *m* ruble
ruh *m/f* spirit
rûn *m* cooking oil; butter
rûneştek *m/f* seat
rûniştevan *m/f* settler
rûniştin to sit; to live in; to
  settle; *f* settlement
rûnivîs *m/f* copy
rûnivîsîn; **rûnivîsîn kirin** to copy
rûpel *f* page
rûpoş *f* mask
Rûs Russian *person*
Rûsî Russian *thing*

Rûsya *f* Russia
rûvî *m* fox

S

sabûn *f* soap
saçme *f* shrapnel
sade plain *food*
saet *f* time; hour; clock; **saet**
  çend e? what time is it?; **saet**
  ... e/ye it is ... o'clock
saetçêker *m/f* watchmaker
safî clear
sako *m/f* jacket
sal *f* year; age; **tu çend salî ye?** /
  hûn çend salî ne? how old
  are you?; **ez ... salî me** I am ...
  years old
Sala Nû *f* New Year *January 1st*
sala tê next year
salih saint *eg Sufi*
salon; **salûn** *f* salon
salona konferansê *f* conference
  hall
salona kuafûrê *f* hairdresser's
  salon
salona operayê *f* opera house
saman *f* treasure
sandwîç *m* sandwich
sansûr *f* censorship
sansûr kirin to censor
saniye *f* second *of time*
saqo *m/f* sweater
sar cold; reluctant; **ava sar** cold
  water; **sar e** it is cold
  weather; **li min sar e** I am
  cold
sarî *f* cold; coldness; frost
sarinc/sarker *m/f* fridge

sarsarok *f* roundabout
playground
sax well; healthy; alive; *m/f*
chapter
sax bûn to heal
saxbûn *f* recovery *health*
saxî *f* health; well-being
saxtî *f* search
sayî clear
sazî *f* foundation
saz kirin to plan
sê three; **sê car** three times; **sê**
roj bêtir berê three days
before
sêşemb *f* Tuesday
seat *f* watch; clock
sebt *f* Saturday
sebze *f* vegetable/vegetables
sed hundred
sedem *f* reason
sedema rêwitî *f* reason for travel
sedeqe *f* charity *Islamic*
sedsal *f* century
sedye *f* stretcher *medical*
sefer *f* journey
sefer kirin to travel
seg *m* dog
sêguh *f* triangle
seh kirin inspect
seheka bêhnkirinê *f* sense of
smell
seheka pelandinê *f* sense of
touch
seher *m* town; city
sehker *f* scanner
sehkera mîne *f* mine detector
seholge *f* glacier
sekinandin to park
sekinîn to wait

sekreter *m/f* secretary
selef *m* per cent
selete *f* salad
selika gemarê *f* trash can/waste
basket
sema *f* dance/dancing
semfonî *f* symphony
semt *m* position
sendîka *f* trade union
senet *f* craft/crafts;
manufacturing; profession;
trade
senetkar *m* craftsman
sênî *f* tray
sêpana nûçeyan *f* noticeboard
sepandin *f* application
september *f* September
septîk septic
seqa *f* weather
seqet disabled
seqetan derbasbûn *f* disabled
access; **ji bo seqetan**
derbasbûn heye? do you
have access for the disabled?
ser on; to; *m* head; top; **ser rast**
be! bon voyage!; **bi ser ketin**
to win; **kî serkeft?** who won?;
kî li ser karê ye who is in
charge?
sêr *f* magic
ser û ber kirin to tidy up
seradan to visit; *f* visit
seramîk *f* ceramics
serbaz *m* soldier; troops
serbest berdan to release
serbestî *f* liberation
serbilind proud
serbilindî *f* pride
serbixwe independent;
autonomous

serbixweyî *f* independence; autonomy

sercem *m/f* sum

serdab *f* basement; cellar

serdanker *m/f* visitor

serdest *m* winner

serê min diêşe I have a headache

serê xwe danîn to lie down

serek *m* chief; head; leader

serekwezîr *m/f* prime minister

serfermandar *m* military commander

sergêjker confusing

sergîn *m/f* manure

serhatî *f* story; biography

serheng *m* lieutenant-colonel

serhêz *m* major-general

serhildan *f* rebellion

serî *m* head; main; series

serik butt *of rifle*

serjêr downstream

serjimar *f* population

serkar *m* supervisor; chairman

serkeftî bî! good luck!

serkeftin to beat; to succeed

serketin *f* success; victory

serkirde senior

serlêdan *f* application

serlîsans *m/f/adj* postgraduate

serma *f* head cold; **min serma girtiye** I have a cold

sermaye *m/f* capital *money*

serniwîskar *m/f* editor

serok *m/f* leader; captain; president

serokdewlet *m/f* head of state

serokê erkanî *m* chief of staff

serokwezîr *m/f* premier

sersal *f* New Year's Day

serşok *m* bathroom

sertîp *m* lieutenant-general

sertiraş *m/f* barber; hairdresser

serxweş alcoholic; drunk

serxwebûn *f* independence

serxweda hatin to recover *health*

sêsed three hundred

sêsibe three days from now

set *f* weir

setenet *f* luxury

setlayt *f* satellite

sêv *f* apple

seweş *m* watermelon

sewzefiroş *f* greengrocer

sexbêrî *f* care

seyda *m* imam

seyê hişberbîn sniffer dog

seyê kerî *m* sheepdog

sêyek one-third

sêyem/sêyemîn third

seyran *f* picnic

sêzdeh thirteen

sî *f* shade

sibat *f* February

sibê baş! good morning!

sibe/sibeh *f* morning; daytime; tomorrow; **sibehê** in the morning; **sibê sibehê** tomorrow morning; **sibehê nîvrojê** tomorrow afternoon

sibetir the day after tomorrow

sifet *m* quality

sifîl *m/f* civilian

sifir *m* zero; copper

sifre *f* tablecloth

sigare see **sixare**

sîgorta *f* insurance

sîgortekirî insured; **darayîya min sîgortekirî ye** my possessions are insured

sîgorteya bijîşkî f medical insurance

sîgorteya rêwîtiyê f travel insurance

sih thirty

sihik f vinegar

Sîk Sikh

sikenir f scanner

sikwaş f squash game

sil angry

silal above

silav f greeting

silq f beetroot

simbêl m/f/pl mustache

simbil f Virgo

sîmkart f sim card

simsiyar m eagle

simsiyark f vulture

sincoq m sausage

sindoqa pişte f trunk/boot of car

sindoqa posteyî f mailbox

sînema cinema

singû f bayonet

sinif class; **yekem sinif** first class

sînor m border; frontier; limit; **kontrola sînor** f border control; **parêzvanê sînor** m / **parêzvana sînor** f border guard; **deriyê sînor** m border crossing

sînordarkirin f restriction/ restrictions

sînorvan m/f border guard

siparîşa xwarin to order a meal; **ez dixwazim niha siparîş bikim** we would like to order now

sîper girtin to take shelter

sipindar f poplar

sir f breeze; secret

sîr f garlic

sirgûn f exile

sirgûn kirin to exile

sîrim f wild garlic

sirkar m captain military

sirke f vinegar

siruşt m/f nature

sisark f vulture

sisê da dido two-thirds

sisê three

sîsirk f cockroach

sisiyan third

sitar f refuge

sitemkar m dictator

sîvan f umbrella

sivik sivik slightly

sivore m/f squirrel

sîwan f umbrella

siwar: li ... siwar bûn to ride

siwarbûn to embark

siwarî f riding

sixare f cigarette; **kaxezên cixareyê** pl cigarette papers

sixare kişandin to smoke; f smoking; **sixare kişandin nîne** no smoking

sîxûr/sîxor m/f spy

siyaset f politics

siyasetmedar m/f politician

siyasetvan m/f politician

siyasî political

siza kirin to punish

skanker f scanner

skor m score

skor anîn to score

Skotî Scot
Skotî Scottish
Skotland *f* Scotland
Slovakî Slovak
Slovakya *f* Slovakia
Slovenî Slovene
Slovenya *f* Slovenia
snoq *m/f* box
sobe *f* stove; cooker
sofî *m/f* Sufi
solên werzîşê *pl* trainers *shoes*
solûsyana kontak lensê contact lens solution
sond xwarin to swear *take an oath*
sor red
Soranî Sorani
Soranîaxêv *m/f* Sorani speaker / Sorani speaking
sorav *m* lipstick
soravî pink
sorik *f* measles
sosa bacansorê *f* ketchup
sosyalîst socialist
sosyalîzm *f* socialism
sotemenî *f* fuel
sotin to burn
sovî *f* drought
soz *m/f* promise
soz dan to promise
Spanî Spanish
Spanya *f* Spain
spas thank you/thanks; **zor spas** thank you very much
spasdar grateful; **ez spasdar im** I am grateful
speh *f* louse/lice
spî white
spînax *f* spinach

sporvan *m* sportsman; *f* sportswoman
spray *f* spray
stadyûm *f* stadium
stam: bi stamê ketin to catch a cold
standin to get; to take
stat *f* stadium
stemkarî *f* dictatorship
stepne *f* spare tire
stêr; stêrk *f* star
sterlîn *f* sterling
stetoskop *m/f* stethoscope
stewl *m/f* stable
stiran to knead; to sing; *f* song
stiranbêj *m/f* singer
stran to sing
strana hît *f* hit song
strîtêl *pl* barbed wire
strû *m* horn *animal*
stû *m* neck
stûben *m/f* necktie
stûn *f* pillar
stûnî vertical
sûca şêr *f* war crime
Sûdan *f* Sudan
Sûdanî Sudanese
Sûfîgerî *f* Sufism
suhbet *f* conversation
suhbet kirin to chat
sukan *m/f* steering wheel
sûlav *f* waterfall
Sunetî *f* Sunnism
Sunî Sunni
sûr *f* city wall
sûret *m* photograph
sûret *m* picture; photograph; image; portrait; chapter *of the Quran*

Sûrî Syrian
Sûriye *f* Syria
Suryanî Assyrian; Chaldean; Aramaic; Syriac
swallet *m/f* pottery
Swêd *f* Sweden
Swêdî Swedish
swîç *f* switch *electric*; plug
Swîs *f* Switzerland
Swîsreyî Swiss

Ş

şaş wrong; **tu şaş î / hûn şaş in** you are wrong
şaşî *f* riot
şade *m/f* witness
şadîrewan *f* fountain
şagird *m/f* pupil *school*
şah *m* king
şahî party; event; **pîşeya şahiyê** leisure industry
şal *m* trousers
şal û şapik *m* suit *of Kurdish clothes*
şalyar *m/f* minister
şalyarî *f* ministry
şampûan *m/f* shampoo
şan *f* singing
şandin to send; **e-nameyê şandin** to send an email
şano *f* stage; play; theater; **karê şanoyê** show business
şanoger *m/f* actor/actress
şanzdeh sixteen
şape *f* snowdrift
şarapnel *m/f* shrapnel
şaredar *m/f* mayor
şaredarî municipal; *f* council; municipality

şaredariya bajêr city hall; town hall
şareza *m/f* specialist
şarezayî *f* specialization
şargeh *m/f* sky
şayî *f* feast
şayir *m/f* poet; singer
şeş six
şeşan sixth
şeşem sixth
şeşemîn sixth
şeşsed six hundred
şebekeya peykê *f* satellite network
şef *m* boss
şeh *m* comb
şehîd *m/f* martyr
şehitîn to suffer a stroke
şehrezayiya destî *f* handicraft
şekir *m/f* sugar; candy/sweets
şematokî slippery
şemb *f* Saturday
şembelûle *f* fenugreek
şemî *f* Saturday
şemitandin *f* skiing
şemitîn to slip; to slide
şemlik *f* prayer rug
şene *m/f* comb
şentrenc *f* chess
şeple *f* stroke *medical*
şepqe *f* hat
şeq *m/f* slice
şêr *f* poem; poetry; lion; war
şerab *f* wine
şerê navxweyî *m* civil war
şeref *f* honor
şerîet *f* sharia/shariah
şerît *f* row; line; tape

şerkirin fight
şerm *m/f* shame
şermezar ashamed
şermezarî *f* scandal
şerrawestandin *f* truce
şert *m/f* test; terms
şerût hostile
şêst sixty
Şet *m* Tigris *river*
şev *f* night; **şevê dirojê** yesterday night; **şevê sibehê** tomorrow night
şevşevok *m* bat *animal*
şevbaş! good night!
şevêdî yesterday evening
şevkor myopic
şevkorî *f* myopia
şêwirdar *m/f* advisor
şewitandin to burn
şewk *f* fish hook
şex *m* spiritual leader
şexsî personal
şeyê mar *m* centipede
şeytan *m* devil
şibake *f* window
şibxa nînoka *f* nail polish
şîdet *f* violence
şîfre *f* password; **şîfre çi ye?** what is the password?
Şiî Shi'i/Shiite
Şiîtî *f* Shi'ism
şikandin to defeat
şikênbar fragile
şikest *f* fracture
şikest *m/f* defeat
şikestî broken
şikestin to fracture
şikev *f* wash basin

şikil kirin to draw a picture
şikil *m* form; shape; picture
şikin *m* drawing
şil wet
şiling *m/f* hose *water*
şilope *f* sleet
şilopil soaking wet
şilor *f* sour plum
şilte *m/f* mattress
şîmanekî probably
şimêl *f* straw *plant*
şimik *f/pl* slippers
şîn blue; *f* mourning
şîr *m* milk; oil
şîranî *f/pl* candy/sweets; dessert
şîremenî *f* milk products
şîret *f* warning
şîretkar *m/f* advisor; consultant
şirêz *f* glue
şirik *f* drainpipe
şîrîn sweet; light
şirinqe *f* syringe
şîrket *f* company *firm*
şîrmêj *m/f* baby
şiro vekirin to interpret; to explain
şîrove *f* explanation; interpretation
şîrt kirin to warn
şîv *f* dinner; supper
şivan *m* shepherd
şiverê *f* country road
şiwît *m/f* dill
şiyan to be able; *f* ability
şkeft *f* cave
şkênandin to break
şkeva unleavened
şok *f* shock

a : f**a**ther   *e* : p**a**t   *ê* : h**ey**   *i* : h**i**t   *î* : h**ea**t   *u* : p**u**t

şopandin to to follow; to review
şopgerîn *m/f* tracer bullet
şorbe *f* soup
şoreş *f* revolution
şoreşger *m* rebel
şoriş *f* revolution
şûşe *f* glass; bottle; **vekirina şûşê** *f* bottle-opener; **şûşeyeke bîrê** *f* bottle of beer; **şûşeyeke şerab** *f* bottle of wine; **şûşeyeke av** *f* a bottle of water
şûşeya çayê *f* tea glass
şûşeya gazê *f* gas bottle
şûştin to wash
şûn *f* spot *place*
şûnik *m* tadpole
şûnwar *m/f* ruins
şûr *m* sword
şustî washed
şûv *f* furrow *in ground*
şuxulîn to work

t

ta until; up to; *f* fever; **ta û lerz** *f* malaria; **ez ketime tayê** I have a temperature; **ta ku** as long as
tab *f* suffering
tabe *m/f* wild animal
tablet *f* pad *tablet*
Tacîkî Tajik
Tacîkistan *f* Tajikistan
taj *m/f* crown
taksî *f* taxi
tal bitter
talan *m/f* robbery
talan kirin to loot

talerz *f* fever
taloq *f* postponement
taloq kirin to postpone
talûke *f* danger; **talûke!** danger!
tam *m/f* taste; **tama xweş** good taste; **tama nexweş** bad taste
tam kirin to taste
tamandin to vaccinate
tamdar tasty
tamijîn to taste
tamîr kirin to repair
tamîrat *f* reparations
tamîrgeha duçerxeyê *f* bicycle repair shop
tamîrkirin *f* repair
tamîrxane *f* repair shop *for cars*
tamîş kirin to suffer
tamsar tasteless
tank *f* tank *military*
taqsî *f* cab
tarî dark
tarîban *f* dark; darkness
tarîfe *f* tariff *phone/data*; timetable
tarîfeya demê *f* timetable
tas *f* cup; bowl
taşte *f* breakfast
tav *f* sunlight
tavgez *m/f* sunstroke
tavî sunny; **hewa tavî ye** it is sunny
tawan *f* crime
tawanbarkirin to condemn
tawankar *m/f* criminal
tawe *f* pan *cooking*
tawûs *m/f* peacock
tax *f* district
taxim *f* set; crew; team
taxok *f* sledge

taybet private

taybetî special

taze fresh; excellent; just now; **mahsiye taze** *m* fresh fish

tazîye *f* passion play *Shiite*

tazmînat *f* reparations

te you *sing*; your *singular*

tê you will *singular*; you would *singular*; = **di + wî/wê** in etc him/her/it

tê- *present stem of* **hatin** to come

tebellîs kirin to misunderstand

tebeşîr chalk

tebîet *m/f* nature

teblêt *f* tablet *device*

tecawiz *f* rape

tecawiz kirin to rape

te'darî *f* persecution

tedarik *m* preparation

tedarik kirin to prepare

têderxistin *f* diagnosis

têdexistî included

têgihan to understand; **tu têgihaştî? / hûn têgihaştin?** do you understand?; **ez têgihaştim** I understand; **ez tênegihaştim** I don't understand

tehdayî *f* torture

tehnî thirsty

tek single; alone; only

têkçûn to shrink

teker *f* tire

têkera erebê *f* car registration

têketan *f* entrance

têketin to go in; to log in; *f* login; **agahîyên têketinê** *f/pl* log-in details

têkil kirin to mix

têkirin to fill up

teklîfa taybet *f* special offer

teknîk *f* technique

teknolojiya agehdarî *f* I.T.

têkoşîn to struggle

tekûz perfect

tel *m/f* wire; cable

têla otombîl *f* tow rope

telar *f* balcony

teleferîka kaşûnê *f* ski lift

telefon *m/f* phone; **telefon mijûl e** the phone is busy

telefon kirin to telephone

telefona gerok *f* mobile phone/cellphone

telefona giştî *f* public phone

telefona mobîl *f* mobile phone/cellphone

telefonê pêkhatî *m* handset

telefonî zengîn to ring *phone*

telefonkirin to phone

telên niklokî *pl* barbed wire

teleskop *f* telescope

televîzyana guhêzbar *f* portable T.V.

televîzyon *f* television

temam complete; whole; **temam!** all right!

temamî *f* total

temaşe *f* show

temaşe kirin to watch

tembel lazy

tembûr *f* tambur

temî *f* instructions

temiz thoroughly

temsîl kirin to represent

ten *m/f* threat

tên *m/f* energy

tendirustî *f* hygiene

tendûr *f* oven *bread*

tenduristî *f* health

tene alone

tenefûs *m/f* break *for refreshments*

teneke *f* can *tin*

tenekeveker *m/f* can opener

teng narrow; tight

tengavî *f* crisis

tenik shallow

tenîs *m/f* tennis

tenişta next to

tensîona jêrîn *f* low blood pressure

tenûrê butanê *m* butane canister

teorî *f* theory

tep *f* epilepsy

tepedor *f* cork

tepeser kirin to suppress

teqawî retired; **ez teqawî me** I am retired

teqemenî *f* explosives

teqîn *f* explosion

teqsî *f* taxi

têr: ez têr bûm I am full up

têr kirin to feed *an animal*

têra xwe plenty

teralîtî *f* laziness

teraqî *f* nectarine

terazî *f* scale/scales *measuring*

tercimeçî *m/f* interpreter

terhîl kirin to deport

terhîl *m/f* deportation

terk split

terş *f* cattle; livestock

terser terrible

têrwxê salted

teselî *f* control

teşene sore

teşenekirin to leak

teşîrok *f* dragonfly

teslîm *m* delivery

teslîm kirin to deliver

test kirin to test

tev everybody/everyone; everything

tevdir *f* plot

tevî along with

teviz *f* tremor; spasm

tevkuştina nîjadî *f* ethnic cleansing

tevn *m/f* loom; web

tewal *m/f* bird

tewekel dangerous

tewer *m/f* loom

tewla *f* backgammon

texe *f* pile

texîr *f* postponement

texmîn *f* estimate

texmîn krin to estimate

text *m* bed; throne

texte *m* table; desk; plank; board

têxtê reş *m* blackboard

textik *f* bench

teyax steady

teyê bigota nearly

teyfikek *f* plate

teyrok *f* thunderstorm

teztezînk *f* numbness

tî thirsty; **ez tî me** I'm thirsty

tibb *m* medicine *science*

tibbî *m* medical

ticaret *f* commerce

tifeng *f* gun; rifle

tifik *f* cooking stove

tijî

tijî full; plenty; **ez tijî bûm** I am full up

tiji kirin to fill

tijikok *f* traffic lights

tîk *f* tick *written*

tilî *m/f/pl* finger/fingers; toe/toes

tilîlî *f* ululation

tilîlî vedan to ululate

tiliya beranî *f* thumb

tiliya teker *f* spoke *of wheel*

tilmê xewê *m* sleeping bag

tim often

tîmargeh *f* clinic

tîn *f* thirst

tîn- *present stem of* **anîn** to bring

tîp *m/f* team

tîp kirin to type

-tir -er

tiraktor *f* tractor

tiralîtî *f* laziness

tirba pîroz *f* saint's tomb

tîrêj *f* ray; radiation

tirî *m/f* grape/grapes

tîrik *f* bag

-tirîn -est; most; really

Tirk Turk

Tirkî Turkish; **tu bi tirkî dizanî? / hûn bi tirkî dizanin?** do you speak Turkish?

Tirkiye *f* Türkiye/Turkey

Tirkmanî Turcoman

tîrmeh *f* July

tirs *f* fear

tirsandin to scare

tirsane afraid

tirş sour

tirşik *m* pickle/pickles

tisî stale

tişt *m/f* thing

tiştek something

titûn *f* tobacco

tivir *m/f* radish

tiwê you will *singular*

tixûb *m/f* border

tizbî *m/f* rosary; worry beads

tomar *f* record

tomar kirin to record

ton *m/f* ton; tonne

top *f* cannon

topa xwekar(k) *f* machine gun

topxane *m* artillery

toq *m* necklace

tor *m/f* net; **çi tor** how?

tora pêşûyan *f* mosquito net

torbe *m/f* sack

torek kelemêş *f* mosquito net

tornawîda *m* screwdriver

tov *m* seed

tov kirin to sow

tovçandin *f* sowing

toxim *m* seed

toz *f* powder

trafo *f* transformer *electric*

tramvay *f* tram

transfîzyon *m* transfusion

transfîzyona xwînê *f* blood transfusion

transmitter *m* transmitter

trauma *f* trauma

trên *f* train

trena lezgîn *f* express train

tripod *m* tripod

tu you *singular*

tû *f* mulberry

tucar *m/f* businessman/ businesswoman; merchant

tu cîyada nowhere
tûfirengî *f* strawberry
tûj bitter; spicy; sharp
tûjî *f* spiciness
tûk *f* animal hair
tund violent
tundî/tundûtûjî *f* violence
tune there is no...; to not have
tunebû there was not...; to have not had
tunene ... there are not ...; to have not
Tûnis *f* Tunisia
Tunisî Tunisian
tûrik/tûr *m/f* bag; sack
turiş *m* risk
tûşbûyî *m/f* infected
tûşêmî *f* raspberry
tûtî *m/f* parrot
tutişt nothing
tuwalet *f* toilet/toilets

u / û

û and
Ukrayna *f* Ukraine
Ûkraynî Ukrainian
ulm *m* science
ulmdar *m/f* scientist
ulser *f* ulcer
unîforma *f* uniform
Urdun *f* Jordan
Urdunî Jordanian
ûrk *m/f* stomach
ût *f* August
Ûzbekî Uzbek
Ûzbekistan *f* Uzbekistan

V

vagona binivîn *f* sleeping car
vagona xwarinê *f* dining car
vaksîn *f* vaccine
vaksînekirî vaccinated
vaksînekirin to vaccinate; **ez hatime vaksînekirin** I have been vaccinated
vala empty
vala kirin to evacuate
valakirina ardûyê *f* fuel dump
van they; them; these
varik *f* hen
vatinî *f* military service
vê she/it; her; this; **vê hefteyê** this week
vebijartin to prefer; **ez vê/wê vedibijêrim** I prefer this/that
veceteryan vegetarian; **ez veceteryan im** I am a vegetarian
vedan: pê vedan to sting
vedîtin to discover
vegan vegan
veger *f* turn *in road*
vegerîn to turn; **çep vegere/çep vegerin** turn left; **rast vegere/rast vegerin** turn right; **vegere vir** turn here
vegirtin save *money*
veguhastin *m* transport
veguherîn *f* turn
veguheztin to transport
vekirî open
vekirin to open
vekirina şûşê *f* bottle-opener
vekişîn to withdraw; to retreat; *f* withdrawal; retreat

vekolîn to study; *f* study; excavation

vekuştin to slaughter

ven *f* van

veqetandin to separate

veqetîn to check out *from hotel*

veqetiyayî *m/f* divorced

veqitandî reserved

vereşî *f* nausea

vereşîn to vomit; *f* vomiting

vergirtin to spread *disease*

vernîk varnish

veşartin to hide; **xwe veşartin** to camouflage

veşûştin scrub

veto *f* veto

veto kirin to vote

vexwarin to drink; *f* drink; **ava vexwarinê** *f* drinking water

vexwendî invited

vexwendin to invite; *f* invitation

vî he/it; him; this; these

vîdyo *f* video

vîdyo girtin video

vînç *f* crane *machine*

vir here

vîrûs *m/f* virus

viyan must

vîza *m/f* visa

voltaj *m/f* voltage

voltaj regulator *m/f* voltage regulator

W

walî *m* governor

wan they; them; those

war campsite

warê bajarî *m* town square

wargeh *m/f* position *military*

wate *f* sense; meaning; **ma ew çi wate ye?** what does this mean?

we you *pl*; your *pl*

wê she/it; her; that

weba *f* cholera

wêje *f* literature

wek similar; **wek/weke** like; as; **weke vêya** like this; **weke wêya** like that

weke ku as; as though

wekhevî *f* equality

welat *m* country

welî saint *eg Sufi*

Wêls *f* Wales

Wêlşî Welsh

wenda lost

wenda kirin to lose

wêne *m/f* photograph; image

wêne girtin to photograph

wênegirtin *f* photography

wêneguhêz *m/f* television

wênekar *m/f* photographer

wênekêş *m/f* camera

wer- *subjunctive stem of* **hatin** to come

werar bûn to grow *crops*

werçerx *f* term *academic*

werdek duck

wergêr *m/f* translator

wergeran *m/f* translation

wergerandin to translate

wergerîn *m/f* coup d'etat

wergirname *m/f* receipt

wergirtin to get; to take; to receive; to wear *clothes*

werimîn *f* swelling *medical*

werîs *m* rope

werisê metalî *m* cable

werziş *m/f* sport/sports

weşana zindî *f* livestream

weşandin to publicise; to publish

weşanxane *f* publisher/publishing house

wesayît *f* vehicle

weşînek *f* broadcast

westan *f* tiredness

westî tired; **ez westî me** I am tired

westîn to tire

wexta; wexta ku when

wezaret *f* ministry

Wezareta Avadaniyê *f* Ministry of Works

Wezareta Bazirganîyê *f* Ministry of Trade

Wezareta Cotkarî *f* Ministry of Agriculture

Wezareta Çandiniyê *f* Ministry of Agriculture

Wezareta Dadê *f* Ministry of Justice

Wezareta Darayî *f* Treasury *ministry*

Wezareta Enerjiyê *f* Ministry of Energy

Wezareta Gezelî *f* Ministry of Tourism

Wezareta Gihandinê *f* Ministry of Transport

Wezareta Karên Hundir *f* Ministry of Home Affairs

Wezareta Karûbarên Derve *f* Ministry of Foreign Affairs

Wezareta Parastinê *f* Ministry of Defense

Wezareta Perwerdehiyê *f* Ministry of Education

Wezareta Teknolojiyê *f* Ministry of Technology

Wezareta Tenduristiyê *f* Ministry of Health

Wezareta Turîzmê *f* Ministry of Tourism

Wezareta Veguhastinê *f* Ministry of Transport

wezîfe *f* obligation

wezîr *m/f* minister

wî he/it; him; that; those

wîda *f* screw/screws

wiha this way

wîlayet *f* governate; state *federal*

winda lost; **ez winda me** I am lost; **min mifteya xwe winda kir** I have lost my key

winda kirin to lose

wir; li wir there; **li wir e?** is there?; **li wir in?** are there?

wisa that way

wiskî *m* whisky

wurz *f* cedar

X

Xaça Sor *f* Red Cross

xaçerê *f* crossroads; roundabout

xaçirgan *m/f* grill *for cooking*

xadîmî *m* ordinary

xal *m* uncle *maternal*

xalîçe *f* carpet; rug

xaltî *f* aunt *maternal*

xam raw; unripe; uncooked; untreated; crude

xama unmarried *said by a woman*

xame *f* sour cream

xameyê tebeşîr crayon

xan *f* caravanserai

xanî *m* apartment/flat; house

xanîk *m* apartment/flat

xanim Mrs.; Ms.

xanim/zilam ladies/gents *toilets*

xaniyê jorîn *m* upper house *of assembly*

xap *f* fraud

xar kirin to gallop

xatirê: bi xatirê te! bi xatirê we! see you later!

xatûn *f* Miss; Ms.

xawlî *f* towel/towels

xebat *f* labour

xebitîn to work; **gelo telefon dixebite?** does the phone work?; **ew naxebite** it doesn't work

xedar dangerous

xela *f* starvation; famine

xelandin to twist; to sprain

xelas exempt

xelas kirin to finish; to rescue

xelasî *f* rescue

xelat *m/f* gift; prize; reward

xelek *f* circle

xelet wrong; *m/f* mistake; **tu xelet î / hûn xelet in** you are wrong

xeletî kirin to make a mistake

xelîn to be nauseous

xelk; xelq *m* people; population; the publlic

xelyan to be sprained; to be dislocated

xem: ne xem e it doesn't matter

xemgîn sad; **ez xemgîn im** I am sad

xeniqîn to choke; **ew dixeniqe** he/she is choking

xêr *m/f* charity; **bi xêra** because of; **tu bi xêr hatî! / hûn bi xêr hatin!** welcome!

xerab: tuwalet xerab e the toilet is leaking

xerabî heye there is a leak

xerabûn to crash

xerc *m/f* payment

xerdel mustard

xerîb foreign; *m/f* stranger; foreigner

xerîte *f* map

xerîteya rê *f* road map

xerman *m* harvest

xerq soaked

xêrxwazî *f* charity

xerz *m* fish roe/fish eggs

xet *f* script *style of writing*

xetere *f* danger; **xetere!** danger!

xew *f* sleep; **ez bi xew im** I am sleepy

xewar sleepy

xewn *f* dream

xeyîdî angry; **ez xeyîdî me** I am angry

xeyrîyeyî *f* charity *organisation*

xezal *f* gazelle

xêzan *m/f* relative

xeznedar *m/f* cashier

xijikîn to slide

xilxile *m* mountain range

xiniz *m* rat

xinzîr: goştê xinzîr *m* pork
xir û xalî depopulated
xirabtir worse; **ez xwe xirabtir hîs dikim** I feel worse *health*
xirecir *f* noise
Xirîstiyan Christian
Xiristiyanê Ortodoks Orthodox Christian
xirpo *m/f* monkey
xistan to drop
xistin to insert
xişt *m* brick
xiyalşkestî disappointed
xiyar *m* cucumber
xîz *m/f* sand
xizan poor *not rich*
xizm *m/f* relative
xizmet *m/f* service
xizmeta cil û berg şuştinê *f* laundry service
xizmeta odeyê room service
xizmetên awarte *pl* emergency services
xizmetên darayî *pl* financial services
xizmetên rizgarkirinê *pl* rescue services
xof *f* fear
xox *f* peach
xubar *f* dust
xûdan to sweat
xulamtî *f* slavery
xulxule mouthwash
xumxum *m* Yezidi priest
xurandin to scratch *an itch*
xurek *m* food; meal
xurîk *f* smallpox
xurîn *f* itch/itching; **ez dixurim** I have an itch

xurme *f* date/dates *fruit*
xurt strong
xuşikîn to slide; to skate; *f* skating
xûşk *f* sister
xuyan to appear
xwarin to eat; *f* meal; **xwarinê kevî** *m* boiled *food*; **xwarinê pêxistinî** *m* baked *food*; **xwarinê qelîtî** *m* fried *food*; **xwarinên derxistî** *pl* take-away food
xwarinbar edible
xwaringeh *f* dining room
xwarinxane *f* restaurant
xwarzî *m* nephew *sister's son*; *f* niece *sister's daughter*
xwaz *present stem of* **xwestin** to want
xwe myself; yourself/yourselves; himself; herself; itself; ourselves; themselves
xwê *f* salt
xwedî *m/f* owner
xwedî bûn to own
xwedîkirinxane *f* feeding station
xwefiroş *m* mercenary
xwefir *f* drone
xwelî *f* ground
xwelîdanek *f* ashtray
xwendegeh *f* school
xwendegeha leşkerî *f* military school
xwendekar *m/f* pupil; student
xwendevan *m/f* reader
xwendin to read; to recite; to sing; *f* reading
xweng *f* sister
xwenîşandan *f* demonstration *political*

xwenîşander *m/f/pl* demonstrator / demonstrators

xwepêşandan *f* protest

xwereka ajelan *f* animal feed

xwerû original

xweş nice; pleasant; tasty

xweser autonomous

xwestin to want; to request; **ez ... dixwazim** I want ...; **ez ... naxwazim** I don't want ...

xweza *f* nature

xwezayî *f* natural

xwîn *f* blood; **giroya xwînê** *f* blood group/blood type

xwînbûn to bleed; *f* bleeding

xwînguhaztin *f* blood transfusion

xwînpestên *m* blood pressure

xwînpestênê bilind *m* high blood pressure

xwînpestênê nizm *m* low blood pressure

xwirtkirin *f* reinforcements

xwişk *f* sister

xwişk û bira *pl* sisters and brothers

y

ya *f* of; *links words in construct chain*

ya ku she who; that which

yan or

yandeh eleven

yaneya şevê nightclub

yanzdeh eleven

yanzdehan/yanzdehem/ yanzdehemîn eleventh

yar *m* boyfriend; *f* girlfriend

yariyên werzişî *pl* athletics

ye is

yê *m* of; *links words in construct chain*

-yê him/her/it: then

yê ku he who; that which

yêdek spare

yek one; a/an; **yek car** once; **odeyeke yek kesî** a single room

yek bûn to unite

yekbûn *f* unification

yekbûyî united

yekem first; **yekî din** another; **yekem çîn** first class; **yekem sinif** first class

yekîtî *f* union

yekîtiya bazirganî union

Yekîtiya Ewropayê *f* European Union

yekitiya karkeran *f* trade union

Yekîtiya Neteweyî yên Penaberan *f* UNHCR

Yekîtiya Neteweyî yên Pêşdebirên Neteweyî *f* UNDPR

yeko-yeko one by one

yekşemb *f* Sunday

yekser right away

yên *pl* of; *links words in construct chain*

ye'nî... that is...; I mean

yên ku those who; those which

yeqîn kirin to persuade

yeşim *m* jade

Yewnanî Greek

yî are *you sing*

Yûnan *f* Greece

Z

zabita *m* policeman; *f* policewoman

zad *m* cereal *grain*

zagon *m* constitution

zana *m/f* scientist

zang *m/f* precipice

zanîn to know *something*; **pê zanîn** to speak to/with; **ez zanim** I know; **ez nizanim** I don't know; **ez bi ... dizanim** I speak ...; **ez bi ... hindik dizanim** I speak a little ...; **ez bi ... nizanim** I don't speak ...

zanîngeh *f* university; academy; college

zanistdar *m/f* scientist

zanistî scientific; *f* science

zanko *f* university; college

zankoya leşkerî *f* military academy

zanyarî *f* knowledge; data

zar *f* dice

zarava *m* dialect

zaro; **zarok** *m/f* child; **çavdêriya zarok** *f* childcare

zarok *pl* children

zarokanîn *f* labour *childbirth*

zava *m* bridegroom

zayend *f* gender

zayendperest sexist

zayendperestî *f* sexism

zayîn to give birth; *f* birth; **cihê zayînê** *m* place of birth; **asnama zayînê** *f* birth certificate

zebeş *m* watermelon

zêde more; **çenteyê zêde/ bagajê zêde** *m* excess baggage

zêde kirin increase

zêfandin *f* restriction/restrictions

zeft kirin to arrest

zehf very

zehmet: bi zehmet difficult

Zelanda Nû *f* New Zealand

zeliqandin to stick

zembîl *f* basket

zên *f* mind

zencefîl *f* ginger

zend *m/f* wrist

zêndî alive; *m/f* insect

zengal *f* stockings

zengelûk *f* trachea

zengil *m/f* bell

zengû *f* stirrup

zêr yellow; pale; *m* gold

zerat *m* carpenter

Zerdeştî *m/f* Zoroastrian

zerf *f* saucer; envelope

zerik *f* hepatitis

zêrînger *m/f* goldsmith

zerokî *f* jaundice

zerzewat *pl* vegetable/vegetables

zevî *f* field; earth; land

zêw *f* picnic *memorial by graveside*

zewa *f* marriage

zewicî; **zewicandî** married; **ez zewicî/zewicandî me** I am married

zexîre *f* supplies

zexta xwîne *f* blood pressure

zexta xwîne ya bilind *f* high blood pressure

zexta xwîne ya nizim *f* low blood pressure

zeyt *m/f* olive oil
zeytûn *f* olive
zibil *f* garbage/rubbish
zik *m* stomach
zilkêtk *f* wasp
ziman *m* language; tongue
zimanê îşaretan *m* sign language
zimanê zikmakî *m* mother tongue
zimanzan *m/f* linguist
zimanzanî *f* linguistics
zîn *m* saddle
zinar *m/f* cliff
zincîr *f* chain
zindan *m/f* underground chamber
zindî live/living
zîndîlok *m/f* germs
zirar harmful; *f* damage; injury
zirar gihandin to damage; to hurt
zîre *f* cumin
zirêkirî armored

zirîpoş *f* tank; **zirîpoş** *f* armored car
zirxkirî armored
zîv *m* silver
zivistan *f* winter
zivistana dijwar *f* severe winter
zivistana nerm *f* mild winter
zîvker *m* silversmith
ziwakirin *f* drain
ziyafet *m* banquet
ziyan gihîştin to be damaged
zîyaret *m/f* pilgrimage
ziyaretker *m/f* pilgrim
zîz sensitive
zîzikandin to spin
zome *f* camp
zor very
zor spas thank you very much
zordar *m* dictator
zû fast; early; soon; **zûka min heye** I am in a hurry
zuhakirin: **makîna zuhakirinê** *f* clothes dryer
zûzû express

a : f<u>a</u>ther   **e** : p<u>a</u>t   **ê** : h<u>ey</u>   **i** : h<u>i</u>t   **î** : h<u>ea</u>t   **u** : p<u>u</u>t

www.ingramcontent.com/pod-product-compliance
Lightning Source LLC
Jackson TN
JSHW011353130125
77033JS00023B/670